"一带一路"民间文化探源工程

邱运华 总主编

北部湾叙事

——滨海民俗与海岛民歌调研文集

韦苏文 主编

学苑出版社

图书在版编目（CIP）数据

北部湾叙事：滨海民俗与海岛民歌调研文集 / 韦苏文主编 . — 北京：学苑出版社，2023.12
　ISBN 978-7-5077-6599-1

　Ⅰ.①北… Ⅱ.①韦… Ⅲ.①渔民—风俗习惯—研究—中国②渔民—民歌—研究—中国 Ⅳ.① K892.29 ② J607.2

中国国家版本馆 CIP 数据核字（2023）第 234427 号

出 版 人：	洪文雄
责任编辑：	杨　雷
出版发行：	学苑出版社
社　　址：	北京市丰台区南方庄 2 号院 1 号楼
邮政编码：	100079
网　　址：	www.book001.com
电子邮箱：	xueyuanpress@163.com
联系电话：	010-67601101（营销部）、010-67603091（总编室）
印 刷 厂：	北京建宏印刷有限公司
开本尺寸：	880 mm × 1230 mm　1/32
印　　张：	10.5
字　　数：	219 千字
版　　次：	2023 年 12 月第 1 版
印　　次：	2023 年 12 月第 1 次印刷
定　　价：	60.00 元

"一带一路"民间文化探源工程

编委会

总 主 编　邱运华
副总主编　王锦强
执行总主编　孔宏图
编　　委　孔宏图　张礼敏　程　溪
　　　　　李嫣然　韦苏文　蔡　葩
　　　　　陈龙武　严　琴
本书主编　韦苏文

总　序
开通大道，走向世界

"一带一路"成为中国式发展理念——"世界不同民族和不同国家文明互通互鉴"的代名词。"丝绸之路"，这个由德国地理学家李希霍芬在其地理学著作里提出的术语，获得了从未有过的崇高荣誉。李希霍芬是自然地理学家，总体来说他不太注重人文和社会地理因素而偏重于自然地理，但这一学术倾向并不妨碍他在《中国》（1877年第一卷）一书中叙述大量的人文和社会元素与自然地理之间的关系。他把《汉书》、马里努斯、托勒密简要点及的中亚大道——贯穿现在中国新疆与中亚、西亚阿拉伯世界腹地的道路，用"丝绸之路"这一术语表达出来。尽管他更多地使用"交通""道路"这样的术语，而不是诗意性的"丝绸"，甚至"丝绸贸易"这样的术语。现在想来，李希霍芬看重的"交通""道路"，未必离得了人与社会。我以为，"交通"和"道路"更为精确地表达出地理学家李希霍芬的真实意图。

"丝绸之路"在本质上是古代中国走向世界的一条通衢大道。当然，这样性质的大道不是只此一条。

古代中国走向世界的道路有很多条，每一条都充满艰险与神秘。但是，中华民族祖先血液里流淌着探险、冒险的基因，他们走向未知领域的勇气巨大无边。西部的戈壁、沙漠阻挡不了他们的雄心，北部的无边草原、沙漠和森林也不能阻挡他们。张库大道从张家口经由包头可以直达乌兰巴托（旧称"库伦"），有人认为张库大道作为贸易之途，大约在汉代已经开始，出现茶的贸易，大约不晚于宋元时代。东北部从辽宁省和吉林省之交的腹地开原往东，明代设有辽东镇25卫，皆设置有交通驿站，沿着驿路，每15—30千米建有一座驿站或递运所、铺、亭、路台等，形成交通传递系统。东北亚所谓"丝绸之路"，并不像通往西域的丝绸之路那样，沿途扬起阵阵烟尘，来来往往的中西商贾带着满载货物的驼队、马帮，构成一幅壮观的瀚海行旅图，而是通过设关互市、贡赏等形式，把明朝内地的彩缎等物运往东北边陲，与各民族进行交易。在古代，正是靠这条交通要道，把内地的丝绸、茶叶等商品运往东北亚地区，把古老的长江、黄河流域文化与东北亚文化联系起来，使这一地区在明代显得生机盎然。2017年，中国民间文艺家协会组织了一批专家沿着这条道路一直走到黑龙江与乌苏里江交汇口，进行了一次系统的民间文艺考察调研活动。

西北和东北的道路仅仅是古代中国走向世界的一部分，在西南部和南部还有多条通向域外的交通道路。例如，商业化程度很高的"茶马古道"。有若干条"茶马古道"从中国西南各地通向东南亚和南亚，而在西藏边陲的阿里地区，原古格王朝所在地，就发现了在丝绸上绘就的古代唐卡。中国民间文艺家协会唐卡调查组在阿里地区的科迦寺发现两幅传统唐卡，一幅背面边沿有"浙江杭州织局益昌"的字样，另有一幅唐卡有吉祥童子图案。可以想见自古以来中国内地商贸、文化与西部边陲之地的长久交往。

在通往世界的道路中，特别应该提到的是"海上丝绸之路"。当然，"海上丝绸之路"更是一个比喻。著名历史文化专家常任侠先生把先秦时期徐福的故事视为"海上丝绸之路"的最早起源之一，他在《海上丝路与文化交流》里，叙述了中国通过海上丝路与古代日本、印度、东南亚诸国进行物产、宗教、文学、艺术等方面的相互交流；郑和七下西洋更是"海上丝绸之路"谈论的重点内容。2017年11月，中国学者与来自亚洲、非洲、欧洲等地的学者会集科伦坡城，召开了"国际儒学论坛：科伦坡国际学术讨论会"，主题是"海上丝绸之路的历史交往与亚非欧文明互学互鉴"。会议上，埃塞俄比亚学者把中国与非洲的交往追溯到公元前2世纪的西汉时期。斯里兰卡凯拉尼亚大学学者阿玛勒赛格尔（Amarasakara）通过总结斯里兰卡境内有关中国的考古发现情况，如古都博隆纳鲁瓦山寺中国晋代高僧法显故居遗址，以及古代中国钱币、古代中国陶瓷瓷片等，证实了中国古代与斯里兰卡地区存在着经贸、文化、宗教的交流情况。澳门大学学者汤开建则就耶稣会士传入澳门的欧洲图书，结合16世纪末中国境内的第一座西式图书馆——圣保禄学院图书馆藏书的相关史料，详细考证了明清之际欧洲图书传入澳门的情况，认为中国大陆的西学东渐在很大程度上与此相关。

2017年是中国民间文学的"丝路文化年"。中国民间文艺家协会主持的"一带一路"民间文化探源工程，针对"一带一路"沿线民间文化资源进行系统梳理和选点研究，开展了福建海上丝绸之路重要节点的代表性民间文化考察活动；以冼夫人传说为核心议题对南海（广东茂名博贺镇）开渔节以及海上丝绸之路与岭南文化进行了调查研讨；围绕"阿凡提类型故事"主题展开了新疆民间民族文化调研；"重拾黑水魂——黑龙江丝绸之路"沿着明朝亦失哈将军走过的水路梳理了"鹰路"文化历史脉络；召开了探索"丝绸之源"的嫘祖文化调研座谈会；展开了贵州"南方丝绸之路与夜郎古国"民间文化生态考察调研等活动。这个系列的民间文化探源，力求立足当代、观照历史、面向未来，致力于通过新经验、新启示、新方法、新途径来提振民族文化、地域文化的精气神，得到专家学者以及所在地民间文艺工作者的高度认同与积极配合。上述调研成果及今后开展的系列考察活动成果，均将以调研文集形式陆续出版。

鲁迅先生有句名言："世上本无路，走的人多了，也便成了路。"这句话反过来说更具当下价值：世上原有的路，若是没有人走，便无所谓路了。中国古人踏出了迈向世界各地的通衢大道，在上下几千年的历史长河中，通过中外商贾、政治家和平民百姓的来往，成为交换、交流、交往的大道。古人常把"道路""大道"哲学式地理解为通向真理的路径。而我们当代人自谓"世界公民",切莫冷落了这些"大道",使之荒芜了;自中国通往世界各地的大道,中国人要继续走下去,也欢迎世界各地的人们继续走进来。在这个意义上,重拾"一带一路"上的民间文艺,重温"一带一路"上世界各地民间文化交流交往历史,具有重大的现实意义。

是为序。

邱运华

2018年4月13日于北京万芳园

前　言

　　远在五六千年前的尧舜时期，人们就盛传，美丽的南方生长着无边无际的梧桐树，吉祥的凤凰在树林间自由飞翔。在梧桐树林外，大地的尽头是一片蔚蓝色的辽阔大海，大海里有一颗巨大的夜明珠，每到夜晚便升出水面，放射出耀眼的光芒，把黑暗照得如同白昼。

　　这生长着夜明珠的地方，便是中国南海西北部的一个美丽港湾——北部湾。北部湾（旧称东京湾），在中国广东省、海南省、广西壮族自治区和越南社会主义共和国之间。2017年1月20日国务院批复的北部湾城市群规划范围包括广西壮族自治区南宁市、北海市、钦州市、防城港市、玉林市、崇左市，广东省湛江市、茂名市、阳江市和海南省海口市、儋州市、东方市、澄迈县、临高县、昌江县。

　　在这辽阔的区域范围内，山山挺拔，层峦耸翠。江江奔流，归入南海。壮族、瑶族、黎族、苗族和汉族的客家人、疍家人、广府人、平话人支系世居繁衍在这块多情的土地上，共同创造属于北部湾的文明。

距今5000年到2万年前的古人类遗址中石器、骨器、蚌器、陶器、稻壳等器物和作物的发现，展现着这块土地厚重的历史文化和先民们所创造的文化成果。

与此同时，田间地头、码头海岛上，到处铺张着先人用睿智与聪颖织就的探索自然奥秘、总结生产生活知识的神话、传说、故事、歌谣……源源不断地浸润在这块土地上每一位居民的血液里，不断导正人们的行为规范和价值取向朝着真善美的方向前行。北部湾区域的人们没有陶醉于自然的海景山色，沉溺于先人所创造的文化，他们用开放包容的心态去接受各种文化样式，于是，故事歌谣与格律严谨的诗词同生共存，相得益彰。

北部湾的海水潮涨又潮落，北部湾的海风吹了一年又一年，先人创造的物质的、非物质的文化被一代又一代传承、创新发展。

节日活动是各民族文化盛典的高潮，大家都试图通过各种节日活动来展现自我，达到人文交流、增进友谊、商贸往来的目的。北部湾区域内节日众多，可谓"大节三六九，小节天天有"。节日使各种文化得到传承，得到张扬。节日体现了北部湾人民对祖先的感恩之情，对自然的敬畏之心，拉近了人际关系，促进了人与自然的和谐，体现了开放性和共享性。

生活的艰辛没有阻挡人们前进的步伐，北部湾的人们以积极乐观的人生态度去迎接困难、接受挑战，除了与本区域各族群交往交流外，还把目光投向大海那一边。以两千多年前海上丝绸之路始发港为起点，一艘艘装着瓷器及各类茶叶、布匹、香料的船只穿梭往来于东南亚各国乃至欧美等地。

各种文化交相辉映，相互交织，你中有我，我中有你，又各具特性，共同演绎了北部湾的民族大团结，推动了北部湾区域经济的发展。

　　为寻找北部湾文化根脉，为"一带一路"和北部湾区域合作注入文化力量，2023年3月19日至25日，中国民协主办，广西民协、广东民协、海南民协和广西山歌学会承办了"北部湾叙事——滨海民俗与海岛民歌调查"活动，调研组先后在广西钦州市钦南区、东兴市，广东雷州市、徐闻县，海南临高县、陵水县等地调查。通过走访民间艺人、非遗传承人，参观博物馆，观看并记录民歌（山歌）演唱，召开调研座谈会等形式，深入调查北部湾区域的民俗与民歌（山歌）传承发展情况，这是历史上少有的规模大、成效高的以中国民协为主导，广东、广西、海南三省（自治区）联动的调研活动。

　　通过七天的调查及采录，大家对北部湾区域的民俗、民歌（山歌）有了感性的认识，并被该区域既独立发展又内在相连的同源同根文化所震撼。《北部湾叙事——滨海民俗与海岛民歌调研文集》便是此次实地调查的最新成果，从不同层面对北部湾的传统文化及民俗事象进行阐述、阐释，既有调研报告，也有对北部湾历史文化的思考，还有对北部湾传统文化价值的再认识，以及对北部湾文化创新与发展的探索等，可谓真知灼见。

　　而一个个鲜活的民俗事象，也将永远镌刻在调研组每一个成员的记忆里。

韦苏文

2023年12月22日

目 录

专家视点

北部湾叙事，不可割断的文脉　　　　　　　　　　蔡 葩 / 002
北部湾沿海地区民间艺术的文化功能管窥　　　　　何晓兵 / 017
广西北部湾民俗的困境与出路　　　　　　　　　　韦苏文 / 036
构建北部湾歌谣研究的跨学科学术共同体　　　　　夏 敏 / 059
试论京族文学的身份叙事与国族认同　　　　　　　陈恩维 / 075
浅谈北部湾海岛民歌的艺术特色　　　　　　　　　连向先 / 094

调查研究

北部湾走向海洋的历史叙事
　　——北部湾古运河与对外贸易发展研究
　　　　　　　　　　　　　　　　　　李富强　吕文涵 / 112
北部湾护海神"罗侯王"信仰习俗的形成　　　　　　黎 明 / 129
体现多民族交往交流交融的滨海民俗，应加大跨国度民俗的
　保护与利用力度
　　——滨海民俗与海岛民歌调查报告　　　　　　岑学贵 / 140

中国京族民歌的传承与发展情况调研 苏 凯 / 160
中华民族共同体视域下京族哈节的创新实践
　　——基于广西东兴京族三岛的调查 黄 玲 / 177
论雷州半岛汉族民歌 黄祖洁 / 192

传承保护

初探传统音乐数字化保护与应用
　　——以数字化重构北部湾海岛民歌为例 郑君胜 / 212
北部湾民间歌唱传统的传承与发展 陆晓芹 / 224
初探广西壮族歌圩的发展与传承 秦思榕 / 235
钦南海歌发展调研报告 陈伥羽 黄绍林 / 244

创新发展

坚定文化自信自强，推进海南民歌保护与创新 彭太华 / 252
踏歌追潮北部湾 郑天雄 / 259
粤西姑娘歌的艺术类属的学理辨析及其实践意义 甘咏梅 / 272
非遗新乡贤与乡村文化空间重塑 李 萍 / 284

附 录

"一带一路"渔歌声声逐浪高
　　——"北部湾叙事·滨海民俗与海岛民歌调查"活动侧记
程 溪 / 306

专家视点

北部湾叙事，不可割断的文脉

蔡葩[*]

为期一周的"北部湾叙事——滨海民俗与海岛民歌调查活动"于2023年3月25日在海南陵水疍家"咸水歌"古老而又年轻的歌调中完美收官。6天3省（自治区），调研组专家学者步履不停，从广西、广东行至海南，一路调研三娘湾民俗、跳岭头表演、独弦琴演奏、哈歌、花棍舞、雷剧、雷州歌、姑娘歌、醒狮、哩哩美渔歌、临高木偶戏、临高八音、疍歌等民间文化，深入发掘滨海民俗与海岛民歌，探寻北部湾文化根脉，形成诸多共识，收获良多。

一、新时代的叙事和期望

同属于北部湾文化圈，每到一处都能真切地感悟到或触摸到文化的同根同源所带来的心灵震撼，从乡野民歌到滨海民

---

[*] 蔡葩，海南省文联副主席、海南省民协主席。

俗等各个方面，各地在保持着自己相对独立地域文化特色的同时，又有着诸多内在的血脉联系。站在海南的角度，离开北部湾各省（自治区）来谈海南文化是不完整的，同样，离开海南历史文化来谈北部湾各省（自治区）文化也同样是缺憾。尤其是到了雷州和徐闻，同属于闽南语系的雷琼文化，更是高度融合，彼此相通。它们文化同源，语言相近，民歌、民俗近似更是让人时刻会涌起浓浓的乡愁。

事实上，存在着两个意义上的北部湾，一个是行政区划上的北部湾，另一个是人文历史上的北部湾。由于种种原因，尤其是1988年海南建省之后，作为北部湾重要组成部分的海南人历史淡出了研究者的视野。到了2017年，国务院同意批复建设国家级城市群，北部湾城市群规划范围包括广西壮族自治区南宁、北海、钦州、防城港等，广东省湛江、茂名等，海南省海口、儋州、东方、澄迈、临高、昌江，北部湾区域从政治、经济、文化上再度构想为一个整体，北部湾开始了新时代的叙事和发展。

可以说，中国民协联合广西、广东、海南三省（自治区）共同组织的"北部湾叙事——滨海民俗与海岛民歌调查"活动，拉开了北部湾人文历史研究的大幕，这为重新认识北部湾的文化价值，发掘这一地区被遗忘的历史，重新整合这一区域的文化根脉，具有非常重大的现实关切和历史意义。我们应珍惜历史给予的机遇，以此活动为契机，开掘更多的历史人文资源，为北部湾区域合作与繁荣注入文化的灵魂与力量。

3月19日至25日，由中国民协主办，广西壮族自治区民协、广东省民协、海南省民协和广西壮族自治区山歌学会承办的"北部湾叙事——滨海民俗与海岛民歌调查",邀请国内民俗文化、民歌领域专家学者组成调研组,通过召开调研座谈会、走访民间文艺家和非遗传承人、观看记录民歌(山歌)等形式,深入调查滨海渔民信仰习俗、民歌传承发展等情况,可以说是历史上少有的规模大、成效高的北部湾人文历史研究交流与调研活动。

北部湾各省(自治区)的地缘相近、血缘相亲、文缘相通,让热烈的交流,时刻发生在调研过程中。在海南临高抱才村调研时,广西民协副主席、广西民族大学文学院副院长陆晓芹被渔家服饰吸引,立马跟渔姑们围坐在一起,从一件衣服开始追溯当地民俗,进行方言比对。临高话和壮语部分相似的发音,让广西山歌学会会长、南宁市民协主席郑天雄激动不已,现场就"衣服""头发""眼睛"等词语与当地民众进行了方言探析,甚至在乘大巴赶路期间,交流也从未停止过。专家学者们纷纷献唱各地民歌、讲述民俗,每个人身上所带有的地域特色,都可以成为追寻民间文化的线索。

二、隔海相望:海南与北部湾的血脉联系

海南岛北隔琼州海峡同雷州半岛相望,西望北部湾,东邻南海,南与南海诸岛紧密相连。海南岛北部、东部、西部地区主要为汉族聚居;中部、南部则主要为黎族、苗族、回族聚居;西、南、中沙群岛现在常住居民也日渐增多。

秦以前，海南岛被称为"南服荒徼"，尚未置郡县，无所归属。自秦以来，始皇一统华夏，开疆辟土。海南岛这个孤悬于万里海疆之上的极南之岛，便进入了中华版图，成为当时秦帝国的南方三郡之一"象郡"的化外疆土。秦始皇统一中国后，始置珠、儋耳郡，尔后历经历史沿革，长期隶属广东省管辖。有鉴于海南岛特殊的地理位置、特殊的自然资源状况和改革开放的形势需要，1988年4月1日，全国人民代表大会第七届第一次会议批准设立海南省。4月6日，海南省人民政府正式成立。海南省行政区域为海南岛和西沙群岛、中沙群岛、南沙群岛等岛屿；直辖海口、三亚、儋州、琼海、文昌、东方、定安、澄迈、临高、万宁、屯昌、三沙12个汉族市、县，通什、琼中、昌江、保亭、白沙、陵水、乐东8个黎族、苗族自治县（市），省会设在海口市；陆地面积为4000平方千米。

自古以来，海南岛被历代统治者视为孤悬海外的蛮荒小岛。然而，麻雀虽小，五脏俱全。这是一个汇集众多族群、众多话种的方言大岛。汉族语言分为客话（海南话）、军话、迈话、儋话、村话、临高话、疍话、长流话八大汉方言集群。黎族语言又分为杞、润、哈、赛、美孚五个方言区。各个方言区语言各异，相应地，也产生了不同的歌谣与民俗。

八大汉语方言群各有自己的文化色彩，但共同拥有一条精神的纽带——它们都源自古老的中华文化。不同民族、十几个方言群同住海南，一起营造了中华文明版图中位置最南的一方地域文化，多元共处、百花争妍。不同语言和民俗的汇展，使海南岛显示出丰富多彩的文化生态，呈现着竞争发展的蓬勃生机，也产生了不同的歌谣形式。

海南歌谣的流传，琼南比琼北更盛行。在田间地头、耕耘劳作、酬神祭祀、走亲会友、谈情说爱、婚嫁丧葬、游戏娱乐等场合，时常都有歌谣咏唱。歌谣咏唱的形式灵活多样，有集体咏唱、个人咏唱、对唱等。民间有定期和不定期举办歌会、歌谣创作比赛。

比如国家级非遗保护项目崖州歌谣传播的中心地区是古崖州沿海一带，即今天三亚港门以西至乐东沿海一带农村。而乐东地区比三亚地区的传播范围要广些。崖州歌谣在乐东的九所、利国、黄流、英海、佛罗带都比较流传，黄流、乐罗、利国、英海较为突出。崖州歌谣在三亚地区主要在崖州区流传，主要集中在港门、保平，其次是梅山、凤岭。崖城、水南虽是历史文化之乡，但由于这里主要是军话和迈话方言区，因此，以海南话客话演唱的崖州歌谣在这里不大流传。由于崖州歌谣是用闽南话传唱的，而海南话是海南的"普通话"，因而不少黎族同胞也很喜爱和传唱崖州歌谣，这些黎族同胞创作了部分崖州歌谣，琼北某些地区也流行崖州歌谣，华侨中也有人创作传唱崖州歌谣。崖州歌谣的发展，其影响区域不断扩大，东至陵水，西至东方八所等地，北至保亭、指山等地，《中国歌谣集成海南卷》中收录了部分琼北一些市、县用崖州调创作演唱的歌谣。

由于文化渊源、语言和宗教信仰不同，海南歌谣民谣的流传有特定的地理界限。但随着历史的发展，各民族之间交流的增多，各民族之间习俗互相同化，语言互通，各民族的歌谣不断突破原来的疆界地域，互相渗透，互相借鉴，从而在其他地方也流传开来。但因民族、语言、居住地的不同，海南的民间歌谣的唱法、音调韵律也有所不同，海南歌谣民谣因此也分为汉族歌谣民谣、黎族歌谣民谣、苗族歌谣民谣和回族歌谣民谣。

民俗是人民生活形态的真实反映，举凡生活中食、衣、住、行、育、乐的内涵与形式，以及其间思想、行为、仪节、活动的记录与形成，都是民俗学探讨的主题。民俗文化现象是适应一定的社会生活，同时它也在社会生活中发挥相应的功能。海南是多民族聚居的地方，民风淳朴，风俗多彩，是海南歌谣产生发展的丰富的文化资源。海南各族人民自古以来都能歌善唱，在田头耕作、聚会、樵牧、渔猎、祭祀、婚娶、出生、祝寿、丧葬、赶墟、拜亲、会友、游戏等生活场合，都有歌谣咏唱。歌谣咏唱有集体咏唱、个人咏唱、答问咏唱等多种形式。民间有定期和不定期的歌会，每年农历三月三日就是黎族传统的民间歌节。"三月三"前后数天，七乡八邻的黎族同胞，都赶到集会地点唱歌跳舞，并借此与亲朋聚会，男女青年谈情说爱。定安县龙塘、岭口、翰林等镇和屯昌县的南坤、枫木、后坡等镇则有农历年初、初日村人集体唱歌贺年的风俗。而在儋州地区讲儋州话的居民中，调声自古以来就是非常盛行的集体咏唱活动。调声无固定时间，任何时候都可以进行。在平时劳作余暇、农闲之日、休闲娱乐之时，村民都会围聚在一起听唱歌谣，许多歌谣民谣就是这样得以代代传唱下来的。在祭神、驱鬼等活动中所唱的歌谣，由师公、道公、巫母咏唱，而哭丧、婚嫁等礼俗活动中所唱的歌谣则由当地歌手咏唱。

三、开展田野调查海南民歌抢救工程的实施

海南民歌不仅是单纯意义上的音乐，而是多种精神文化活动的综合体，它和海南乃至人类社会的历史、政治、宗教、文化、民俗等方面都有着千丝万缕的联系，有着极大的文化价值和艺术内涵，在人类个体的社会文化中发挥着教育和文化传承的作用，承载着海南人的移民史、家族史和心灵史，是海南重要的文化标识，也是中华文化大家园不可忽略的人文版图。

近些年来，海南歌谣传承和保护呈现逐渐升温态势，2003年10月在联合国教科文组织第32届大会通过了《保护非物质文化遗产公约》，中国于2004年8月加入《保护非物质文化遗产公约》，海南先后有崖州民歌、黎族民歌、儋州调声、苗族民歌、哩哩美被列入国家级非物质文化遗产保护名录，在国家非物质文化遗产背景下，海南歌谣的传承和保护出现了中兴局面。随着新媒体时代的到来，海南歌谣的演唱场所从房前屋后、田间树下、庭院楼台，开始走上舞台、歌厅、银屏。特别是微信群、公众号等社交媒体的产生和使用，海南歌谣的创作演唱空前火热，越来越多的人投入了海南民歌的保护和传承工作中来。

但我们仍然面临着许多难题：随着时间的推移和城镇化进程的加快，传统村落不断消失，那些代代相传的民间艺术将随

着老一辈人生命的不断凋零而消失，原生态的海南民歌随着老歌手的离去，将永远流失。所以急需对各民族民歌进行抢救和整理，让不同族群的民歌得以保存，并发扬光大。尤其在自由贸易港建设的今日，海南民歌承载着海南文化的厚重记忆，是海南文化不可或缺的重要内涵，是海南文化之魂、艺术之魂，是传统文化复兴的重要内容。如果不加以抢救和整理，对海南的文化发展和经济建设，将是不可估量的损失，海南民歌抢救工程必须及早启动，刻不容缓。近年来，海南省民协利用自己的资源优势，联合中国民协、高校研究机构、媒体、文学艺术团体等社会各界力量，发起"海南民歌抢救工程"，对海南民间歌谣进行系列的田野调查和口述实录，深入挖掘海南民歌文化和历史遗存，收集整理传播，建立数据库，提升海南文艺原创力，推动海南文艺传承和创新。

"海南民歌抢救工程"是2022年4月开始正式启动的，海南省民间文艺家协会和海南日报联合社会各界力量进行了多次采风调研，分别组队前往广州、琼中、五指山、三亚、东方、临高、乐东、陵水、儋州等地对海南民歌相关情况进行调研。

其中，有一部分采风调研，以《久久不见久久见》《五指山五条河》《万泉河水清又清》《西沙，我可爱的家乡》《叫侬唱歌侬就唱》《请到天涯海角来》等6首海南经典的广为人知的歌曲为切入点，通过"口述历史"的方式，采访了海南籍著名作曲家谢文经先生的儿子、世界著名合唱指挥谢明晶，著名作曲家苏圲雄，三亚文史专家蔡明康，海南籍作曲家苏彩霞，海南大学教授曹量，琼台师范学院教授刘丽梅，"黎族歌后"王妚大的孙女吉秋敏等代表人物,追寻海南民歌的流变与发展。6期视频在海南日报新媒体平台《口述海南·葩姐说》栏目集结成"民歌季"播出,本人担任栏目主讲人,凭借多年的媒体从业经验和长年积累的海南文化艺术知识,使得栏目一开播便获得业内人士和广大观众的热情赞赏,民歌季阅读量和影响力大大超出预期。据不完全统计,截至2022年9月29日,民歌季6期视频阅读量已超150万。通过新媒体传播,节目覆盖海内外,覆盖人次超过1000万。民歌季6期视频以中英文形式,在海南日报客户端、微信公众号等全媒体矩阵以及海南国际传播中心官网以及海外全媒体平台播出,即被"学习强国"海南平台、南海网等多家媒体转载,不仅拓展了海南文化的海外传播,为广大海内外网友学习海南文化及文化交流搭建了桥梁,也极大提升了自贸港建设背景下海南人民群众的文化自信。尤其值得一提的是,《口述海南·葩姐说》"民歌季"作为海南省首个口述历史栏目内容,2022年底入选第八届中国口述历史国际周·国际口述历史项目展,通过这样的国际化展览,海南文化的声音进入了口述历史的专业领域,受到更为广泛的关注。

除了制作视频专栏节目,海南民歌抢救工程同时也组建专家团队深入海南各地对海南民歌进行系列的田野调查和口述实录,深入挖掘海南民歌文化和历史遗存,"抢救式"地将相关资料收集整理建档。如在三亚的调研中,从崖州文化学者蔡明康等相关老专家手中寻获了一批珍贵的崖州民歌手抄本;如在对三亚市崖州民歌传承人张远来、五指山市黎族民歌传承人黄清妍的访谈中，我们也探寻到了民歌传承的脉络等等。每一场访谈与调研，都让我们深感责任与使命在肩，时不我待，希望能够带动更多人行动起来，共同抢救海南民间文艺瑰宝。

"海南民歌抢救工程"采录了大量视频，总体时长100小时+，采录对象极具代表性，采录内容极具独家性，可以说，为海南地方口述历史采录了一批珍贵的影像资料，也为构筑起海南文化艺术的基因宝库、为在全省建立"海南声音博物馆"奠定了基础，助力海南在自贸港建设过程中"留住记忆""记住乡愁"，延续历史文脉，坚定文化自信，推动新时期海南民间文艺事业的繁荣发展。

"北部湾叙事——滨海民俗与海岛民歌调查"活动在海南完满结束，留下许多可圈可点的调研成果，复活了久违的文化记忆，加强了北部湾文化共同体的共识，意义非凡。我们希望借此良机，将海南民歌、民俗文化进行更加系统深入的研究与传播，在保持自己特色的同时，将研究成果融入北部湾文化大观园，各美其美，美美与共，共同续写北部湾文化的多彩华章。

图1　广西钦州跳岭头展演（廖立刚摄）

图2　广西防城港市京族独弦琴演奏（廖立刚摄）

图3 传承人在演唱广州雷州古歌谣（廖立刚摄）

图4 海南临高哩哩美渔歌传唱者（王才丰摄）

图5 海南临高木偶戏展演（王才丰摄）

图6 海南陵水疍家民歌手在演绎实景舞台剧《哭嫁》（陆政凡摄）

图7 调研组专家学者纷纷拿起手机、相机等记录疍歌（陆政凡摄）

图8 调研组一行在海南陵水疍家鱼排与疍家民歌手合影（陆政凡摄）

图9　2023"年北部湾叙事——滨海民俗与海岛民歌调查"活动走进海南临高。临高哩哩美渔歌传唱者们在唱哩哩美渔歌（王才丰摄）

图10　25日，调研组一行在海南陵水召开座谈会（陆政凡摄）

北部湾沿海地区民间艺术的文化功能管窥

何晓兵[*]

在中国民间文艺家协会的组织下,我们一行从2023年3月19日至3月25日,用7天时间跨越了桂、粤、琼三个省(自治区)的沿北部湾地带,对当地汉族、壮族、京族等民族,以及文化较为奇特的临高人和疍民的传统文化,尤其是他们的民间文艺事象,进行了一些近距离的观察。鉴于被观察对象的规模过于庞大,他们的传统文化事象更是极为庞杂,因此笔者只能对京族的"哈节"与"唱哈"、钦州的"跳岭头"和海南临高的"哩哩美"这四个对象,在进行简单描述的基础上,尽力捕捉并揭示出这些事象背后的民俗文化功能。

选择这四个对象的理由在于:这些文化事象都具有典型的海洋文化、传统民俗文化、文化传播与交融、文化实用功能等方面的特征,以及文化风格方面的典型性与独特性,因而具有较高的观照和研究价值。

---

[*] 何晓兵,中国传媒大学戏剧影视学院教授。

一、祭神与祭祖：京族的哈节与唱哈

中国京族集中分布于广西西南部。东兴市辖下的"京族三岛"[1]，其南部面临北部湾，北部背倚十万大山，西部与越南一水相邻。京族人口仅3.3万余人（2021年），是我国人口最少的现有民族之一，也是我国唯一从事海洋渔猎生产的"海洋民族"。在族源方面，他们与壮族一样，都是古代骆越族群的后裔，原来居住在越南北部的涂山、春花、宜安、瑞溪等地，于16世纪以后逐渐迁入现京族三岛，迄今仍比较完整地保留着本民族的传统文化风貌，其中的"哈节"及节日中的"唱哈"，就是其传统文化的典型事象之一。

1. 关于"哈节"

哈节，京语称"盖殿耽"（gaidindaml），是京族年节体系中最重要的节日。"哈"为京语的音译，是"歌曲"或"唱歌"的意思，因此哈节亦可译为"唱歌的节日"。从整体上看，哈节是一个宗教色彩浓厚的节日，节日以哈亭[2]为主要活动场所，是京族传统的祀神祭祖、祈福禳灾仪式活动的时空，也是京族最重要的、民俗文化事象高度集中的传统节日。

京族各岛举办哈节的时间并不一致：氵万尾岛是在每年农

---

[1] 此指广西壮族自治区防城港东兴市的巫头、氵万尾、山心三岛。
[2] 哈亭是京族人祀祖、祭神和民间娱乐的公众场所，是京族物化其文化观念和宗教信仰的"神圣空间"。京族居住的各村都设有哈亭，哈亭除作为唱哈活动的地点外，哈亭内供奉全村共同敬奉的神像、神位及各姓氏的祖宗牌位，因此哈亭既是娱乐活动的场所，又是神庙与宗祠。哈节的基本功能与仪程，是祭祀村社保护神、祭祖、村社成员乡饮社交和文化娱乐活动。

历六月初九，巫头岛在八月初一，山心岛在八月初十，节期为时五天。传统的哈节由五个相互衔接的祭祀仪式构成，即迎神仪式；祭神仪式（含"跳天灯""跳香""跳乐"等乐舞）；"桃姑"的献唱与敬舞；称为"坐蒙"的乡饮；送神与"新贺"。在祭祀海神和先祖的仪式过程中，最重要的仪轨之一，就是桃姑在独弦琴师（称"琴公"）的伴奏之下，在哈亭内献唱献舞——"哈节"[1]这个名称，盖来源于此吧。

在哈节祭祀的主要对象，是京族所信奉的镇海大王（主神）、高山大王、广达大王、安灵大王、兴道大王，他们的神位安放在哈亭里的正坛之上；在主神两侧的神案上，则陈放着配享香火的祖神牌位，其中最显赫的是京族的"祖师神"杜光辉。[2]镇海大王的全称是"白龙镇海大王"，该神灵曾因用"滚烫的大南瓜"烫死了戕害京族百姓的"蜈蚣精"，并将它斩成三段变为巫头、山心、沥尾三座岛屿，而被视为京族三岛的开辟神和海上保护神，因此被奉为哈节祭祀中最重要的主神。

2. 作为祭祀仪轨的"唱哈"和乐舞

京族的传统民歌积淀丰厚，种类有山歌、情歌、婚歌、渔歌、敬神/祝祷歌等，据称其曲调有三十多种。大部分京族民歌都具有"即兴性"特征（这也是各民族民歌的共性特征），这一特征主要体现在歌词创作方面，即通过歌手们在生产、生活和节日活动（包括求偶活动）过程中，出于歌唱目的的即兴歌

---

[1] "哈节"的京语发音为"盖殿耽"（gaidindaml），意为"唱歌的节日"。
[2] 杜光辉（1850—1930），沥尾岛京族人，京族民间崇信的祖师神。清末抗法民族英雄，曾作为刘永福的黑旗军将领参与抗法斗争。

词编创。而京族最盛大和重要的传统节日"哈节",正是其传统民歌(以及乐舞)集中展示的时机和场合。

哈节的祭祀仪式过程,以传统民歌和乐舞为主轴贯穿始终,体现出歌舞在民间信仰文化中显赫的功能作用。如在节日期间每晚的祭祀仪式中,都有由哈妹脱鞋着盛装执竹板(京语称之为"嘎嘎")相合,轮番演唱的敬神歌,其代表性曲目有《神灵灵》《敬神乐鼓》《"哈节"祝词》《人人都平安长寿》《积善奉善》《"求"字如此深意》《人人都得来拜神》等。这种歌曲共40多首,其歌词内容为民间宗教信仰、京族传说故事、民间叙事诗、哲理性和抒情形的诗歌,以及汉族古典诗词。这些歌曲的功能,包括对神灵和先祖的歌颂与赞扬、伦理性的劝喻与知识性的教育,以及哈妹们的祈求与憧憬——我们可以把这些文化功能,概括为通过愉悦神灵以实现祈福禳灾的诉求,对伦理和生活知识的传承,以及对平安富足愿望的表述。

除歌唱之外,在哈节祭祀仪式中还要表演"敬香舞""天灯舞""花棍舞"等仪轨性质的传统乐舞,其中以"敬香舞"最为重要,在哈节期间每天都必须要献演。敬香舞的表演场合与形式,是在主祭者给神上香、敬酒的过程中,由两位哈妹面向神位,随着鼓、锣、钹的敲击而跳,以"轮指"和"躬身碎步"(十字步)为基本动作;其舞姿优美端庄、神态含蓄虔诚,表现出对神灵的喜悦、信奉和敬仰。"敬香舞"和"天灯舞"的主要文化功能是"祈福"——通过敬神、礼神、娱神的行为,以期得到神灵的护佑;而哈节送神之后,于哈亭殿外所跳之"花棍舞"的功能是"禳灾"——通过表达对神灵的敬畏和祈求，达到驱邪祟、保平安之目的。

京族人世代以海为田，渔猎于大海波涛之上以获取生活资源，其生产方式的天然风险性远高于农耕和畜牧，但他们抗风险的传统工具和技术又很有限，于是创造出有助于护佑自身生存的海洋信仰文化。京族的神灵体系来源复杂名目繁多，既有自然神也有祖先神，但大多与"海洋"这个生存环境有着密切的关系，如镇海大王、龙王太子（六位灵官）、三位灵婆信仰等就是其代表性事象。

京族人民住在海岛上，以海为生，养育京族人的大海也是生命安全吉凶莫测的地方。因而京族人就创造出自己的保护神，不时焚香点烛祈求神灵的庇护。这种特定的环境和生活方式，形成了京族人敬信海神的宗教意识与仪式，这些意识与仪式周期性地在"哈节"这个特定时间，以及"哈亭"这个特定空间予以展现。此时此地，京族舞者们在祭祀的肃穆气氛中，面对神台上矗立的诸神塑像和祖先牌位，用谨慎柔婉的动作和虔诚含蓄的感情，奉献他们的歌唱和舞蹈（也包括不可或缺的香烛牺牲之类），其中充满着对神灵的敬畏和祈求之情，当然更加本质的是对"神灵护佑"的利益索取。

由此我们发现，在哈节和哈亭祭祀神灵和先祖的歌声与舞蹈之基本文化功能，不是用来"审美"或曰"艺术欣赏"的，甚至不是主要用来"娱乐"的，而是有着更重要的功用——从精神范畴帮助族群的现实生存。在整个民族民间"文艺"这个领域，这个认识也是应该首先予以强调和重视的。

二、多重诉求："跳岭头"的复合文化功能

在广西南部钦州市、北海市、防城港市的汉族与壮族社区，至今流行着一种叫作"跳岭头"的傩祭文化事象，从其举行时间（农历八九月，谷物的收获季节）来看，应是与农业有关的自然宗教文化事象。"跳岭头"于2006年被确定为广西壮族自治区第一批非物质文化遗产。

"跳岭头"仪式中包括傩仪、傩歌、傩舞、傩戏，其主要仪轨由民歌、器乐和傩舞（傩戏）构成。

1. 关于"跳岭头"的历史文献

从历史文献来看，"跳岭头"在明代嘉靖年间就已经流行于钦州地区。明嘉靖版《钦州志》卷一《风俗》载：

> 永乐[1]地接广西，语言不通，习尚多同于狼獞（俍僮）[2]。婚配不论同姓，又无礼体。八月中秋，假名祭报，妆扮鬼像于岭头跳舞，谓之跳岭头，男女聚观，唱歌互答，因而淫乐，遂假夫妇，父母兄弟恬不为怪。

这个文献资料中，包含了许多有趣的历史信息：其一，明代钦州地区的汉族民俗文化，与当地壮族民俗文化有许多相同之处，说明前者受后者的影响颇多。其二，"跳岭头"属傩祭

---

[1] 此"永乐"系明代钦州所辖乡名，地在今钦州市钦北区境内。
[2] 狼獞（俍僮）是宋明时期及之后，汉族对壮族的他称。直至1965年，始经国务院批准定名为"壮族"。

仪式，祭仪种类为"报祭"[1]；从举行时间（农历八月中秋节前后）来看，应是庄稼收成之后酬谢农业神祇的祭礼，与"社祭"中的"秋社"属于同一性质。其三，钦州地区的"跳岭头"，既然在明代嘉靖年间已经普遍流行于民间，说明其在更早的年代就已经存在于此地，因为任何民俗文化事象的形成都不可能一蹴而就。其四，"跳岭头"仪式过程中，包含"父母兄弟恬不为怪"的"对歌求偶"事象，这类事象在前述京族的"祀神祭祖"仪式，与后文将谈到的临高"哩哩美"事象，以及在海南岛的黎族民俗中都存在，这表明在岭南各地多民族文化中，"对歌求偶"是一种普遍存在的民俗文化事象。

2. "跳岭头"中的类艺术元素

构成"跳岭头"仪式的类艺术元素，可以大致分解为歌曲、傩舞（戏）、响器（法器）和面具四个部分。

（1）歌曲

"跳岭头"中的歌曲，内容多与通神、颂神、娱神和"串古"（插述历史传说和人物）相关，体现出仪式歌曲的宗教性质；但也有一些情节比较完整的民间故事的唱述，这就近于"唱故事"的曲艺体裁，或叙事性民歌的体裁了。在歌曲与舞蹈（傩舞）的关系方面，"唱"与"跳"并非"且歌且舞"的同时结合关系，而是"唱时不舞，舞时不唱"，这构成了"跳岭头"的一个较为显著的特点。

不同于一般的当地民歌，"跳岭头"仪式中的歌曲有其特

---

[1] "报祭"，亦称"告祭"，中国古代祭礼之一，指酬神谢神、报答恩德的祭礼。

定曲调，其结构比较简单，有二句式与起承转合的四句式；跳岭头歌词的句式多为七字句，曲调节奏多为二拍子和三拍子。这些歌曲的内容，多是些请神、咏神、串古的内容，也有情节比较完整的民间故事，但与跳没有直接的关系，"唱时不舞，舞时不唱"是"跳岭头"的特点。"曲调的叫法叫××调，如'三师调'。凡表演首先以唱'格'（唱的每段故事称为格）开场，每唱一句'格'后配上一阵锣鼓，再唱下一句，直至唱完整个故事后随着锣鼓开始舞蹈。"[1]

（2）傩舞（戏）

"跳岭头"中的形体表演，是戴面具的"傩舞"或"傩戏"——不过，到底是"舞"还是"戏"，其实很难截然区分，因为"跳岭头"表演中的形体动作比较简单，常常是几个动作的不断反复，因此很难利用形体动作进行细致和复杂的剧情描述；加之表演者的面部被面具遮掩，完全看不见表演者的面部表情变化，因此中国戏曲的"以舞蹈演故事"的功能，在"跳岭头"中体现得比较弱。"跳岭头"的主要动作，有"三星罡步""七星罡步""三合一""燕子翻身"等，动作多出现跳、跃、跨、转、屃（音qì，膝盖突然屈伸），呈现缓急交替的动律。

（3）响器（法器）

此处之所以不用"乐器"概念，乃是由于"跳岭头"属于自然宗教范畴中的祭祀仪式，而不是艺术范畴中的"歌舞

---

[1] 胡媛《跳岭头与吃岭头：社会变迁中的民俗演绎》，《钦州学院学报》2019年第6期。

（戏）"体裁，因此"跳岭头"使用的发声工具就不是具有"艺术审美"属性的"乐器"，而是具有通神祛邪等功能的实用性"法器"。总之，乐器和法器这两个概念，分别暗指两类差异玄远的文化功能属性，因而是不能混淆的。

"跳岭头"中，为傩舞伴奏的响器（法器）有细腰鼓（又简称"腰鼓"，或称"蜂鼓""黄泥鼓""瓦鼓"等。）和大钹与高边锣，其中最重要的响器为"细腰鼓"[1]。该响器在应用中担任领奏、指挥其他乐器之责，故有"锣鼓不响不开坛"的说法。细腰鼓的音声之功能诉求，是沟通神灵、震慑鬼邪，其神圣性不容置疑和亵渎。亦是基于这一观念，除掌坛师公或有资格的师公外，细腰鼓是不允许他人轻易动用的。

需要指出，钦州"跳岭头"中的细腰鼓，并不是钦州壮族或汉族的独创，而是一个同类响器大家族——伍国栋先生称之为"细腰鼓群"——中的一员。据伍国栋先生的调查，"在亚洲范围内，细腰鼓曾相继盛行于中国、印度、朝鲜、日本、中亚和东南亚。……敦煌石窟，在150多个有伎乐壁画的石窟中，就发现有七十三窟的壁画中有细腰鼓图像，年代从北魏到宋上下近800年，其使用盛况可想而知。"而中国迄今仍在使用细腰鼓的民族，则包括汉族、瑶族、朝鲜族、壮族、藏族、白族

---

[1] 这种细腰鼓应是在公元4世纪（晋代）前后，从南亚（天竺）传入中国中原一带，继后南传到广西，并北传至契丹（鲜卑）族群。在隋唐时期应用广泛的"羯鼓""杖鼓"之类，都属于细腰鼓。唐代曾用于宫廷九部乐、十部乐中《龟兹乐》《西凉乐》《天竺乐》《疏勒乐》《高昌乐》的演奏。细腰鼓（杖鼓）于宋代传入高丽王朝，用于雅乐和俗乐，是宫廷唐乐的主奏乐器之一。现在流行于朝鲜半岛的杖鼓，即唐代细腰鼓的遗存。

等,"细腰鼓保存最多、最完备的国家实属中国"[1]。

从现存文字和图像资料来看,在我国隋唐宫廷乐舞如"天竺乐"和"扶南乐"中,频频使用的"都昙鼓"和"毛员鼓",都属于"细腰鼓群"的乐器。至于细腰鼓与民间傩祭仪式的关系,在南宋时期佚名氏所作彩色绢画《大傩图》可以作为一个证据。在这幅画作所描绘的南宋民间傩祭场景中,右下角的一位老者即手执细腰鼓且奏且舞,证明在距今800多年之前,细腰鼓即被作为法器(可能也兼舞具)应用于民间的傩祭仪式之中,证明细腰鼓因其通神祛邪的特定功能性质,而与傩祭仪式之间自古就存在着密切的同构关系。

(4)傩面具

钦州"跳岭头"的傩面具中,除了拟人化的"龙王"之外,很少有动物神的存在,而且很多儒释道的神明或者圣人被纳入民间信仰的神殿中;此外,还有诸多平民神灵出现。因此,相较于其他地域和族群的傩祭面具而言,"跳岭头"的傩面具系以人物神为主,这也构成了"跳岭头"面具造型的一个特色。[2]

"跳岭头"仪式中,要出场的神灵很多,他们分别寓身于不同的傩面具之中,这就决定了傩面具的造型非常多样。各地"跳岭头"共用的神灵面具,有三师(三元)、三界、千岁王(婆)、土地、社王、四帅、妖精等,这些神灵来源颇杂,

---

[1] 伍国栋《长鼓研究——兼论细腰鼓之起源》,《中国音乐学》1987年第4期。
[2] 参见:[美]韩森著,包伟民译《变迁之神——南宋时期的民间信仰》,浙江人民出版社,1999年。

涉及佛教、道教、萨满教、神话传说等诸多领域，他们的本事和功能个个有别，但除开少数邪灵之外的大多数神灵的共性功能，就是能够以其人类难以企及的法力，为人类赐福祛邪、护村送子，从多方面护佑人类的生存利益。

"跳岭头"的傩面具多用当地常见的樟木制成，造型用笔轻淡，人物形象较为婉约而柔和，尤注重人物神貌的刻画。相对而言，钦州以北地区傩祭仪式中的傩面具，造型风格显得更为剽悍、凶猛、狰狞、威武，并且以非人物神为多。

3. "跳岭头"的多重文化功能

"跳岭头"仪式涉及的神灵多，即意味着神灵之间存在符合自身能力的分工，因此"跳岭头"的目的/功能诉求也就不可能是单一的。综合历史文献和当代学者的研究成果，可以将"跳岭头"的目的/功能诉求梳理如下：

（1）祛邪逐疫

清乾隆《灵山县志》卷六《风俗》载："九月，分堡延尸公禳灾，名曰跳岭头。"民国三年《灵山县志》卷二十二《风俗志》载："（农历）八九月，各村多延巫师鬼童于社坛前赛社，谓之还年例，又谓跳岭头。其装演则如黄金四目，执戈扬盾之制，先于社前跳跃一遍，始入室驱邪疫瘴病，亦古乡傩之遗意也。"

上述历史文献不仅记录了"跳岭头"的目的和功能：驱邪、除疫、禳灾，以及祭祀酬报土地神灵；而且指出这种祭祀渊源古老，源于孔子曾经亲眼见过的"迎神驱鬼"的"乡人傩"。

(2)祈求生殖

参照前文所引的明嘉靖版《钦州志》卷一《风俗》条中，"男女聚观，唱歌互答，因而淫乐，遂假夫妇，父母兄弟恬不为怪"的描述，说明"跳岭头"中的确存在生殖崇拜的观念，和"对歌求偶"的文化功能。又现代研究成果指出，表现雷神崇拜的"跳岭头"仪轨中，有些也与族群生殖诉求相关。如在广西灵山、浦北二县南部，和合浦县张黄、归州、白石水、小江等地，在春天插秧完毕后，要举行名曰"跳岭头"的祭社活动。其中有一项内容，是一人拿着一个画有女性生殖器的大纸具，和一个拿着象征男性生殖器的柱形道具，将男性生殖器往女性生殖器上戳，同时喷水。[1]

还有研究者称，从民俗来看，曾依附于"跳岭头"的"男女聚观，唱歌互答，遂假夫妇"的歌圩活动是壮族古老的风俗习惯，这项活动至今仍在浦北个别村庄的"跳岭头"活动中遗存着。[2]

(3)祈求丰年

"跳岭头"仪式还有求年祈丰的功能。如民国三十五年版《钦县志·风俗志》载："每处跳岭头，延巫者着花衣裙，戴鬼脸壳，击两头鼓，狂歌跳舞于神前。村中各男妇，于坛戏歌，互相唱和，以为非如此跳岭头，则年不丰稔。"该则记述表明，"跳岭头"并非无可无不可的娱乐事象，而是关系到当

---

[1] 广西壮族自治区文化厅、广西壮族自治区文物局编《左江花山岩画研究报告集》（下册），广西科学技术出版社，2015年，第190页。
[2] 林凤春《桂南"跳岭头"唱本研究》，广西大学硕士学位论文，2007年，第13页。

年庄稼收成是否"丰稔"的正经大事。

"跳岭头"中的许多节目，都与雷神祭祀相关，而祭祀雷神的目的多为求雨——因为雷神有行风赶雨的职能，而雨水的充足是传统农业生产中的核心要素之一，因此雷神祭祀行为的实质是"祈祷丰年"。"跳岭头"中表现雷神祭祀的节目，有"四帅""四师""五雷""十帅"等。如其中所唱之《乌雷偈》："乌雷大帝显威灵，行风赶雨救凡民。出圣神在的离庙，常在天门行雨云。……庙王人坛保三筊，风调雨顺救粮田。"

（4）酬神娱人

"跳岭头"的娱人功能，应产生在其宗教（巫术）功能之后，经历了一个从请神娱神，到世俗化娱人的发展过程。尤以"跳岭头"中的傩戏为代表：如《跳千岁》《跳四帅》《耍界》等节目，其中涵括了表演剧目、人物装扮（面具）、人物对话、情节表演、唱腔演唱、唱词底本（手抄文本）等必要的戏剧元素。但是这又不是具有典型性的戏剧表演，"它仍是祭祀仪式的组成部分。'跳岭头'过程中所有的表演都是依托在整个祭祀仪式当中的。"[1]

（5）知识传承

"跳岭头"中的大量民歌歌词，也与族群世代积淀的生存知识传承相关。诸如伏羲兄妹葫芦逃生繁衍人类、神农造五谷、鲁班造桥、酿酒传说、二十四节气歌、农事歌、节令民俗

---

[1] 林凤春《桂南"跳岭头"唱本研究》，广西大学硕士学位论文，2007年，第16页。

歌等，都体现出生存知识在民间的口头积淀和世代传承，由此体现出其知识传承的功能。

三、以歌求偶："哩哩美"的民俗文化功能之一

1. 关于临高人和临高语

1932年，德国民族学者史图博（Hans Stübel）在海南岛五指山地区，对黎族文化进行了实地调查；以此为基础，他在1937年出版了专著《海南岛民族志》。在此书中，他提出了临高语"可能是和泰、汉语的混合物"，临高人可能是"汉化了的黎人"的观点。

后来有研究者指出，据中国古代文献记载，自古聚居在海南岛北部地区的居民，是"骆越之人""峒俚""峒僚"或"俚僚"。最迟不晚于汉代，骆越人（或其先民）从大陆迁来海南岛北部之后，便没有发生过大规模迁徙的情况，而今天说"临高话"的人群聚居地也正好在这一带，他们与聚居于海南岛中央山地的黎族人，在世居地、语言、生产生活方式和其他习俗等方面，都存在明显的差异。因此，临高人应是骆越人、俚人[1]的后裔，而不是汉人或黎人，或"汉化的黎人"。[2]

那么，什么是"临高语"呢？1957年中国科学院少数民族语言调查分队赴临高县调查，他们肯定了临高话"属于汉藏语

---

[1] "俚人"是东汉后北方中原人对岭南一带族群的称谓，常与"僚"并称。至宋代，各类史籍中普遍以"黎"代替了"俚""僚"。
[2] 詹慈《试论海南岛临高人与骆越的关系》，《中央民族学院学报》1982年第3期。

系壮侗语族壮傣语支[1]的一种语言","与壮语十分接近","是壮语的一种方言"。[2]另有学者称,临高语"与黎语同属一个语族,但差异较大,而与广西的壮语比较接近"[3]。从语言要素来看,临高话具有古越语的成分。古越人的民歌《说苑》《越绝书》记载的古越语,在基本词汇尤其在语法结构上与临高话有许多共同点。据史书记载,临高话与原两广骆越人、俚人地区的"土语"似最接近。骆越语的语法结构与临高话无异,甚至连基本词汇都有许多相同,如田称"那""母"称"米"等。

因此可以肯定,临高语是一种特殊的语言类种。它不是汉语,不是黎语,也不是"汉化的黎语",而是受到近世汉语影响的古越语孑遗。建立在这一特殊语言基础上的临高民歌,自然便有了只属于自己的特殊内涵和风貌,以及某些特殊的文化功能。譬如,据澳大利亚华裔学者杨沐的调查,"哩哩美"民歌只存在于临高的沿海渔村,而不见于临高毗邻的内陆地带。而"哩哩美"的文化功能,与海南儋州的"调声"(êdiang)类似,而与汉族民歌不同。[4]

2. "哩哩美"的社交求偶功能

"哩哩美"是流行于海南岛北部临高县沿海渔村的一种

---

[1] 壮傣语支又称"台语支",包括壮语、布依语、傣语(在中国境内),泰语、老挝语、掸语、岱依语、侬语、坎梯语、阿含语(均不在中国境内)等。
[2] 詹慈《试论海南岛临高人与骆越的关系》,《中央民族学院学报》1982年第3期。
[3] 广东省研究学会编《广东省民族研究译丛》,广东人民出版社,1996年,第322页。
[4] 参见:杨沐《性爱音乐活动研究——以海南黎族为实例》,《中央音乐学院学报》2006年第4期。

民歌。"哩哩美"之得名，是由于这类民歌中大量使用这三个字的衬词，并很少使用其他衬词。在临高语中，"哩哩美"是"赞美小妹"的意思。

"哩哩美"的民俗文化功能也比较多样，如祭祀功能，临高渔民在祭妈祖、祭海、拜龙王、祈风等祭祀活动中，都要唱"哩哩美"；如婚嫁仪式功能，在迎亲、婚礼等仪式中，也要唱"哩哩美"；如社交求偶功能，临高渔村的青年男女，在"朗馆"（laŋ kuan）集体对歌或中秋节"斗歌"活动中，所唱的还是"哩哩美"；如劳动伴随功能，渔民们在出海、打鱼、织网、晒网的时候，也要用"哩哩美"的歌唱来缓解疲劳。因此，"哩哩美"民歌是一类多功能的文化工具，其基本功能是服务于人类的生存。

由于篇幅所限，本文在这里只能对"哩哩美"的社交求偶功能，做一番简单的探究和描述。

澳大利亚华裔音乐人类学者杨沐教授，于20世纪80年代对临高"哩哩美"的社交求偶功能，做过较为深入的田野调查。他在其著作《寻访与见证：海南民俗音乐60年》的《性爱音乐活动（EMA）》一章中，提出了"Erotic Musical Activity"（简称EMA）这一概念，并将其界定为"以音乐唱（奏）方式为媒介以求达到寻求'伴侣'为目的，并与当地婚俗有关但不一定导致婚姻的民俗活动。"他认为，产生并流行于海南临高县渔村的渔歌"哩哩美"，就属于EMA活动中应用的一类民歌。临高人的EMA事象，即"以歌（乐）求偶"的现象，与黎族的"放寮"、壮族的"玩公房"、侗族的"坐妹"等民俗，有近似的地方。

据杨沐介绍，在临高渔村中，有一种供青少年男女[1]在闲时或晚间聚会、聊天、练唱、觅偶的建筑，被称为"朗馆"（临高语"laŋ kuan"音译），这类建筑的应用性质，类似景颇族、基诺族、布朗族、彝族（撒尼人）、瑶族、黎族、苗族、怒族等民族的"公房"。居住在一个朗馆的青年（必须是同性）有十几二十人，他（她）们组成一个歌队；每个朗馆有一个"歌头"（临高语"ŋaŋ baŋ"），负责歌词的编创，并在演唱时领头。一般在晚间，由男队到女队的朗馆访问对歌，临高话称"lai kuan"，即"游馆""到馆里玩"之意。临高青少年之间进行EMA时，演唱形式为男女两队（非个体）对唱，有挑战、赛歌性质，他们所唱的这类歌曲，用临高话发音即为"哩哩美"[2]。

由于这种对歌的挑战性与赛歌性质，而对歌的胜负直接关系到"求偶"的成功与否，因此青少年们平时都对练唱很重视，否则赛歌失败或吃闭门羹不仅很丢面子，而且得不到异性的欢心。由此亦可见民俗对民歌传承的激励与规范作用。易

---

[1] 据杨沐的调查，这是一种"性俗"与"婚俗"性质既差异又互补的体现。这些青少年男女多数是已订婚或结婚，但处于婚后的"不落夫家"期间。他们参加EMA的目的不是寻找婚姻对象，而是寻求婚前或婚外的性伴侣和性关系，以获得婚姻之外的一定程度的性自由。"从表面上看，以自由性爱为本质的EMA习俗跟保守的婚俗似乎冲突，但是倘若细究，却可以发现在冲突的表象之下，二者其实是互补的，一种互相依存的共生关系将它们维系在一起。"参见：[澳]杨沐《寻访与见证海南民俗音乐60年》，中央音乐学院出版社，2016年，第299页。

[2] "哩哩美"总体来说是一种广义的"渔歌"，而不是仅供EMA活动演唱的民歌。"哩哩美"可以在EMA中由男女集体对唱，也可以在妇女沙滩织网、女子挑水上船、男子出海劳动、婚礼等场合歌唱。

言之，如果随着经济体制和劳动组织方式的变化，这种"集体游馆，对歌求偶"的民俗发生了改变，以性爱为目的的"哩哩美"，就必然在文化功能、内容形态、传承方式和规模等各个方面，也发生相应的、程度不等的改变——譬如，变成一种服务和依附于旅游经济的商业化"表演唱"方式。

"哩哩美"最热闹的赛歌，是在每年八月十五的晚上。这样的赛歌地点都在海边，远近许多歌队都会去参加。这些歌队中有的人是曾经通过来馆对唱相识的，有的甚至是有过性关系的，有的则互不认识。赛歌时由一个队（一般是男队礼让女队）先在坝（港口的防波堤）上齐唱，显显嗓门；然后男队答唱（也是齐唱），继而两队开始赛歌，其他队就在场旁听，直至深夜。

"哩哩美"的基本曲调只有一种，但其细节在实际演唱中会因即兴产生变化；歌词多为即兴编创，也有少数因传之久远而相对固定的歌词。"哩哩美"并非只能在EMA中演唱，也可以在妇女们织网、挑水上船，在婚礼上由男女分队对唱，以及在渔民出海劳作过程中演唱，但歌词内容不一定与EMA中所唱内容相关。

四、结语

作为京族"哈节"祭神祀祖仪式之主要仪轨的"唱哈"和乐舞，具有通过愉悦神灵以实现祈福禳灾的诉求，对伦理和生活知识的传承，和对平安富足愿望予以表述的多重文化功能。

广西南部钦州市、北海市、防城港市的汉族与壮族之傩祭仪式"跳岭头"，具有祛邪逐疫、祈求生殖、祈求丰年、酬神娱人、知识传承的多重文化功能。

海南岛北部"临高人"的"哩哩美"民歌，在其所依附的不同民俗文化之中，具有宗教祭祀、婚嫁仪式、社交求偶、劳动伴随等多重文化功能。本文对其社交求偶功能进行了着重描述和分析。

综合以上观察，我们可以得出一个规律性的认识：存在于中国多民族民间的"文艺"事象，是一类具有服务于人类多种生存需要的实用性事象；从根本上说，这类事象创造动机和目的不是（或不完全是）"审美""娱乐"之类，而是从两个层次上满足人类的生存需要：或是为人类获取生存机会，或是在满足了基本生存需要的基础之上，提高人类的生存质量。

广西北部湾民俗的困境与出路

韦苏文[*]

北部湾位于中国南海海域的西北部,东起雷州半岛、琼州海峡,东南为海南岛,北至广西壮族自治区,西临越南社会主义共和国。广西北部湾包括钦州、北海、防城港三个市,是通往东盟各国的重要门户和走向世界的重要枢纽,是我国西部最为便捷的海上通道,汉代"海上丝绸之路"的始发港便诞生在这里。在数不清的岁月里,壮、汉、瑶、京几个民族世居繁衍,共同创造了光辉灿烂的历史文化和民族民间文化。

一、北部湾民俗文化事象

在这片多情的海湾里,各种自然生态同民风民情相互交织,共同演绎了它的神奇与美丽、它的神韵与魅力。北部湾民俗文化主要有以下几方面的类型:歌舞表演类、节庆民俗类、

---

[*] 韦苏文,中国民间文艺家协会副主席、广西文联一级巡视员。

民间工艺类、鼓具器乐类。

1. 歌舞表演类

（1）采茶。以钦州市灵山县较为著名，其采茶的开台仪式是由"开台茶"和"开台尾茶"组成，以后按正月茶、与哥执茶、送哥卖茶、盘茶、贺宾茶、杀台茶[1]的顺序依次展开。演员一般为一男二女，男的叫茶公，女的叫茶娘或茶旦。

采茶共有七十二条声（曲调），可分为四类：一类曲调的衬词多用"嘻呵嘻"；二类曲调衬词多用"妹子""而计"；三类曲调衬词多用"哪嗨哟""依啫呀"；四类曲调不用衬词。

（2）公馆木鱼[2]。北海市合浦县客家地区的说唱艺术。其特点是根据合浦公馆方言的声腔定音调，唱词、快板多七言为主，唱词、快板甚至连道白都强调双句押客家话音韵，句后拖尾腔，上句尾腔的衬词为"那个呢呀金牡丹女呀"，下句尾腔衬词为"牡丹花，一对鸳鸯对凤凰哪"。演唱时边敲边唱，随物赞祝，内容多是警世劝善。

（3）民歌。世居北部湾的民族多爱唱民歌，民歌内容丰富，题材广泛，形式多样。劳动生产、社会生活、风俗礼仪、情歌、古歌、历史传说故事等方方面面，从古代到当今，无所不歌。它反映了广西北部湾地区各族人民悠久的历史和丰富多彩的生活。

壮族山歌。壮族山歌从句式上分有五言、六言、七言、八

---

[1] "杀台茶"即采茶戏的谢幕仪式。
[2] 公馆木鱼2012年被列入广西壮族自治区级非物质文化遗产名录。

言、十言和长短句六种。除了少部分自由韵或押调不押韵外，绝大部分有严格的韵律，常见的有腰脚韵、头脚韵、勒脚韵、脚韵。勒脚歌的特点是一首歌里的某些句子按一定规律重复回唱。勒脚歌分单勒脚、双勒脚（又称全勒脚）两种。腰脚韵是每联两句中，上一句的脚（最末一字，亦称尾）与下一句的腰互相押韵。在五言四句与七言四句中，第二、三两句互押脚韵，第一句的脚与第二句的腰，第三句的脚与第四句的腰押腰脚韵。头脚韵是每联两句中，上一句的脚与下一句的头（第一个字）互相押韵。脚韵是上下两句或偶句互押脚韵，腰间押韵也可，不押也可。

汉族山歌。汉族山歌主要是七言四句体，两句体，多种长短句体等形式。"三字头体（三七七七）"句式是七言四句体的变化形式，常见韵律有：脚韵，一二四句押脚韵；二四句押脚韵；句句押脚韵；交叉押脚韵，即一三句押一脚韵，二四句押另一脚韵；有时押脚韵兼押脚腰韵，即单句末字与双句第四字相押韵。七言四句之间往往处于"起、承、转、合"的关系。"三字头体"的首句三字，常常是全首歌的主旨所在。以当地汉语方言的语音同韵或近韵进行押韵，如，"国、角、脚"相押，"孩、鞋、崖"相押，等等。

京族山歌。京族山歌主要形式有"上下句"和"唱六八"。"上下句"由上、下两句组成，每句字数六言、八言、九言以至十五言以上不等。上句末字与下句腰字（位置不定）押腰韵。可以两句一首，也可以若干双句为一首。"唱六八"格律较"上下句"严谨。上句六言（二、四节奏），下句八言（四、四节奏），组成一个单元。每篇四、六、八句，也可以若干单元组成长篇。每一单元内，上句末字（第六字）与下句第六字押腰韵，称"六六腰韵"；相邻两单元之间，上一单元下句末字（第八字）与下一单元上句末字（第六字）押脚韵，称"八六脚韵"一环扣一环，称为"环链韵"。

瑶族山歌。瑶族山歌多为七言四句和自由体，七言四句以押脚韵为主，多数情况下，二四句押得多一些。

海歌。海歌在北部湾民歌中占有较大比重，其中疍家海歌最为出色。疍家海歌节奏平稳，曲调悠长，是上下两句多次反复的歌谣体，曲调随字定腔，叹唱的调式有"咸水歌调""叹家姐""叹故人"等。

2. 节庆民俗类

（1）跳岭头[1]。是钦州一带壮族、汉族仅次于春节的节庆活动。多在中秋节前后十余天内于村边岭上举行。跳岭头由舞蹈和音乐两部分组成，舞师根据舞段的角色穿戴相应的服饰和面具，表演带有角色个性的程式舞蹈，以打击乐器蜂鼓和铜锣伴奏。"开坛"仪式一般在傍晚举行，由班首主持，仪式后，在音乐的配合下，舞师连续表演"扯大红、跳三师、跳师郎、跳忠相、操兵、跳四帅、抛云梯、跳仙姑"等舞段。天亮后，跳"收精、赶龙船"，该舞段象征性地把代表邪魔、瘟疫的"精头"收在纸糊的龙船里，送到河边烧掉，表示灾祸已除。

（2）许福节，流传于钦州市浦北县乐民镇一带，每当正月

---

[1] 跳岭头2006年被列入广西壮族自治区级非物质文化遗产保护名录。

十五一大早，人们便把扎好的灯笼挂在许愿树上，并聚集于祠堂，举办隆重的祭祀仪式，中午宴会。下午抢花炮。其过程意在祈求来年风调雨顺，五谷丰登，人畜安康。

（3）社公节。社公节又称社日，俗称土地诞，是北海市合浦县传统节日。每年农历二月初二为春社，八月初二为秋社。其中以合浦县三甲社最为出名，除了传统的祭社。社日第二天，还将举行龙舟赛。社公节，表达了人们对土地对自然的崇敬与热爱。

（4）哈节[1]。也称"唱哈节"。"哈"是京语译音，含有"歌"的意思。因各地祖先到达的时间不一样，哈节的节期也不同，沥尾岛农历六月初九，巫头岛为八月初一，山心岛为八月初十，红坎村为正月二十六。每一年哈节的结束时间视天气情况而定，哈节相关活动都离不开哈亭。其过程包括迎神、祭神（唱哈）、坐蒙（乡饮）、送神。哈节是京族人民一年一度最盛大的民族传统节日，是京族的传统歌节，也是京族文化集大成，是包括京族语言、喃字、唱哈、舞蹈、独弦琴、医药、风吹饼、鱼露、服饰、拉大网、渔箔、高跷捕鱼、哈亭建筑、村落生态、遗存遗址等物质文化和非物质文化活态展示的盛会。

（5）阿波节。阿波节是防城港市瑶族大板瑶支系较为隆重的节庆，时间为农历三月初四。那天，是青年男女结交朋友、物色对象的日子。大板瑶的成年人，无论男女都会不约而同地

---

[1] 2006年京族哈节被国务院公布为国家级非物质文化遗产代表性项目。

聚集到一个地方唱歌，主要有凉棚宴、歌舞表演、对歌、游戏等活动。人们通过歌声感谢曾经给予自己帮助的恋人或朋友，用歌声来化解怨恨。其中那良镇高林村的阿波节较负盛名。

3. 民间工艺类

（1）贝雕[1]。以北部湾天然珍稀的螺贝为原料，取贝壳海螺的天然色泽、纹理形状，经精心设计，通过剪取、打磨、抛光、镶嵌等十几道工序雕琢而成。主题多以山水、花鸟、人物、静物为主，其中以北海贝雕为著。

（2）钦州坭兴陶[2]。坭兴陶是钦州著名的民间工艺产品，至今已有1300多年历史，与江苏宜兴紫砂陶、云南建水陶、四川荣昌陶一起被誉为"中国四大名陶"。

钦州坭兴陶以钦江东西两岸特有的紫红陶土为原料，按西、东泥4∶6的比例混合，制成陶器坯料。再通过坭兴陶烧制技艺烧制后形成坭兴陶。坭兴陶最独特的地方便是"窑变"，其窑变不施釉，在烧炼后，有古铜、荔枝核、海蓝、海棠红、渗白渗灰等各种色调；有的古雅，有的华丽大方，有的鲜艳光亮。轻轻敲打会发出金属声，而其他紫砂器的敲击声较喑哑，这是坭兴陶区别于其他陶器的关键之处，堪称"中国一绝"。

4. 鼓具器乐类

（1）烟墩大鼓[3]。烟墩大鼓是钦州市烟墩镇一带壮族、

---

[1] 2021年贝雕（北海贝雕）被国务院公布为国家级非物质文化遗产代表性项目。
[2] 2008年陶器烧制技艺（钦州坭兴陶烧制技艺）被国务院公布为国家级非物质文化遗产代表性项目。
[3] 烟墩大鼓2008年被列入广西壮族自治区级非物质文化遗产保护名录。

汉族民间的传统艺术，至今已有一千多年历史。烟墩大鼓由樟木或楠木、牛皮、篾条、竹钉、格钉、木板等原材料手工制作而成，有鼓面、鼓身、鼓脚三部分，鼓面直径1.3至1.8米，鼓高2至3米，重20至350公斤，鼓槌两根，长5至8寸，用硬木条削成。鼓声如雷，声达数里，有起鼓、促鼓、压鼓、收鼓的独特套路打法。每年农历除夕至正月十五日是烟墩一带的打鼓时间。按照传统，各村大人、小孩都绷好大鼓集结在一起擂打，到了晚上，村与村之间又互相邀着打大鼓，正月十六日晚，各村把大鼓抬到祠堂或社公、村中晒场上尽情敲打直至天亮，才把大鼓收起来，待来年再擂鼓。如今，打大鼓已成为当地一种过大年或节日喜庆的演奏乐器。以示平安、迎春、祈福、驱邪、助兴、祭祀、庆丰收、体育竞技等民俗活动。

（2）独弦琴[1]。京族弹弦乐器，京族语称旦匏，是我国古代流传下来的一种古老乐器。独弦琴大致可分为竹制和木制两种，由琴体、摇杆、弦轴、挑棒组成。琴身长约1米，宽、厚分别约10厘米、8厘米，其一端打一楔子用以固定琴弦，另一端则凿洞插入厚竹片做摇杆；琴弦只有一根，古时用麻绳或用竹篾代替，弦的一头固定在琴身的右端，另一头则系在琴身左端的摇杆上。演奏时，右手用贝壳或短竹片弹拨琴弦，令其发出震颤的声音，左手则同时扶摇竹竿，使声音形成旋律。如今麻绳竹篾已换成钢丝弦，音色变得厚实而悠扬，音域也变宽阔而稳定。

---

[1] 2011年京族独弦琴艺术被国务院公布为国家级非物质文化遗产代表性项目。

这些民族事象有不少列入自治区级或国家级非物质文化遗产名录。有的是三市都有，如海歌、疍家婚俗、贝雕；有的则是某市独有，地域鲜明，色彩丰富，如采茶、公馆木鱼、跳岭头、许福节、社公节、哈节、阿波节、钦州坭兴陶、烟墩大鼓、独弦琴等，其中，影响较大的有钦州坭兴陶、烟墩大鼓、京族哈节、海歌、疍家婚俗。这些文化事象也许在遥远的年代曾作为文化交流项目或礼品随着海船游弋在大海之中，交往于今东南亚国家或更远地方不同人群之中，成为人们交流交往沟通的产物。

二、北部湾民俗文化现状

多年来，广西北部湾三市在挖掘弘扬民俗文化等优秀传统文化，培育民俗文化品牌上做了大量卓有成效的工作。各种活动的举办，对北部湾传统文化的弘扬，对提高北部湾三市各民族的文化自信，对北部湾的社会经济发展起到了一定的推动作用，但也出现一些困境。

1. 环境变化　场景不再

随着社会的发展，生产力的进一步提高，广西北部湾区域发生了巨大的变化。过去的农村变成了城市，有些还成了城市的中心，过去的小渔港成了大码头，过去民俗事象赖以生存的环境发生了重大的变化。如疍家，以前主要生活在水里、在海上，如今疍家人已由"水上漂"到陆上居，居住环境的变化，带来了他们日常生活的多样性，出海打鱼不再是他们谋生的唯一手段，人们的日常生活多在陆地上进行。年青一代在陆地上游戏、读书、恋爱、结婚，水里、海里的生活变得遥远而陌生，有的连渔网都没摸过，更不要说海上婚礼。载着新娘的小船不断被摇晃颠簸的"闹洞房"式情景，只能存留在老一辈人记忆里。

2. 语境变化　学习不易

近十年来，随着集中资源优势办学的开展，大量农村学校或教学点关停并转，小学要到几里外的地方，初中要到乡镇政府所在地，高中要到县城。大多数学生从入学的那一天起，便离开自己的村庄。学校里教的是普通话，学的是普通话，讲的是普通话，从小学到高中，日复一日。只有放假回到家中，才有机会与父母或村里人讲家乡话。此时的他们已是汉语的思维方式，学习本民族本地域的文化，大多只能借助汉语来表达。面对大量的民俗事象，显得生疏不了解。在学歌方面，由于不懂本民族本地域的发声方式，学习起来有一定的难度。

3. 宣传不够　认识不足

（1）没有把民俗文化上升为公共文化资源加以扶持。有些虽列入自治区级乃至国家级非物质文化遗产名录，但申报成功之后便束之高阁或任其自生自灭。因此民俗文化等传统文化的传承保护处于一种尴尬的局面。据有关方面调查统计，65岁以上的人对民俗文化比较熟悉和了解，拥有一定的"发言权"，50—65岁的基本了解，也就是说年过半百的人对民俗文化的了解与参与度较高。35—50岁的有所了解，35岁以下的年轻人知之甚少或全然不知。

（2）受制于行政关系，各自为战。区域内共性的文化事象缺乏统一布局，你做你的，我做我的，散兵游勇，没有从区域一体化出发，进行整合推介。开发产品单一，地方特色不明显，知名度不高。

（3）没有在全社会形成保护利用的意识，认为民俗文化保护是文化部门的事，更没有想到这些文化事象在民族发展中所起的作用，没有想到该如何通过它树立起民众的文化自信，没有想到这些文化事象在加强民族团结，铸牢中华民族共同体意识中所起的作用，没有想到民俗文化在现代生活，在中华民族伟大复兴中的作用。广大民众自发爱护民俗文化，自觉传承民俗文化，自愿保护民俗文化的意愿还不高。表现为对民俗文化等传统文化不闻不问、不管不顾。或从心里鄙视它，认为它就是民间的大众的，下里巴人的东西，登不了大雅之堂。

4. 前瞻不足　缺少整体谋划

（1）没有站在更高的层面，积极主动融入国家发展大局、融入"一带一路"和中国—东盟的交流交往中。

（2）外来的和尚会念经。项目运作时，首先考虑的是外地的团队，认为外地团队有丰富成熟的经验，于是，请外地的团队来进行设计包装，没有想到通过项目培养自己的民俗文化项目策划团队，培养自己的人才。外来团队由于不太了解地方文化，往往水土不服，项目设计没有体现本地的人和文化元素。有的文艺活动也进行外包，导演是外请的，演员的主要班底是外请的，甚至灯光师、音响师也是外来的，本地演员登台亮相的微乎其微，更不要说通过活动培养自己的导演、演员，提炼自己的音乐符号。结果钱花了，没有达到预期的效果。

（3）挖掘研究不足。虽然在申报非物质文化遗产名录时有不少文本，但对该文化事象产生的历史背景，在历史上对当地的影响，对当今社会的作用，对相关的礼仪和深层次的文化缺乏有效探讨。在举办文艺活动时，多见子打子，随意性较大，没有持续性，今年突出这个主题，明年强调那个内容，品牌意识缺失。

（4）旅游项目开发没有规模化。一是选取部分有特色的内容如节庆、各民族的婚俗表演、各民族的服饰织绣技艺表演，各种生产劳动过程的表演等作为旅游项目。二是所开发的旅游项目没有规模化，项目之间没有一定的关联性和连续性，如文艺表演仅限于歌舞，对相关的业态没有得到足够的重视。三是创意不足，无视了民俗文化的独特性，按照一般旅游景点的开发模式进行，导致民俗文化资源变成千篇一律的旅游项目。有些地方为追求利益化，利用相关民俗文化事象的影子，大量编造"伪民俗""仿民俗"，虽然获得一时的经济利益，却造成了民俗文化事象的失真与失质，影响了中华优秀传统文化的传承发展。

（5）文旅融合不足。对民族文化旅游项目没有投入或投入少，没有形成文化业态，缺乏品牌效应，难以吸引游客。往往搞活动时人声鼎沸，一房难求，活动结束后，冷冷清清，没有持续化。

5. 人员流动　传承有困难

（1）现代化进程的加快使得现代娱乐方式多样化，许多年轻人更喜欢现代化的文化形式，愿意参与传统的民俗文化活动的年轻人越来越少。

加之，城镇化使得人们纷纷走出乡村，人口从农村向城镇流动，村落里居住的多是老人，许多民俗文化事象无年轻人传承。

（2）经费投入不足。一是民俗文化事象保护传承经费不足；二是对民俗文化传承人的补贴不足，不少传承人还要去从事别的活路来补贴家用，于是无心传承。

三、创新与出路

2023年是习近平主席发出共建"一带一路"倡议十周年，我们要认真策划，打破行政区划的壁垒，从区域一体化发展，文旅深度融合和文化空间整体性保护的视角出发，在推动民俗文化等中华优秀传统文化创造性转化、创新性发展上主动作为，有所作为。

1. 主动融入国家发展大局和文化战略

当前世界处在百年未有之大变局，随着我国经济社会深刻变革、对外开放日益扩大、互联网技术和新媒体快速发展，各种思想文化交流交融交锋更加频繁，否定历史，否定中华优秀传统文化，否定英雄，歪曲历史或采取历史虚无主义的言论层出不穷。其目的是否定中国几千年的悠久历史和灿烂文化，否定人们的道德规范和社会良俗，并进一步否定中国社会主义制度，否定中国共产党的领导。

我们要在大变局中化危为机，赢得更好地发展，就要坚持中国共产党的领导，沉着应对，主动作为。进一步深化对中华优秀传统文化重要性的认识，深入挖掘民俗文化等中华优秀传统文化价值内涵，充分认识中华优秀传统文化是中国特色社会主义植根的文化沃土，是当代中国发展的突出优势，对延续和发展中华文明、促进人类文明进步所发挥的重要作用。积极主动地从中华优秀传统文化中汲取丰厚的养料，讲好中国发展的故事，讲好中国共产党的故事，讲好中国特色社会主义的故事，从而塑造良好的国家形象。

2. 培育品牌　增强竞争性

经过多年的培育，广西北部湾三市分别推出了一些小有名气的民俗文化品牌：一是北海防城港的疍家文化；二是钦州主打的坭兴陶文化，海歌文化；三是防城港市的京族哈节。在每个节庆中都有海歌呈现，海歌成为广西北部湾三市共有的文化符号。今后，应乘势而上，持续加大力度培育这些品牌，为民俗文化的创新与发展做出广西北部湾应有的贡献。

（1）海歌文化节。广西北部湾地区是我国重要的渔场之一，沿海的渔民们以舟船为家，滨海而居，以渔业为生，海歌便是人们在生产和生活中创造并通过口传心授的方式流传下来的。海歌种类繁多，内容主要有"生产歌""生活歌""爱情歌""叙事歌"等，海歌是渔民内心情感的表达，丰富了渔民们的生产和生活的内容，承载着渔民对美好生活的寄托，对丰产丰收的希冀，对安全出海的期盼。

海歌由北海咸水歌[1]、钦州海歌、防城港京族海歌组成，即广西北部湾海上或海边有关渔民劳作和生活中所唱的歌。旋律优美、曲调高亢、节奏自由、充满激情、易于传唱，充清浓郁的海边或海上生活气息。京族海歌调式种类繁多，其中以徵调式、宫调式、羽调式和商调式以及调式交替最为常见。

北部湾海歌中不同的歌类有着不同的文化内涵。如哈歌主要是歌唱神灵，传唱道德观念，情歌主要是表达男女之间的情感。场景的不同，情感表达也会有所差异，如《哭嫁歌》，在女子出嫁前唱，表达的是父母与女儿难舍难分的离别之情；在迎接新娘时唱，则是一种祝愿新娘婚姻幸福的欢乐情感。

海歌是广西北部湾三市共有的民俗文化资源，也是这片多情的大海对北部湾三市人民最好的馈赠。我们可以通过举办海歌文化节来做强做大海歌品牌。具体做法是：①针对人才缺乏，研究少，文字资料少，展示平台少的特点，加大力度对海歌进行采录研究，把不同地域的海歌种类进行梳理，进一步夯实海歌基础。把海歌中有关气候条件，地理方位、海岛、旋流、鱼类等方面的歌整理出来，为南海是我们国家的海域提供印证的文化资料。②举办海歌展演。一是请地地道道的渔民登台演唱原汁原味的传统海歌，如男的唱《摇船歌》《拉网歌》，女的唱《洗贝歌》《采茶摸螺》等海歌，从而增强他们的自豪感和文化自信。二是利用现有的海歌歌调进行即兴创作表演，提高歌手的编歌能力和演唱水平。三是请音乐家或音乐

---

[1] 北海咸水歌作为广西北部湾海歌文化中的重要组成部分，于2010年被列入广西壮族自治区级非物质文化遗产名录。

老师进行记谱，使曲调固定下来，不因为演唱者的不同而产生变化。四是利用海歌音乐元素，进行创新创造，使它更符合当今社会年轻人的审美心理和表现手段，并通过艺术节进行演唱。五是推动海歌进校园，扩大人们对海歌的认识和了解，促使海歌得到更加广泛的发展和传承。③海歌文化节由广西北部湾三市共同主办，轮流举行。第一步是除北部湾三市歌手外，邀请北部湾经济区海歌队伍参加；第二步是扩大到全国海歌展演；第三步是东南亚海歌及世界海歌展演展示。把海歌培育成为沟通人与人，民族与民族，国家与国家之间的桥梁，用润物无声的文化形式铺开友谊之路。使海歌文化节成为世界级的民俗文化盛会，从而提高广西北部湾的知名度。

（2）京族哈节。哈节是京族的传统节日，京族是民族情感的集中表达。代表着生生不息的传承，是构建和谐社会不可或缺的一个重要组成部分。是京族向世人展示自己文化的平台或窗口。虽然各地举办的时间不一，但内容相对固定，且形成以沥尾哈节为政府主导的节日。

哈节第一天上午，人们聚集于哈亭，排着队到海边举行迎神仪式，把本岛本村所供奉的神灵请回哈亭。迎神队伍的顺序为仪仗队、抬辇台、香案台、献酒台、果品台人员，主祭、陪祭及若干礼生，锣鼓队、京族群众及其他参加哈节活动人员。当主祭念完祭文，抛阴阳卦确定请到神灵后，队伍便开始往回走。诸神在鞭炮声、锣鼓声中被人们请回哈亭，接着便是各项祭神活动。唱哈是哈节中贯穿祭神和乡饮的主打节目，主角有3人，男歌手1人，称"哈哥"，专司抚琴伴奏，两位女歌手是

"哈妹"，一个持两块竹板，另一个拿一根竹梆，击节伴奏，轮流演唱。歌的内容有民间传说、哲理佳话、爱情故事等。迎神祭神3—4天后，坐蒙开始，京族男子到一定年龄后才有资格参加，并按辈分别坐在哈亭正堂东西两侧的边厢上。送神，择哈节最后一天吉时，由哈亭香共在神位前念诵"送神词"，念毕，撤下封庭杆，哈妹们便跳起蕴含驱鬼辟邪、恢复平静之意的舞蹈。随着"海边送神"程序走完，历时数天的哈节才算结束。其间，亭内"听哈"者围桌入席，一边饮宴，一边"听哈"，其乐融融。哈亭外热火朝天，"竹杠舞""天灯舞"等舞蹈表演，斗牛、比武、海上捉鸭、沙滩自行车赛、京族美食展示、旅游商品展销、独弦琴弹唱、生日派对篝火晚会、民歌对唱等也随之展开，成为哈节上极富特色的重要内容。

经过多年的培育，京族哈节的规模越来越大，内容越来越丰富，爱国主义情怀得到高扬，开放包容、互助合作、民族平等、团结友爱的理念进一步得到张扬。我们从哈节活动和哈亭所供奉的神灵看到，历年来准许加入哈亭供奉的左昭右穆十二家先神位有三种人：

一是有功者：生前为国家、为民族、为村里和哈亭有贡献的先人，阮大将军、苏光清、杜胜利、杜光辉、苏锡权、阮积德、杜金贵、苏权安、杜辉德、黄如发、高全贵、武廷镇。二是"买厚者"：刘贵公、梁贵公、武氏号妙忠、吴氏号妙贵、武氏号妙德。三是圣神需要者：阮桃红公主、杜英心三郎、苏三主娘、阮兴贵二郎。

人们所供奉的除了看不见摸不着的神灵外，其他的都是自己熟悉的人。对有功者进行供奉是为了感激他们为国家为民族做出贡献，希望子孙后代永远感怀他们，记住他们的先进事迹；对传承民族文化，为村里的繁荣发展和哈亭做过贡献的人们，希望子孙后代向他们学习，多为公益事业、为民族文化发挥应有的作用；对无儿无女的人（买厚者）生前进行帮助，死后，将他们供奉于哈亭，接受众人的献祭，使他们在那边可衣食无忧；对那些不幸溺亡者（圣神需要者）进行供奉，使他们不再为害作祟出海打鱼的人们，并与其他神灵一起保佑一方平安。

参加哈节的除京族群众外，还有附近的汉族、壮族、瑶族群众、外地不同民族身份的游客以及越南和东南亚的代表。随着中国—东盟自由贸易区的建成，防城港市东兴口岸的地位和重要作用日益凸显，防城港市国际贸易、物流、文化、旅游的龙头作用不可替代。政府应依托防城港市得天独厚的综合资源优势，利用北部湾与"一带一路"东盟沿线国家的地缘文化优势、民间"走亲"交往优势、民间多渠道联动机制优势，加大投入，高端设计，使京族哈节成为集现代性、广泛性、开放性、兼容性、国际性为一体的大型民俗文化节庆。

（3）坭兴陶艺术节。钦州坭兴陶源于唐，盛于清朝咸丰年间，民国初期达到高峰。远在唐、宋时期就有产品出口东南亚；以后在不同的岁月里钦州坭兴陶主要销往越南、马来亚、印度尼西亚一带，部分销往欧洲。坭兴陶历代珍品被美、日、德、法、俄等20多个国家的博物馆收藏。

坭兴陶是历史钦州、文化钦州、烟火钦州的核心文化符号。在一千多年的步履中，坭兴陶已融入了钦州这块多情的土地，相互依存，共生共荣，坭兴陶因钦州而出彩，钦州因坭兴陶而壮美，这是一种蕴藏与传递之美，文化创造之美。

坭兴陶在生产实践过程中，形成了相对固定的生产过程，选泥、练泥、成形、饰雕、煅烧、打磨、抛光等环节。每一个制作环节稍有疏忽便会前功尽弃。除了有独特的窑变外，还有耐酸、耐碱、防潮保鲜等特点。举办坭兴陶艺术节，一是通过钦州古龙窑来研究坭兴陶历史变迁的文化资源，了解不同历史时期坭兴陶发展状况；二是通过坭兴陶艺术节活动加强与外来人员的文化交流，为坭兴陶发展注入新的文化元素；三是开发坭兴陶文化资源，营造地域文化氛围，丰富坭兴陶的艺术品位；四是通过坭兴陶艺术节推出一批人才和坭兴陶工艺大师，使在本地民俗文化的海洋中获取创作灵感，做到实用性、艺术性、收藏性相结合，生产出一件件富有创意的作品，成为中国—东盟博览会和广西对外文化交流活动的礼品；五是进一步推动坭兴陶产业园、坭兴陶博物馆、古坭兴陶生产场所步行街、千年陶都的旅游发展，成为全国独具特色的文化旅游目的地；六是通过艺术节进一步宣传节约意识和环保意识，使坭兴陶土开发在有序的状态下进行，据地质勘探部门勘探结果，坭兴陶陶土总储量为15亿立方米至17亿立方米，约30亿吨，基本属于露天开采，只有加强对坭兴陶陶土资源管理，才能使坭兴陶做到可持续发展；七是推动坭兴陶进校园，通过高校的培训和各地的实践活动，培养一批熟练的坭兴陶制作和烧制销售队伍；八是两条腿走路，既要高端时尚，又要接地气，即既要由高端产品工艺部分人使用或收藏，又要有一部分产品进入寻常百姓家；九是通过坭兴陶艺术节壮大企业厂家，做强做大坭兴陶产业，成为钦州市最亮眼的文化产业和创收产业。

目前，坭兴陶厂家700多个，但缺乏龙头企业，产值小，属于分散型产业。要在钦州坭兴陶文化艺术节暨南向通道陶瓷博览会的基础上做强做大坭兴陶文化。一是依托古龙窑的开窑活动，举办坭兴陶艺术节，推动坭兴陶产业的发展。二是通过坭兴陶艺术节的带动和人流影响，使千年古陶城、大师工作室、厂房、商业街、体验中心成为坭兴陶文化展示、坭兴陶研学教育实践、传统手工体验、文化艺术品展览，进一步带动坭兴陶产品展销。

（4）疍家民俗文化节。疍家作为一个较为特殊的群体，他们将海洋视作他们的陆地，长期的海洋生活，使疍家人形成了独具特色的服饰、节庆、婚俗、渔歌、信仰。他们以船为家，以舟为室。船呈椭圆形，装饰独特，"五脏俱全"。陆居后的"疍家棚"，上为锥形，用竹瓦或油毛毡做棚顶；下为圆形，用木板或废旧船板围成。棚内分为正厅及会客室，只有一个较小的窗口，用以通风透气。虽然生活有了改变，风俗却保留了下来。哭嫁是疍家婚礼[1]的习俗，包括"哭嫁歌""送嫁歌""十月怀胎歌"及"十二月送人歌"等，一哭自己身世、二哭父母不易、三哭兄弟离情、四哭婶嫂代孝、五哭姊妹惜别，在悱恻缠绵中，相互寄情赠言等。同时，规劝新娘出嫁后

---

[1] 疍家婚礼2015年被列入广西壮族自治区级和北海市级非物质文化遗产名录。

要夫妻和睦、尊重长辈、孝敬公婆。喜日早上，男方吹着唢呐，划着张灯结彩的花艇前来迎亲，得到新娘家同意后，停泊在新娘家的船边，蒙面盖头的新娘边哭边拜辞祖宗和父母，在女伴张伞遮挡下，"好命妈"背起新娘，由新娘胞弟送上迎亲花艇。花艇回到新郎家船上或棚户，新娘依旧由人撑伞背入，船舱拜天地，船尾拜祖宗、父母，夫妻对拜后要跪在地上等红烛点完才能起来。前来参加婚礼的人们则联舟成排，张灯结彩，男女对唱"咸水歌"。酒席一般设在各船甲板或沙滩上，疍家婚宴有"八海碗""十海碗"等。

依托北海的疍家小镇、疍家风情园、疍家棚和各种文化活动，举办疍家民俗文化节，使这个已离我们远去的文化群体以舞台呈现的形式回到当代人之间。疍家民俗文化节既是对民俗文化的创救，也是重塑文化记忆的重要手段。挖掘疍家历史文化和各种民俗文化事象，加强对疍家文化的研究，推出疍家风情展演，使之成为民俗文化旅游的重要项目，通过疍家风情的展示展演，沟通起不同地域、不同国家疍家人的共同话题，共同记忆，做到文化共享，文明互鉴，进一步增强全世界疍家人的情感交流，做到互利共赢。

2021年4月27日上午，习近平总书记在广西民族博物馆强调，广西是全国民族团结进步示范区，要继续发挥好示范带动作用。各民族共同团结进步、共同繁荣发展是中华民族的生命所在、力量所在、希望所在，在全面建设社会主义现代化国家的新征程上，一个民族都不能少，各族人民要心手相牵、团结奋进，共创中华民族的美好未来，共享民族复兴的伟大荣光。

我们要通过举办海歌文化节、京族哈节、坭兴陶艺术节和疍家民俗文化节来重塑民族文化自信心。使它成为展示民族张力与情感，表现各民族人民理想、愿望与追求，体现团结向上，勇于进取的重要平台；使它成为承载和体现当下的生活气息、时代精神的重要纽带，以直观的民俗文化助力谱写铸牢中华民族共同体意识和人类命运共同体的新篇章。

3. 加强研究　夯实基础

习近平总书记指出，要加强对中华优秀传统文化的挖掘和阐发，使中华民族最基本的文化基因同当代中国文化相适应、同现代社会相协调，把跨越时空、超越国界、富有永恒魅力、具有当代价值的文化精神弘扬起来，激活其内在的强大生命力，让中华文化同各国人民创造的多彩文化一道，为人类提供正确精神指引。

把民俗文化蕴含的民族精神情感，把民俗文化在促进民族与民族之间像石榴籽一样紧紧地抱在一起，成为一个牢不可破的整体所具有的生命力量挖掘出来。将民族对各族人民的凝聚力量研究出来。把民俗为人类绿色生活提供了解自然、尊重自然的方式阐释出来。把民俗文化所蕴含的思想观念和道德情感梳理出来。

广西北部湾民俗文化留给我们的不只是世代累积的情怀，更应该是一种内生原动力。要鼓励家族传承和社会传承相结合，鼓励多方参与，集智集力，凝聚社会最大公约数，不断提升民俗文化的魅力和吸引力。文化节的举办将为北部湾民俗文化的深层次研究打下丰厚的基础。

4. 创新发展

随着时代的发展，民俗文化要与时俱进、不断创新，不增添新内涵，增强核心竞争力。与时俱进、不断创新，做到创造性转化和创新性发展，使民俗文化等中华优秀传统文化与当代文化相适应、与现代社会相协调。以客观、科学、礼敬的态度，取其精华、去其糟粕。创新运用新技术、新手段，激发创意灵感，不断赋予新的时代内涵和现代表达形式，使民俗文化等优秀传统文化持续散发出时代魅力。同时，利用"互联网+"快速发展的东风，依托微博、微信、客户端等新媒体平台，采用短视频、直播、微电影等形式向社会大众推送民俗文化故事；借助电子商务平台销售独具特色的民俗文化事象纪念品和民俗文化产品，促进民俗文化和坭兴陶产业发展。

5. 建立民俗博物馆和文化生态保护区

民俗博物馆是人们了解一个地方过去和现在的途径之一。北海外滩、侨港和防城港企沙是疍家人聚居的地方，随着陆居生活和城市化的发展，疍家人已不再单纯地从事捕捞行业，原来的渔船也被搁置在海边或任其朽烂。应在已有坭兴陶博物馆的基础上，建立疍家民俗博物馆、海歌博物馆和哈节生态保护区，结合当地特有的文化景观，设立展馆、表演区、体念区、休闲学习区、美食区等。集娱乐性、参与性、体念性、地域性于一体，使人们在体验中领略到北部湾的风情，了解北部湾厚重深远的历史文化。

总之，我们要坚持以习近平总书记2023年6月2日在文化传承发展座谈会上重要讲话精神为指导，不断深化对文化建设的规律性认识，更好担负起新的文化使命，扎实推进中华民族现代文明和社会主义文化强国建设。在新的历史起点上，坚定文化自信，立足中华民族伟大历史实践和当代实践，传承发展民俗文化等中华优秀传统文化，不断厚植北部湾的文化根基，不断凝聚属于北部湾的精神动力，提升北部湾各族人民群众参与中国式现代化的使命感和能力水平。通过广西北部湾民俗文化，搭建起中国人民同世界人民有效互动的桥梁，以世界各国携手谱写人类命运共同体新篇章。

构建北部湾歌谣研究的跨学科学术共同体

夏敏[*]

北部湾是一个地域概念，也是一个文化概念。地处北部湾的区域之间的经济文化关联，比以往任何时候都来得更加密切。之前北部湾各地市的歌谣研究，受到地域或族群的局限而在视野上难有新突破，2023年3月19—25日中国民间文艺家协会联手广西、广东和海南三地民协，首次打破地域界限与学科瓶颈，组织相关专家以联合作业的方式进行"北部湾叙事——滨海民俗与海岛民歌调查"，来自不同地区和不同专业的学者们共同将目光锁定北部湾歌谣，大家有机会在调研中密切互动、坦诚交流，切实感受到歌谣研究的跨学科意义、价值和必要性。歌谣研究走到今天，如何打破地域和学科壁垒，已经成为不同专业、不同学术背景的有识之士需要认真思考的问题。亲自参与到本次调研之故，我认为北部湾歌谣的跨学科研究已经得到有益的初步尝试，基于新时期海洋战略的推动和相关学者

---

[*] 夏敏，集美大学文法学院教授。

的学术投入，亟待大家共同携手走出各自的学术困境，特别是基于对歌谣研究的共同志趣与关注，一个新兴的学术研究趋向正率先在北部湾歌谣研究中悄然出现。本文不揣浅陋，认为利用多学科方法、多地域合作进行歌谣研究，视角互补，资源共享，努力构建北部湾歌谣研究的跨学科学术共同体势在必行且意义深远。

一、北部湾歌谣的研究价值

位于南海西北部的北部湾，包括了我国广西防城港市、北海市以南，广东雷州半岛、海南岛以西，越南沿海以东的广大海域，是我国利用西南海洋优势与世界各国相连接的又一核心区域。北部湾畔生活着中国汉族（含客家民系、广府民系、雷州民系、"母语非汉语"的临高人以及北海湾各市沿海的水上"疍民"等）、壮族、瑶族、京族（也是越南主体民族）、苗族、黎族等多民族，多民族共居互融于此，使北部湾族群体现了多元一体的民族分布格局；北部湾地区方言众多，彼此交流，语言互通有无，生活方式接近，海洋文化特征明显，文化个性中有不少"趋同"成分，有着相对接近的文化生态，而长于歌唱，又是北部湾族群的共同特点。

作为与人类相伴而生的口头韵语文学的歌谣，北部湾很多民族因歌谣发达而扬名于世。由广西壮族"三月三"歌圩衍生而来的南宁国际民歌艺术节，是北部湾向世界展示其歌谣富矿的最好体现。北部湾地区面山靠海，既有短小精致的山歌，也有悠扬动听的渔歌，历史上曾是多民族歌谣存留的宝地。清人吴淇等四人采录出版的《粤风续九》和李调元《粤风》里，既有今日北部湾地区的广府白话歌谣，也有瑶歌、俍歌、僮（壮）歌、巴人竹枝词等古代少数族群歌谣。北部湾客家山歌、"疍民"歌谣（过去广东一带叫"咸水歌"）、"两广"的广府民间歌谣、壮族的"歌圩"、京族的"唱哈"、雷州半岛闽南语歌谣、海南的临高歌谣"哩哩美"等具有一定的代表性。20世纪80年代广东（含海南）、广西各自辑录的中国民间文学三套集成之歌谣卷有大量歌谣采自北部湾地区。只是当时北部湾的战略地位尚未得到彰显，学界对这些地方的歌谣研究基本上停留在初步采录、大致分类、各自为政的层面上。由于受到时代、地域、语言与文化传统的局限，很多歌谣尚未得到全面采集，对产生歌谣的文化语境也缺少细致、科学、客观和全面的认识。

2010年以来，中国—东盟自由贸易区（CAFTA）全面启动，随着北部湾经济带的战略价值受到国家的重视，北部湾沿岸省（自治区）和相关国的经济得到迅猛发展，北部湾地区的文化也受到世人的广泛瞩目。北部湾地区的歌谣研究受到关注当然也势在必然。近些年，我们已欣喜地看到北部湾地区歌谣（特别是北部湾地区的"咸水歌"）受到学术界的关注，如黄妙秋《海韵飘谣——广西北海咸水歌研究》（《中国音乐学》2008年4期），吴启健《广西北部湾地区海歌研究综述——以北海咸水歌为例》（《民族音乐》2019年2期）等一系列论文已经将北部湾作为歌谣研究的文化语境。更重要的是这些研究正逐渐打破学科瓶颈而对某个地区歌谣展开个案研究，或在民族志研究中给予歌谣研究以多学科视角，歌谣研究的跨地域、跨族群、跨学科合作成为可能。中国民协2023年3月的三省（自治区）合作调研，北部湾歌谣研究第一次实现了三省（自治区）联动，调研专家来自文学、音乐学、人类学、社会学等多个领域，是跨学科合作研究的初步尝试，为下一步展开多学科研究，构建北部湾歌谣研究的跨学科学术共同体，打开了全新的窗口。

二、学术缘起：北部湾歌谣研究先驱钟敬文先生及其相关研究

　　说到北部湾歌谣研究，不能不提到中国民间文学学术泰斗钟敬文先生。如果追根溯源，我们可以惊奇地发现：北部湾歌谣研究真正的首创者就是钟敬文先生。笔者于1996—1997年随钟敬文先生从事歌谣研究。访学时我关注到他年轻时候的歌谣研究核心区域就在今天的北部湾。可以说早在20世纪20年代，北部湾地区的歌谣——主要是客家山歌、疍民的"咸水歌"以及广东（含海南）、广西的壮族（俍）等族群的歌谣就进入了钟敬文先生的研究视野。他无疑是中国北部湾歌谣研究的第一人，他也是从北部湾歌谣开启了他的民间文学、民俗学研究。北部湾歌谣研究是钟敬文先生真正的学术起点。虽然当时并没有"北部湾"这个概念，但是他以故乡海丰民歌（特别是疍歌）和少数民族歌谣为研究对象已经涉及北部湾汉族（含疍民）、壮族、畲族等族群的歌谣，他在早期的文章中常常提及

两广的壮（伧）族、瑶族、苗族等民族的歌谣，今天看来，它们当中相当一部分就是20世纪初的北部湾歌谣。钟先生研究它们的代表作主要有以下五种：

（1）《歌谣杂谈》15则中的《山歌》（载《歌谣》周刊第71号，1924年12月7日），这里的山歌，就是海丰客家人用于恋爱对唱的民歌。

（2）《海丰的畲歌（非客家人之歌）》（1925）内容与妇女相关，形式特征是：多为两节，每句七言，而首句常是三或五言。

（3）《疍歌》（开明书店，1927年初版）内收52首"疍歌"，附录载有《中国疍民文学一脔》，这是钟先生关于疍歌研究的最重要的成果。文中他称疍民"以舟楫为家，以捕鱼为业……他们生活的绝大的慰安与悦乐，便是唱歌"。"据说，他们当男女结婚之夕，风致尤为特别。男家和女家的船，皆张红灯，挂新彩，泊近一处，请了许多歌唱的能者，相与竞吟对唱，镇夜不息。这种生活，是多么浪漫而诗美哟！惟其环境如此，所以能产出一种极有价值的文学——咸水歌！""咸水歌，也叫咸水叹、后船歌""在广东沿海一带流传是肯定的"，"这种歌……多为七言四句体。每首一章的为普通……最可注意到的，是每句末端，皆附有助词……'罗'字。诗歌中，这种尾声的附加，在吾国颇不乏例。如古歌谣中的'兮'字，《楚辞》中的'些'字，都是和这一类的东西。"该文还认为"云南、贵州一带的倮罗，两广、湖南一带的瑶民，广西境内的僮人，西南各省的苗民，东南沿海的疍户"都拥有各自同样重要的歌谣。[1]

（4）重刊清人李调元（雨村）《粤风》（1927年钟先生重新刊印此书），钟先生称："里面除去了一部分粤人的歌谣外，其余都是那瑶僮俍各民族的心声"，也就是说《粤风》里的歌谣涉及北部湾多个民族，钟先生认为它们得以重新面世很有价值，重印时钟先生将"粤风"歌谣分类为粤歌（客家山歌）、瑶歌（须注释才能懂）、俍歌（含俍、僮等难懂的歌谣，另见与刘乾初合译《俍僮情歌》）三部分，钟敬文称《粤风》这本书"它不仅是一部采辑自民间口头的歌谣集，而且大都是采自那些兄弟民族民间诗人口中的情真艺秀的情歌集。"[2]说明钟敬文先生对广东周边南方省（自治区）"兄弟民族"歌谣的研究，是他踏入民间文学研究门槛时的第一个研究对象。

（5）《客音的山歌》（1927年收入《客音情歌集》）他将海丰的歌谣分为用本地话（也就是广东话）唱的"粤讴"、用福老话（福建话）唱的"畲歌"、用客家话唱的"山歌"（这一类搜集最多，先生自称"这客音的山歌，便占据了它全数之半"[3]），同时还提到了"瑶歌"，他认为山歌遍及粤、桂、滇、赣、浙等省，共性一为双关（隐语）表情爱："尤其是表现关于恋爱的文艺，这种婉转动人的方法，更切用而且多

---

[1] 钟敬文《中国疍民文学一脔》，《蛋歌》，开明书店，1927年，第86—88页。
[2] 钟敬文《读〈粤东笔记〉》，《歌谣》周刊第67号，1924年11月9日。
[3] 钟敬文《客音情歌集·引言》，北新书局，1927年。

用"[1]，二为"对歌"，这点也与蛋（疍）歌相同。

从1924年开始钟敬文进入歌谣研究领域，到1927年他在中山大学任教，其歌谣研究活动非常活跃。他积极投身民俗学会工作，参编《民间文艺》《民俗》周刊，这一阶段，他歌谣研究真正进入井喷时期，这个时期形成的歌谣学思想，对他的歌谣理论体系的构建产生了极其深远的影响。钟敬文歌谣学思想体现为三个"打通"，即打通歌谣与乐舞，打通文学与民俗，打通歌谣与诗歌，具体体现在三个方面：（1）歌谣即先民的诗、民间的诗，"诗，在遥远的过去，是和歌谣同属一体的"。"歌谣不但是诗的母体，而且永远是它的乳娘。"[2]这个观点在他后来的诗学研究中反复出现，例如他写在1943—1944年间的《诗与歌谣》说："诗，在它的孩童时代就是歌谣"[3]，"歌谣，是民众的诗"[4]。（2）少数民族歌谣自成体系。（3）歌谣经历从仪式（宣信）到世俗（宣情）的过程。"巫祝、乐工、供奉诗人等的作品，在题材方面，在形式方面，都承受着原始诗作（歌谣）重大的影响。"[5]

三、北部湾歌谣：人类诗性智慧独有的"生命之树"

唱为歌，念为谣。"中国民间文学大系"以唱和诵作为

---

[1] 钟敬文《歌谣之一种表现法——双关语》，《歌谣》周刊第80号，1925年3月1日。
[2] 钟敬文《诗和歌谣》，包莹编《钟敬文集》，广东人民出版社，2018年，第221页。
[3] 钟敬文《诗和歌谣》，包莹编《钟敬文集》，广东人民出版社，2018年，第222页。
[4] 钟敬文《诗和歌谣》，包莹编《钟敬文集》，广东人民出版社，2018年，第226页。
[5] 钟敬文《诗和歌谣》，包莹编《钟敬文集》，广东人民出版社，2018年，第223页。

民歌与民谣相区分的标志，例如河北民歌《小白菜》，唱即民歌，念即民谣。北部湾歌谣也是如此。北部湾地区因共同的地域、类似的生活方式以及因接触、聚居、混血（如百越与汉族共融）或移民（如部分越南移民因至东兴而形成京族，粤、客等民系中的一部分人因居水作业而成为陵水疍民）所彰显某些互通有无的共同特征，体现在歌谣内容和表现形式上就会有某些趋同点，例如渔歌使用于水上作业，四句七言为一节，双关语频繁使用在情歌对唱中。

北海湾多民族、多民系的传统生活跟世界其他各地区一样，离不开歌谣，于是形成了各具特色、互见有无、相异相似的民间歌谣传统。作为诗性口头表达的主要方式，北部湾歌谣体现了这一地区民间社会共有的"诗性智慧"，人们借助歌谣协调劳动节奏、记录乡土知识、助力恋爱与联姻（如广西壮族三月山歌圩）、完成祝寿、送亡、禳灾、祭祀等仪式性活动，维柯在《新科学》里称这种智慧为"诗性智慧"，为全人类所共有。钟敬文先生在《诗和歌谣》（1943—1944）中也有类似的观点："（歌谣）有时候还含有一种圆熟的机智或谐趣。"[1]

关于以民间歌谣、说唱为研究对象的民间文学的理论研究，帕里和洛德称之为"口头诗学"。北部湾歌谣研究可以纳入北部湾的"口头诗学"范畴。作为集体口头传唱的北部湾歌谣，群体彼此之间的经济往来、文化沟通，免不了有相仿佛的

---

[1] 钟敬文《诗和歌谣》，包莹编《钟敬文集》，广东人民出版社，2018年，第224—245页。

趋同特征，比如常用的修辞手法（双关、拟人），相似的歌谣表达（如对歌），接近的题材选择（如海洋、渔业生活），是北部湾歌谣群体都乐意认同并自觉运用的。譬如，增强语气、导引内容的无意义衬词，体现了诗性群体的集体无意识。海南临高渔歌的"哩哩美"，跟藏族的"呀呢啦呢索"、鄂伦春族"啊呀嚇呢啦"、朝鲜族"阿里朗"、鲁凯族的"那路湾"，都是各自人群的集体遵循无实义、无意识表达。

四、北部湾族群的"抒情传统"与地方性知识

每个民族都有自己表情达意的"抒情传统"，北部湾族群概莫能外。这种抒情传统与个人化的作家抒情有着相当的差异。跟别处民间歌谣一样，北部湾各族群的抒情表达从形式到内容是当地民众内部认可的，或者说是约定俗成的，遵循着本方民众的抒情"程式"或套路，用本民族语言或本地方言口头唱诵的，歌谣既可以是个人展演的，但也是众人齐唱或对唱的，大家既都可以是歌者，也都可以是听众，歌谣依附于劳动、仪式、婚恋，在"众目睽睽"氛围中实现歌谣的抒情表达，这种抒情表达使用的素材和表达方式为本方群众所熟悉，借以抒情的象征物和比喻物都是本方群众所见所闻的内容和"地方性知识"，是大家"心知肚明"的情感，是"共情"的言说，是本方民众所喜闻乐见的，体现了承载"集体无意识"的朴素情感。

北部湾地区歌谣对仪式的依赖是一个值得关注的抒情现

象，也是可以做多学科介入研究的重要案例。在北部湾地区，各个民族的歌谣唱诵的常态氛围是日常生活暂停的特殊场合，比如劳作的间歇，节日的展开，祭祀的某个环节。它总是与人们的精神生活和情感活动有关，而最值得关注的就是日常生活停滞，精神活动展开的各种仪式活动。京族歌谣主要集中在哈节展演，而祭祀是哈节的主要内容，唱哈则是哈节的重要环节，一般是放在迎神、祭神后，哈妹在哈亭唱祭祖娱神的"哈歌"（唱哈词）给参加活动的人们听，哈节要过3—5天，同样唱哈也要持续3—5天。除了节庆的仪式性歌唱，北部湾很多民族还将歌谣广泛运用在其他仪式中，其中，最著名的是放在跟恋爱和婚姻有关的仪式中。婚恋仪式性歌谣长于抒情，并富于智慧呈现，以情动人，以智悦人。京族歌手吴秀英与刘日成的即兴对唱中，女唱部分以飞鸟、蚊子、白鹭自况，男唱部分以公鸡啄饭、海水泉水相连、鸾凤和鸣比喻男女爱情，给人耳目一新的感觉：[1]

女：吴秀英唱——

渴望长翅膀如鸟，
晚上飞去夜回旋。
渴望有法如神祇，
妹变蚊子扒檐轩。
渴望有法如神仙，

---

[1] 苏维芳、苏凯编《京族传统民歌集》（内部交流），京族字喃文化传承研究中心，2014年。

妹变白鹭栖君边。

男：刘日成唱——

期望妹变糯米饭，
哥变公鸡啄上面。
期望海潮向上涨，
泉水流下两相连。
期望咱俩合一家，
夫鸳妻凤对钟情。

壮族情歌是"三月三"节日活动的主打，情歌对唱不失浪漫、真挚的"言情"，也有男女歌手打情骂俏的智力博弈："阿哥阿妹望江边，生死一起要渡船。早晚同餐夜共枕，白发相绞到百年"[1]；北部湾地区很多民族（如壮族、瑶族、汉族的疍民）婚礼盛行哭嫁，哭嫁歌是这些民族的重要特征。我们在海南见闻了陵水疍民的如泣如诉的哭嫁展演，非常动人，歌词富含水上族群的特征：

金梳梳头头肉痛，
旧梳梳头实在顺流。
妹姑讲底嫂记心头，
今后有事叫姑返来。

---

[1] 李景江《中国各民族民间文学基础》，吉林大学出版社，1986年，第198页。

> 请嫂过来带姑落艇，
> 大嫂不带妹姑不行。

　　这段陵水疍民的哭嫁歌由新娘"哭唱"，地域特征相当明显。前两句介绍出嫁日梳头要用"金梳"，呈现了装束上的民俗信息，底下四句是新娘（妹姑）向嫂子所做的"交代"或"告知"：嫂子有叫就回，出嫁日请嫂子陪伴"落艇"，体现了姑嫂情深，短短几句歌词展现了陵水疍民由嫂送别新娘出嫁的婚俗。所以研究北部湾百姓歌谣中的抒情传统，一定要有民俗学、人类学、社会学、文学、音乐学等跨学科视角，若单纯从文学视角，我们很难破解抒情背后的文化、社会的密码。

　　因同样的人们共同体有共同的抒情传统，所以歌谣是他们诗性意义上的"身份证"，我们从其歌谣中可以找到个体人及其族群、地域的面孔。

五、北部湾海洋歌谣族群特征

　　北部湾歌谣的族群特征不仅仅是它的抒情特征，更是其文化特征，或者说北部湾歌谣有着它鲜明的文化面孔，这种面孔的探询需要跨学科协作研究才能完成。

　　（1）咸水歌：北部湾地区疍民们又称其为"咸水叹""咸水谣""后船歌"，他们世代搏风击浪，以船为家，他们绝大多数的"咸水歌"有别于陆地族群的"淡水"歌谣，"咸水歌"使用了与船（艇）、帆、鱼类、风浪、捕捞、晒盐、海神

（如妈祖）相关的大量渔家特有的生活事象，脱离了海洋文化语境，咸水歌即失去了它强烈的海洋魅力，海洋文化在他们的歌谣中打下的深刻印记。尽管近十年来，咸水歌研究取得了长足的进步，但多数还没有脱离作者的专业局限，如果多学科介入研究京族"咸水"海歌、北海疍民和陵水疍民的"咸水歌"，从歌谣当中探询海洋文化对于北部湾水上族群精神世界的塑造，将打开海洋歌谣研究的全新视界。

（2）海陆多民族（系）混血与整合，显现了北部湾海洋歌谣族群的文化上的相互"涵化"。北部湾地区民族众多，有的耕海，有的犁地，形成鲜明的海陆互补、相融现象。歌谣中相邻民族的歌谣形式和内容，也会相得益彰，彼此影响，互见有无。因为海上生活，北部湾地区还形成了跨域生活的迁徙性群体，而族群流动必然带来文化流动，歌谣也会随着这种流动在新居地得到传播。例如京族本源自越南的主体民族，自明代开始，陆陆续续汇聚东兴市江平镇的沥尾、山心、巫头三岛，我们从今日京族"唱哈"的许多歌谣中看到它们与京族原乡族群越族在江平京族歌谣中的"遗存"。例如京族《范载玉花》《李功传》六八体叙事歌于18世纪末19世纪初从越南传至江平，这些叙事歌基本保持了它们在越南的原貌，但是到了东兴市的江平京族三岛后，又夹杂了很多汉语表达的元素，从而实现了越南文化与中国文化的混血。

（3）感恩海洋中的"文学治疗"。北部湾海洋歌谣特色明显，它与同属海洋歌谣的福建、浙江、江苏、山东、河北、天津、辽宁等更北部海洋歌谣有本质的区别。京族歌谣常常言必称海，歌谣中大海意象无处不在。歌词中只要出现大海形象，仿佛得到大海的无私馈赠，内心也得到足够的安抚。大海意象对歌唱者而言，起到了"文学治疗"的作用。例如《过桥风吹》说的是阿妹把斗笠送给阿哥，回家谎称风吹落水，却以山林、海船作为引子："山啊山，林啊林，海啊海，船啊船，回家撒谎骗爹娘，今日过桥遇大风，风吹了，风吹了，被风吹上天空，相爱把斗笠赠送，回家撒谎骗爹娘，今日过桥遇大风"，类似歌谣在桂、粤、琼等北部湾沿岸地区并不稀见。这些歌谣在表达的时候常常是唱念兼备、以唱为主，这也是北部湾民间歌谣的主要特征。而在闽浙沿海地区则表现为歌谣分离或只谣不歌等情况。

六、构建北部湾歌谣研究的跨学科学术共同体的可能

综上，随着北部湾歌谣研究的逐渐深入，歌谣现象的多学科解读与研究，已经提到议事日程中。北部湾歌谣跳出单个地区、单个民族的整合性研究正呼之欲出，需要相关有识之士共同锁定并介入这一特殊的研究领域，为海洋文化视域里的北部湾歌谣研究做出多视角、多学科、多民族、多省（自治区）的贡献。本文仅从跨学科角度谈谈构建北部湾歌谣研究的跨学科学术共同体的可能性。

首先，北部湾作为一个巨大的西南沿海地域文化板块，需要有更多不同专业背景的学者对北部湾文化生态背景中的歌谣做多学科介入研究，它不单是民间文学工作者，或民间音乐工

作者的事，因为现代学术已经不满足于个别学科的单打独斗，北部湾歌谣也是人类学、社会学、语言学、民族学、民俗学的重要研究对象，每个学科都可以从北部湾歌谣中找到自身的学术生长点，而不同学科的碰撞，也会使北部湾歌谣研究旁生出无数个学术话题。例如人类学侧重于歌谣在北部湾各个民族、民系日常生活中所扮演的角色，为海洋生活和歌谣唱诵的关系寻找到文化表述的规律；社会学可以就北部湾从业者在海洋歌谣中的角色、身份，研究歌唱的身份及对族群的身份认同，发现歌谣在社会关系形成过程中的"赋能"，例如壮族歌圩在异乡男女联姻时所起到的作用；语言学者可以从歌谣的语言或方言中，找到语源、语用的规律；民族学者可以从歌谣唱诵中，辨识民族身份，民族意识；民俗学者可以从歌谣中探求歌谣与民俗的关联（比如唱哈发生在哈节，歌圩发生在三月三），总而言之，海洋文化语境中的北部湾歌谣的研究是多学科研究之福音。

其次，不同学科从北部湾歌谣研究中寻找本学科新的学术生长点，学术无止境，学术在发展过程中防止思维固化的最好方式就是拓展新领域，也只有新领域方能拓展眼界，令学术的生命之树常青。例如传统的歌谣学者仅仅限于将歌谣做大概分类，而且仅限于分类而止，然后按照这些分类将歌谣对号入座，如果歌谣研究只到分类止，只是为研究做准备，而非研究本身。

再次，官方对北部湾区域建设需要歌谣研究拿出相应的学术成果。以广西国际民歌节为例，它非常好地做到了"文化搭台"，而成为东盟国家人民利用这个平台开展物质交易、技术转让、科技转化，即"经济唱戏"。这需要介入北海湾歌谣研究的不同专业人士，拥有历史使命感，为繁荣本地区经济、文化做出自己独特的贡献。

最后，中国民间文艺家协会"一带一路"民间文化探源工程有力整合多学科介入北部湾歌谣研究已经拉开序幕，我们期待着有更多、更好的学术成果涌现，从而为中国海洋歌谣研究增光添彩。

试论京族文学的身份叙事与国族认同

陈恩维[*]

京族，现主要聚居于广西壮族自治区防城市东兴京族三岛。自15世纪开始，他们因生活所迫，陆续从越南涂山等地迁到沥尾、巫头、山心三岛定居。京族过去被称为越族、唐人、客人、安南人、越人。1958年5月成立东兴各族自治县时，根据其历史、语言、文化特点、生活习俗和当地京族群众的意愿，经国务院批准，正式定名为"京族"，成为中华民族大家庭中的一员。

京族的发展历史不长，人口也没有超过3万，但是其民族文学的发展却不可小觑。20世纪80年代中期，《京族民间故事选》[1]和《京族民歌选》[2]相继出版，1993年出版了《京族文学史》[3]，2020年出版了《京族传统叙事歌集》[4]上下册，呈现了

---

[*] 陈恩维，广东外语外贸大学中文学院院长、国际汉学研究中心主任，外国文化研究中心兼职研究员。
[1] 苏润光等编《京族民间故事选》，中国民间文艺出版社，1984年。
[2] 苏维光、王弋丁、过伟编《京族民歌选》，广西民族出版社，1988年。
[3] 苏维光、过伟、韦坚平《京族文学史》，广西教育出版社，1993年。
[4] 苏维芳、苏凯编著《京族传统叙事歌集》，广西民族出版社，2020年。

京族文学的基本面貌。就研究而言，学界除了对京族具体文学作品的研究外，对其整体的发生发展规律[1]与族群叙事[2]也进行了一定程度地综合研究，本文所要进一步探讨的是：京族作为中国唯一的海洋民族，其文学如何实现民族身份构建与国族身份认同？回答这一问题，不仅有利于我们深入揭示京族文学的发生发展规律，也有利于我们认识其他少数民族文学的特点和发展规律，以期在实践上指导我国少数民族文学的发展和中华民族共同体的构建。

一、离散族群的身份重构

京族作为一个从越南迁入我国的民族，首先要解决的问题是"我从哪里来"的问题。这方面，京族人有自己的历史叙事。1983年在沥尾发现一份清朝光绪年间的《乡约》云："承先祖父洪顺叁年，贯在涂山，漂流出到……立居乡邑，壹社贰村，各有亭祠。……至嗣德贰拾捌年季夏届节具祭……旬为此会，合再立新约券例，各各事神永为恒……"[3]洪顺为越南黎朝襄翼帝黎滢的年号，洪顺三年对应明武宗正德六年，即公元1511年；嗣德为越南阮朝羽宗阮福树的年号，嗣德二十八年对应清德宗光绪元年，即1875年，这一年重订此乡约。这份

---

[1] 龚丽娟《京族文学的整生规律研究》，《学术论坛》2014年第12期。
[2] 闫玉、杨娇娇、谭红春《为了"生计"的文学——中国京族的族群叙事》，《民族文学研究》2016年第1期。
[3] 中南民族事务委员会、广西省民族事务委员会编《防城越族情况调查》（内部资料），广西省民族事务委员会印，1954年，第85页。

乡约采用了越南皇帝的纪年但以汉字写成，不仅记录了京族先民在1511年迁移到京族三岛的历史事实，而且客观地反映了初期京族离散族群的文化特征。京族人一方面消化吸收汉族文化，使之成为中国文化体系的一部分；另一方面背负着从越南带来的文化遗产，他们"或迟或早会转变成为一个边际人（marginal man），一个在主观上融合了两种文化的具有新的特征的人"[1]。换言之，京族是置身于中越异质文化对立或交流的"夹缝地带"的"流散者"，形成了一种新的"边际人"文化身份。文化理论研究者斯图亚特·霍尔（Stuart Hall）指出："流散者至少具备一种身份，他们学会在文化之间协商和翻译，由于他们是几种历史和文化相交织的产物，他们又懂得与差异共存，懂得从差异中寻求发声的机会。"[2]《乡约》使用越南纪年却又采用中文文字，是一种典型的中越文化间的"协商和翻译"，鲜明地体现了早期京族的"流散"的边际人文化身份。

京族迁入三岛时，并没有把越南远古族源神话带来中国。[3]有关京族来源，京族中流传一个名为《三岛传说》的故事。大意讲南海北部湾西北端海岸上有座白龙岭，一只巨大的蜈蚣精在那里兴风作浪、为害一方。有位神仙变成乞丐，用煮熟的南瓜将蜈蚣精烫死了。蜈蚣精的尸首断作三截：头一截，身一

---

[1] 吴景超《唐人街：共生与同化》，筑生译，天津人民出版社，1991年，第308—309页。

[2] S. Hall, "New Cultures for Old?", in T. S. Oakes & P. L. Price(eds.), The Cultural Geography, London and New York: Routledge, 2008, pp. 264—274.

[3] 《京族文学史》，第2—3页。

截，尾一截，分别变成了三个岛：一个是巫头岛，一个是山心岛，一个是沥尾岛。故事讲述了京族目前的居住空间——京族三岛的来历。不过，这个故事还有其他版本。一种说法是，蜈蚣精死后的尸首断为四截，而非三截。额外的一截属于蜈蚣精状似钳子的口部，最后变为与沥尾隔海相望的越南沥柱岛。这个故事，暗示了京族三岛与相邻越南岛屿的联系，具有族裔隐喻意义。另一种说法来自1953年的一份报告，虽然述及蜈蚣精尸首断为三截，但是蜈蚣精的尸首尾部的一截变为沥尾岛，中间的一截变为沥柱岛，而头部的一截变为涂山岛。[1]这个故事版本将中国境内的沥尾岛和越南境内近邻的沥柱岛以及族源地涂山岛联系起来。联系前引《乡约》中"贯在涂山"的记载，第三版本的故事包含更多的历史事实。但是，当代京族学者考虑到现在沥柱岛并不属于中国，为免观念上混淆官方所划定的国界和中国境内京族的身份，所以隐去了与隔海相望的越南境内沥柱岛以及族源地涂山岛的联系。《三岛传说》故事细节的不断调整，说明京族三岛作为越南人移民及其后代生活的"流散空间"，既是历史与现在的叠合，也是原乡与他乡的拼贴与交杂。历代京族故事家通过"讲故事"，进行文化身份的播种与调适。因为，"讲故事本身就是一种文化融合和情感融合的行为。它暗示了说者和听者之间的内在联系，也通过故事将听者

---

[1] 严学宭等《防城越族情况调查》，广西壮族自治区编写组编《广西京族社会历史调查》，广西民族出版社，1987年，第80页。关于《三岛传说》的三个版本，详参张兆和《中越边界跨境交往与广西京族跨国身份认同》，《历史人类学学刊》2004年第1期。

与他的族裔文化遗产相交织"[1]。蕴含了强烈的感情并承载了族裔隐喻的《三岛传说》，可以为听故事的京族提供潜移默化的身份建构空间，而其中故事细节的不断调整，最终重塑了京族人的文化身份叙事与国族认同，使之逐渐完成了由越南离散族群到中国少数民族的身份构建。

京族不仅仅将身份叙事在文学层面以故事讲述，而且将其转化为了信仰实践，以进一步建构与强化其文化身份。其实，防城江山乡白龙半岛一带（与"三岛"隔海湾相望）的汉族，也流传着一个《白龙岛》的故事，也是关于"镇海大王"的传说，关键情节（用滚热的南瓜烫死海上妖怪）与京族故事相似，但要简单一些。研究者推断，"汉族传说当产生于京族传说之前"，京族渔民的"镇海大王"崇拜，当来自汉族渔民的"镇海大王"崇拜。[2]换言之，京族故事家很可能是受当地汉族的地方信仰启发，将其族源传说与当地地方信仰崇拜进行了融合，将镇海大王转换为三岛开辟神，从而完成了其身份的在地化构建。其实，京族在从越南迁居中国前，已有在村中建立哈亭中供奉村社保护神的村社习俗和信仰习俗，但一般是一村一社只供奉一位保护神。迁入京族三岛后，他们仍然在村中建立具有民族特色的哈亭，但供奉的保护神发生了明显变化。京岛哈亭正殿通常供奉五座神。如沥尾、巫头两地供奉的是镇海大王、高山大王、广达大王、安灵大王和兴道大王等，合称

---

[1] R. Natov, "Living in two cultures:Bette Bao Lord's stories of Chinese-American experience", The Lion and the Unicorn, Vol. 11, No.1, 1987, pp.38—46.
[2] 苏维光、过伟、韦坚平《京族文学史》，广西教育出版社，1993年。

"五灵官"。其中，"高山大王"是农耕生计方式的保护神，负责管辖山林；"广达大王"与"点雀大王"应是来自越南，源自越南一个村社保护神的习俗；兴道大王是越南名将所化，指的是13世纪越南陈朝的国公节制兴道王陈国峻，死后被封为越南一些地方的村社保护神；而镇海大王，则是当地汉族渔民信仰中信仰的地方神，处于主神地位。因为，镇海大王作为海岛居民的保护神存在，适应了京族作为一个海上渔业民族的精神需要，所以京族将地方神奉为主神。由此看来，我国京族试图在越南的原乡文化和京族三岛地方文化之间建立一种协商的关系。而这种协商，使他们既不至于中断与原乡的文化联系，又能够融入地方，这体现了其"文化边际人"的特征，也事实上改变并重塑了其原有的文化认同。

综上所述，借助故事的不断重构以及在地化的信仰实践，原本为"双重局外人"身份所困的京族人，寻找到了中越文化的"协调"之路，从而重构了其文化身份与地方认同，解决了其身处"夹缝地带"的文化身份困境。

二、海洋民族的身份确认

京族自称是我国境内的唯一海洋民族。为了巩固这一核心身份，京族作家将这一身份投入不同的文化场域中，从集体记忆、人海关系和身份符号等多角度来强化这一核心身份，从而通过对"海洋民族"这一具有区分性的符号的占有，实现了对于本民族的差异性诉求。

首先，京族文学通过对于大海的集体记忆，实现其海洋民族的身份构建。民族文化主要突出的是特定民族在时间中形成的作为一个民族的集体记忆或集体文化。集体记忆是一种社会行为，人们从社会中获得集体记忆，也在社会中与其他个体或群体交流这些集体记忆并获得认同。集体通过对记忆的共享可以形成一种精神凝聚力，这种凝聚力在一定程度上规约群体成员的价值观念和道德规范，对社会秩序具有重要的维系作用，也有利于建构其族群认同。关于京族迁徙的说法，有一首京族民歌这样记叙其民族来源：

> 京族祖先几个人，因为打鱼春过春。
> 跟踪鱼群来沥尾，孤岛沙滩不见人。
> 沥尾海上鱼虾多，打鱼生产有门路。
> 大家住落生活好，找出各处好海埗。
>
> 大家住定有几年，娶妻生子不搬迁。
> 九头上上到沥尾，路程迢迢八九千。
>
> 做了海来又做田，父生子来子生孙。
> 鱼米之乡好生活，山贼海贼来连连。
> 如牛看待，有口难言。[1]

---

[1] 《京族社会历史情况》，中国科学院民族研究所，广东少数民族社会历史调查组编印，第31页。

这则民歌记叙了京族因打鱼来到沥尾岛上的历史，强调了他们作为海岛首批居民的地位，也提到了海贼对他们生产生活的破坏，实际上以族群集体的苦难记忆和创伤记忆来强化族群认同。对于京族三岛的来历，京族民间流传着好几种异说，如仙人从鲨口救海难渔民说、婀妹盗龙宫"镇海珠"抗渔霸救乡亲说等，[1]曲折地反映了京族渔民与天灾人祸的斗争。如《三岛传说》建立了一个镇海大王与兴风作浪的蜈蚣精斗法的框架，实则反映了京族人长期与海洋灾难或者海上强盗作斗争的集体记忆，也反映了京族集体对族群安全的需求，而这种共享的集体记忆显然有利于其族群的身份认同。因此，《三岛传说》在介绍三岛的来历后，特意在结尾指出："那神仙到底又是谁呢？传说是镇海大王。京族在三岛上建立的'哈亭'，里面供的就是镇海大王的神位。沥尾、巫头每年在六月初十，山心在八月初十，都要祭神唱哈祈祝海上渔业丰收。"[2]为什么这个故事要特别强调时间和空间呢？因为，每一个集体记忆，都需要得到具有一定时空边界的群体的支持。有了清晰的时间和空间的限定，能够对共享记忆的群体进行限定，从而确保族群与身份认同。值得注意的是，《三岛传说》和《镇海大王传说》不仅在京族的日常生活中被讲述，而且被描绘在哈亭门外长廊的屋檐上。类似的图像亦被绣在哈亭祭祀典礼工作人员的彩衣上。在哈节日的首天，哈亭门外的陈列板上写着这个故事供来客阅览。显然，京族通过回溯历史或者说场景再

---

[1] 《京族文学史》，第24页。
[2] 《京族民间故事选》，第2—3页。

现，激发起人们的记忆回溯或者场景想象，从而引发了人们的情感共鸣，以确保集体记忆在一次又一次仪式化的回溯和再现中得到不断地巩固、强化，甚至是创新。"'被回忆的过去'并不等同于我们称为'历史'的、关于过去的冷冰冰的知识。被回忆的过去永远掺杂着对身份认同的设计，对当下的阐释，以及对有效性的诉求（Geltungsansprüche）。因此关于回忆的问题也就深入了政治动因和国家身份认同建立的核心。我们面对的是一汪原液，从中可以塑造身份认同，创造历史和建立共同体。"[1]

其次，京族文学将人海关系置于历史地理的背景中看待，以故事和民歌为主要手段表达了复杂多样的人海关系地域系统，构建身份认同。京族民间故事中海生动植物故事特别丰富。如《京族民间故事选》中收录的《山榄探海》《白牛鱼的故事》《灰老鱼的故事》《鲨的故事》《海龙王开大会》《海龙王救墨鱼》《海白鳝和长颈鹤》《海獭》《老虎与螺贝》等，表面上看是对海洋中动植物的来历和特点做了文学性的阐释，但实际上反映了京族人关于安全、繁衍和发展的基本需要，反映了他们与海洋、陆地与海洋以及不同人类主体之间的关系，反映了他们的道德观和价值规范。比如《鲨的故事》表面在解释说明鲨鱼的马蹄形头部、呈六角形的腹部和剑状的尾巴等地方性知识，但实际上反映了海上渔民和陆地居民的婚姻联系以及婚姻观念（第91页）。《海龙王开大会》生动讲述了

---

[1] 阿斯曼·阿莱达《回忆空间：文化记忆的形式和变迁》，潘璐译，北京大学出版社，2016年，第85页。

"弱小水族都保留着龙王赏赐的武器,唯有珑琍鱼保留着一张歪嘴"(第95页)的故事,在介绍各种海洋动物的觅食器官外,实际上包含了弱小的海洋民族希望得到庇护的安全需要。京族海生动植物故事,还试图通过外群体来强化本族群的认同。如《山揽探海》以山神王和海洋水族的斗争(第84—85页),体现了一种与陆地相区隔的"他者"意识。《海獭》故事,贬低汉族人心中代表忠诚的狗而赞扬水上民族眼中善捕鱼的海獭,并且特意表示:"每年到了十一月初一,京家的老人常常对孩子讲起海獭的故事。"(第103页)这则故事不仅反映了京族利用海獭捕鱼的习俗,而且肯定了京族人的价值观。《老虎与螺贝》嘲笑山中的老虎而肯定海中的螺贝,并以之解释"京家拿螺贝做成螺号吹,老虎听闻螺号不敢伤害牲畜"(第112页)。上述故事,最终都是代表海洋的动植物在能力和道德上压倒了陆生的动植物,强调了"山—海"的联系与对立。显然是以与他者的对立与分歧,来强化自身的"海洋性"标识。当然,京族对于"他者"的区分,通常是通过隐喻性叙事来实现的。叙事的目标是在叙事者和相关听众之间建立起共同的理解,而这就要求它保持内在连贯性和不同场域中的叙事逻辑上的一致性。在京族的文学系统中,存在着大量隐喻,帮助人们理解那些他们不熟悉的事物并在京族内部进行交流。通过大量的与海洋相关的叙事文本,京族故事家所要传递的关于海洋民族的认知模式、价值观念等信息为本民族所共享,因而构建了其海洋民族的身份认同。

如果说京族故事往往通过隐喻叙事来进行身份叙事和建

构族群认同的话，那么，京族民歌则常常通过具有标识性的海洋风物来进行身份叙事。京家主要从事渔业生产，其生产生活与海洋息息相关，民歌创作处处以海洋作为标识物，以突出其身份。正如《京族民歌选》中的第一首《识歌音》所唱："犁田之人识牛性，养蚕之人识蚕情。笃船之人识水路，唱歌之人识歌音。"（第1页）京族以"歌音"咏唱水上生活，民歌中多咏唱海上常见的物候、物产和生产生活场景物。例如《海底无风心凉透》："日头无火火样热，海底无风心凉透，怎得云雾来遮日，保护有天无日头。"（第78页）描写了夏日海面由于没云朵的遮挡而导致天气炎热，海洋物候特征明显。《海上不断钓鱼船》描绘："潮涨潮退不离海，风吹云走不离天；大路不断牛脚印，海上不断钓鱼船。"（第20页）描写了大海潮涨潮落、天空风云变幻，海面上钓鱼船随处可见的典型生产场景。为了强化自我族群归类，京家民歌常常选取一些海洋特征鲜明的意象来构建身份、表达感情。在京族民歌中，槟榔、贝壳、独弦琴等物品；唱歌、钓鱼、斗牛、结网等生产生活场景，成为京族生产生活的标识。如京家引歌中有《愿听歌儿坐近来》："都是三岛近乡亲，不是生疏远路人；愿听歌儿坐近来，倘若反感寻别人。"（第3页）以居住地来区分亲近与生疏，其实是在进行族群区分。而《哥想唱歌请过来》："（女）哥想唱歌请过来，让妹看哥好身材，身材伶俐共你唱，倘若肮脏请走开。（男）任你看，任你看面又看身，看身就系同民族，看面就系本岛人。"（第2页）女子从穿着打扮和外貌推断出男子是本岛本族人，从而在心里具有了一种自然的亲密感，这其实也是京族内群体的自我归类。而在京族婚礼歌中，特意突出了诸如吃槟榔、弹奏独弦琴等习俗，作为增强本族认同、并进行族群区分的手段。如《谢槟榔》中描述主家以槟榔待客，宾客欢贺，男子唱"感谢主人招待槟榔，先敬女方主人、亲朋。捧起那金色的槟榔，村里兄弟朋友作证人。"他唱完整首歌后，女子接着唱《食槟榔》，借槟榔表达"结义的情爱"。在婚礼的最后，唱的是《送新娘歌》："手捧京家独弦琴，丁冬拨动好心欢，'带中'陪送新娘去，成双成讨结良妹。丁冬丁，丁冬丁，琴声铿铿歌声圆，鱼虾起舞浪打琴，露洒花开结凤笃。"（第7—10页）"带中"为京语，即很会说话的能人，指歌手；而独弦琴也是京族独有的民族乐器。在这首歌中，我们可以看到京族通过独特的礼仪、习俗、语言、风物等来作为身份标识，从而区别于其他民族。除了以文化标识物作为身份叙事之外，京族文学还有一种独特的民族文化审美特色。京族情歌喜欢选取海洋审美意象，喜用比兴、双关、比喻等修辞，尽管感情热烈但表达颇为含蓄。比如《浪花时隐时开》："自从在那里归来，心里似浪花时隐时开；溪水流，潮涨退，阿哥的心比浪花欢开不败；无论犁田、出海，无论自天黑夜仿佛见妹登歌台，梦中我俩缝花被，醒来歌飞海角天涯！"（第19—20页）这首歌以浪花的时隐时开、潮水的时涨时退，比喻阿哥在遇见阿妹之后的心潮起伏、激情澎湃，以梦里登歌台、缝花被等民俗细节来表达与阿妹热恋的美好愿望，感情热烈但表达含蓄。又如《把稳琴弦》：

男：独弦琴跌落大海底，许多语言在深湾，
　　哑仔出街去买藕，心想莲妹开口难。
女：把稳琴弦莫失落，多留语言在心田，
　　藕节断了丝不断，妹愿与哥共百年。（第74页）

全篇采用比兴双关而最后一句点明主旨。男子以独弦琴跌落大海底、哑巴无法发声比喻心中有爱口难开；而阿妹鼓励男子把稳琴（情）弦，只要情丝不断，双方可共百年。歌中"藕"谐音"偶"、"莲"谐音"怜"，唱眼前景，又诉心中情，言在此而意在彼，听来是生趣盎然、妙趣横生。京族民歌用海岛与海上所见、所闻、所感、所知的种种景物、情事，以赋、比、兴等多种手段融入各类民歌中，以表达京族渔民的思想、感情、理想，呈现出浓厚的海洋文化特色和审美特征。

综上所述，京族文学通过对其海洋集体记忆的书写、人海关系的隐喻性表达、海洋生活的符号性占有、海洋审美意象的塑造，建构了京族三岛居民"海洋民族"这一独特身份，并且不断地借助内群体和外群体加以强化，从而实现了京族的自我归类和自我认同。这种自我归类，对内有利于加强其民族认同，对外则便于保持其民族特色。

三、跨境族群的文化叙事

在1840年之前，中国境内各民族内部虽已形成了较为稳定的文化心理，各自的文化特征也比较清晰，但国族认同并未形成。近代以来，在反抗西方列强的过程中，中国各民族开始在民族团结基础上逐渐形成中华民族这一国族认同，但由于缺乏一致认同的领导力量而发展缓慢。即使到了中华人民共和国成立之初，各民族还是以民族内部的自我归类作为主要认同方式，各民族的名称相当复杂。据1953年第一次全国人口普查，登记上报的民族有400多个。因此，党和国家开始组织大批民族研究者和民族工作者深入少数民族地区，本着科学研究和"名从主人"的基本原则，对全国汇总的400多个民族名称，进行科学的辨识。京族就是根据国家调查队的调查结果而于1958年确立民族身份的。

京族文学中的国族身份叙事，实际是伴随着国家民族概念的发展而发展的。这一点在京族故事《杜光辉的故事》中体现得十分明显。该故事由"渔村抗暴""黄豆计""悬崖飞兵""孤排渡海"几个部分组成，讲述了沥尾岛京族英雄杜光辉率领京族人民组成义军抵抗法国殖民者的故事。但是，杜光辉的传说并没有在中国文献中出现，也没有在1953年官方调查报告中出现。1958年，杜光辉的传说首次出现在国家调查队所写的关于京族的调查报告中。[1]这份报告记录，杜光辉参加刘永福的抗法"黑旗军"，后来被法军包围在中越边境的马头山上。但是，义军找到了一处无人防守的悬崖，利用绳索从悬崖上突围，并袭击了法军，取得了胜利。[2]这其实就是《杜光辉

---

[1] 详参张兆和《中越边界跨境交往与广西京族跨国身份认同》，《历史人类学学刊》2004年第1期。
[2] 《京族社会历史情况》，第23页。

的故事》"悬崖飞兵"的情节的原型。20世纪80年代中期，京族学者参加了关于京族的调查研究，杜光辉的传说故事进入《京族民间故事选》，因而在京族地区流行起来。《杜光辉的故事》刻意强调了"中越边界的京族、汉族、壮族、瑶族各族人民都非常怀念他。巫头岛、访尾岛的京家每逢六月初十，山心岛的京家每逢八月初十，都聚集在哈亭里，欢度'唱哈节'，'唱哈'讴歌民族英雄杜光辉。"[1]事实上，沥尾岛的哈亭至今供奉着一块写有"民族英雄杜光辉"名字的木牌匾。据说，在他的名字之上，过去曾被冠以一个"八品官员"的官衔，是越南皇朝封赐的，用以褒奖他在19世纪末期打击法国殖民主义者入侵时所立的军功。[2]不过，这个官衔现在已经看不到了。显然，当代的京族人已经认识到了杜光辉与中国国家英雄联系起来的传说和他得自越南皇朝褒封的官衔，有某种认同上的冲突和矛盾，因而有意进行了新的构建。回顾杜光辉故事的发展历程，我们可以看到文化民族主义在京族的国族认同中发挥了重要的形塑作用。首先，杜光辉的传说之所以出现，与1958年所进行的民族调查和甄别有关。其次，《杜光辉的故事》刻意强调中法战争的背景和京族与汉族、壮族、瑶族各族人民共同奋起自卫，实际上受到了中华民族"多元一体"观念的影响。从京族三岛当地的留存文书看来，1887年以前的三岛居民仍保持着对越南的国家与文化认同。1887年，清政府和法国达成协议划定中越边界，在防城的京族三岛正式成为中国国

---

[1] 《京族民间故事选》，第29页。
[2] 阮大荣等《广西京族社会历史调查》，第21页。

土,这是三岛居民身份认同发展的一个转折点。[1]如果说中越边界划定之前,京族民众尚处在一种流散的"边际人"定位的话,那么法国的入侵以及中越边界的划定则从外部强化了京族的国家意识,赋予了京族民众以中国国家认同;而1958年京族得名,则将其纳入了"多元一体"的中华民族共同体的国族叙事中。换言之,《杜光辉的传说》强调其"民族英雄"身份,从文学从层面对京族成为中华民族大家庭中的一员做出了一种积极而有效的回应。

除了因应国家政治话语和国家边境和民族政策而形塑跨境族群身份外,京族文学还常常通过与汉族和周边其他少数民族共享文学传统,积极地在汉越文化之间进行的各取其长的品鉴与糅合,达到"既此又彼"的身份平衡和主体自洽,以解决其处在"夹缝地带"的文化身份困境,实现民族文学的建构。例如,京族的叙事歌大多源自中国汉文名著,但对其进行了一定程度的京族化改造。如《金云翘传》《花笺传》《刘平杨礼结义歌》《玉娇黎》《石生故事》《唐僧西天取经》等,都是将汉文同名小说进行改编而成的"双七、六八"和"六八体"京族长编字喃叙事歌。事实上,上述作品最初是由越南文人改编成喃字本的。如《花笺传》是由越南文人阮辉似依据中国明末清初的《第八才子书花笺记》改写而成。《金云翘传》则是越南诗人阮攸据青心才人的小说《金云翘传》编创,被奉为越南古典文学的最高成就,然后又随着越南移民北上,以一个崭

---

[1] 张兆和《中越边界跨境交往与广西京族跨国身份认同》,《历史人类学学刊》2004年第1期。

新的阮阿翘的身份走回广西京族三岛民间故事里。但是，这一过程并非简单的文本回流，而是经历了一系列的文本改造。其中，阮攸创作的喃传长诗《金云翘传》基本保留了原作的情节结构，但引用中国典故，抉择、融化中国诗词曲中精练句子于诗篇中，使其带有浓厚的文人色彩，另一方面，则以越南民歌中运用得极为普遍的一种诗歌形式，即六八体"写成的，其中运用了不少越南谚语、民歌，从而也带上了浓厚的民间文学色彩。而京族故事《金仲和阿翘》，则是将喃传《金云翘传》"京族化""口语化"，不仅在"人物和情节产生变异之际又把故事场景移入了京族社会，也将角色的生活添上了京族的风采，成为民族色彩浓郁的京族民间故事。其中京族色彩尤为鲜明者，当属以"哈节"为背景一项。大致而言，京族的叙事歌蕴含着一条中国明清作家文学—越南阮朝作家文学—中国京族民间口语文学的发展轨迹。[1]近期，京族学者整理了一套《京族传统叙事歌集》，收录了京族地区曾流行的26首京族叙事歌，以京族字喃、翻译汉字和越南语三种文字发行。[2]这表明，京族文学试图在汉族文化、越南文化的交流中走出一条交流共生的跨境民族文学发展之路。

京族民间故事也是这样。如《董永与刘姑娘》的故事，明显脱胎于汉族民间故事《董永》或者戏剧《天仙配》，但是增加了"龙眼树""十万大山（位于防城各族自治县西北和北

---

[1] 过伟《京汉、中越文化交流的硕果——〈金仲与阿翘〉》，《学术论坛》1992年第2期。
[2] 苏维芳、苏凯编著《京族传统叙事歌集》，广西民族出版社，2020年。

边，是离京家三岛最近的大山、最近的林区）""五雷公"等地方标识色彩浓厚的风物、地名和神祇名，从而完成了其京族化。如《海白鳝和长颈鹤》故事，与汉文古籍《战国策·燕策二》里记载的"鹬蚌相争"的情节和立意基本相似，[1]但海洋特色明显，也可视为是前者的本土化、京族化。此外，京族"狼外婆型"故事《后悔的阿娇》，"灰姑娘型"故事《米碎姐和糠妹》，"两兄弟型"故事《宝网》《杨桃树》《好心的弟弟与坏心的哥哥》，"蛇郎型"故事《拉堤和蟒蛇》，"变猴型"故事《犸𤡮》，"青蛙骑士型"故事《蟾蜍将军》等，是汉族和壮族、侗族、毛南族、仫佬族诸族都流传的故事，而京族中流传的有其民族的和滨海地区的显著特色，表达了京族人民的文化心态。[2]这说明，京族文学和其他民族交流中形成了一种多元一体的"文缘"。中华民族之所以能够在五千多年的历史发展中形成"共同体"，就在于各族人民存在着连通其价值生存方式的"文缘"纽带。[3]而对这种"文缘"纽带的确认，不断强化着中华民族的文化创造和价值认同，也不断塑造着中华民族生成和聚合的基本方式。

综上所述，京族文学不断基于史实的寻求重新探索族群的生存与生活的方法，它涉及共同群体的身份认同、地方认同和国族认同。京族文学中的身份叙事与国族认同，作为一种对群体身份的认同情感和凝聚群体的力量，对京族民族身份构建发

---

[1] 《京族民间故事选》，第100页。
[2] 《京族文学史》，第21页。
[3] 邹广文《论中华民族共同体的文化叙事结构》，《哲学研究》2021年第11期。

挥了至关重要的建构作用，这种建构有利于多元一体民族观念的形成，也有助于自觉铸牢中华民族共同体意识。在新时代的历史起点上，深度挖掘各少数民族的身份叙事与国族认同，不仅可以帮助各民族文学的文化特质与形成路径，也可以帮助我们了解中华民族共同体内在的文化叙事结构，这是我们实现中华民族共同体不断传承、创新和走向未来的必由之路。

浅谈北部湾海岛民歌的艺术特色

连向先[*]

2023年3月19日至25日,由中国民协主办,广西壮族自治区民协、广东省民协、海南省民协和广西山歌学会承办的"北部湾叙事——滨海民俗与海岛民歌调查"活动在广西、广东、海南三地进行,通过召开调研座谈会、走访民间文艺家和非遗传承人、观看记录民歌(山歌)等形式,深入调查滨海渔民信仰习俗、民歌传承发展等情况,对北部湾滨海民俗与海岛民歌做了一次梳理,笔者有幸参与,收获颇丰。

北部湾地区的民歌由于有着海岛文化的滋养,产生了丰富多彩、各具特色的民歌资源,是中国民歌的重要组成部分,是中华民族传统文化的重要支脉。下面从北部湾海岛民歌独具特色的旋律、调式、调性、音乐结构等进行研究与叙述,进而分析其艺术特色。

---

[*] 连向先,广东书法与文艺研究院音乐与文化产业研究部主任。

一、京族民歌艺术特色

京族民歌的种类有海歌、叮当叮、哈歌、叙事歌、风俗歌和摇儿歌等种类。特别是哈歌，哈歌是京族"哈节"中演唱的歌曲，"唱哈"是京族最隆重的传统歌会，已有700多年的传承历史，丰富多彩的京族民歌就是在历代"唱哈"人的口中唱出并传承下来的，它们是最好听的京族民歌，旋律性强，色彩明亮，调性丰富，许多动听的小调均属于哈歌。有如下几个特点：

1. 旋律

京族民歌旋律音乐特点鲜明，歌腔由分解和弦构成和旋律进行中强调四五度跳进交替五声性级进两大特点，使京族民歌独具一格，曲调婉转缠绵，具有强烈的表现力。

（1）以分解式和弦为主：

如：《问月歌》

问月歌

防城县

《问月歌》开头就是运用了羽调式主和弦分解,全曲由主和弦和外加商音和徵音构成,旋律淳朴而婉转。

如:《洗贝歌》

洗贝歌

防城县

[乐谱]

春风阵阵吹(哎)彩霞(啊)一映红南海水,下海育珍珠,京家姑娘多健美。洗贝掏珠显身手,显身手,大干快上(哎)你赶我追战天斗海换新貌,豪情满怀歌声脆,珠贝闪闪亮(哎)京岛多壮美。

《洗贝歌》开头两小节运用了徵调式主和弦分解开宗明义,最后四小节也以分解和弦式的旋律结束。

(2)旋律进行中强调四五度跳进和五声性级进:

如:《送妹回故乡》

送妹回故乡

防城县

[乐谱]

顺风轻送妹回,(嘛)深山寂静谁伴妹归?(嘛)路途漫长遥远,夜静孤影(啊)谁来作陪。

《送妹回故乡》旋律四五度的跳进交替着五声性的级进表现了情妹妹回故乡时的期盼心情，柔肠百转、婉转动情。

如：《采茶摸螺歌》

采茶摸螺歌

防城县

[乐谱]

《采茶摸螺歌》是属于京族民歌的"海歌"，中速稍快的速度伴之以四五度的跳进和五声性的级进使旋律欢快、明朗，反映了京族妇女上山下海劳动的喜悦场景。

2. 调式

京族民歌以徵调式和羽调式为主，以五声调式为主，六声调式（加变宫）、七声调式次之。《送妹回故乡》《采茶摸螺歌》《洗贝歌》为徵调式，《千帆闹海争春忙》《问月歌》《京家怀念毛主席》《雁儿捎信》为羽调式。

3. 转调

京族民歌的转调非常丰富，可以说是宝矿，有往下属方向转调，亦称"清角为宫"；有往属方向转调，亦称"变宫为角"；还有远关系转调；更有多次的转调等。

（1）往下属方向转调

如：《京汉结义歌》

京汉结义歌

防城县

（歌词）一代春秋兄弟建（嗬），（呵）共同日月结义同天，全民族（哈嗬）发一誓言，山崩地（呵呵）裂世代相传（哼）。

《京汉结义歌》以G宫五声调式开头，至倒数第二小节突然转至C宫系统的d商五声调式，传统称为"清角为宫"的转调手法，有一种柳暗花明又一村的感觉。

如：《党的恩情深似海》

党的恩情深似海

防城县

（歌词）春风吹来快快播种耕耘，长年温暖如春，是我家乡，京族人民努力建设边防，敌人见了胆颤心（哪）惊。共产党领导我们，恩情深似海（啊）。功高如天，光辉普照人人敬（哪）爱。

《党的恩情深似海》以D宫系统的A徵五声调式开始，第八小节进入G宫系统的D徵五声调式，表达了人民对党的感恩之情。

（2）往属方向转调

如：《灯舞歌》

灯舞歌

防城县

[乐谱]

《灯舞歌》一至四小节为G宫系统的D徵五声调式，第五小节出现偏音变宫，传统称为"变宫为角"的转调手法转到了属方向的D'宫五声调式，加强了音乐的动力和张力。

（3）远关系转调

如：《雁儿捎信》

《雁儿捎信》一至五小节为G宫系统的e羽六声（加变宫）调式，到了第六小节以变宫为羽，顺势带出变化音而转入A宫系统的b商五声调式，倒数第四小节还是通过变宫为桥梁转回到G宫系统的e羽六声（加变宫）调式。它们虽属于远关系转调，由于过渡巧妙、自然，完全没有刻板和雕琢之感。

雁儿捎信

防城县

（乐谱）

雁（呀），百事靠你，不要忧虑　展翅　高飞，
一直飞到他那花园楼檐　　栖身歇
息。　　　如果主人在家
递上书信，　　表我　哀思。

（4）多次转调

如：《赏月歌》

赏月歌

防城县

♩=65

高山一圣月,（唉）（喔）（呵）既赏月要知（呵）
月情,青山斜（喔）（呵）映（呵）明月,下山和月
（嗬）（呵）更添美景。月（哪）运行山影
轻移（呵）（呵）月（呵）下山河点缀名胜,

《赏月歌》开头至24小节处为A宫六声（加清角）调式，25至35小节为D宫系统的A徵七声（清乐）调式，36至37小节转为A宫系统的E徵五声调式。这首作品旋律、节拍、节奏、调性多变，很好地表现了诗人在月下饮酒，借月吟诗抒怀的复杂心情。多次转调在我国民歌中是比较罕见的。

《雁儿捎信》既是远关系转调，也属于多次转调，这里不再赘述。

京族人民在长期的社会生活中创作了大量丰富多彩的民歌，凝聚了京族人民文化艺术的精华，是京族人民智慧的结晶，具有极高的艺术价值。

二、雷州民歌艺术特色

雷州歌也称雷歌，是我国大陆最南端雷州半岛上的民间歌谣，主要流行于广东省湛江市雷州半岛使用雷州方言（属闽南语系雷州语支）的十个县（市）区。雷州歌是闽南民歌传入雷州半岛后，与土著文化及周边文化长期交融、互相渗透而逐步形成的，记载了雷州人诞生、迁徙、劳动、生存的历史状况。雷州歌由姑娘歌（颂神歌、劝世歌、斗歌）、榜歌、对唱歌等种类组成，雷州歌曲调古朴、意蕴悠长，有以下几个艺术特点：

1. 旋律

雷州歌音域不宽，旋律接近口语化，当然跟方言也有很大的关系，大多数在4—5度之间，最多6—7度，极少6度以上的大跳，和山歌高亢嘹亮不同的是，它旋律起伏平缓。

如：《盼情郎》

盼情郎
（"旦岗郎"韵）

防城县

《盼情郎》为b羽五声调式，音域比较狭窄，以四度的跳进为主，第二小节、第三小节第一拍的小字一组b到小字二组e，第七小节由小字一组a到小字二组d都是上四度跳进，以及倒数第二小节由小字二组d到小字一组a的下四度跳进，辅之以五声音阶性旋律构成了《盼情郎》的旋律形态，表现了少女等情郎未果的焦急心态。

2. 调式

雷州歌以羽调式、商调式最为常见，徵调式、宫调式比较少见。由于羽调式、商调式都富有小调式的性质和色彩，它的特点是柔和、暗淡、忧郁，反映了古时候雷州人民在生活艰苦的环境和恶劣的自然条件下心情压抑，从而衍生出忧郁的小调性质的旋律。

（1）羽调式：羽调式是雷州歌最基本最常用的调式，它的音域不大，通常是在徵音—角音大六度的幅度进行。徵音到羽音虽是全音，但在我国的民族调式中同样起到导音的作用，所以经常在结束的时候都是由徵音到羽音完满终止。而雷州歌中的羽调式非西方音乐半终止的模式，所以它的属音（角）作用不大，使用比较少，甚至不用。

如：《嘲公祖》

嘲公祖
（"搭脚城"韵）

防城县

[乐谱]

《嘲公祖》为e羽五声调式，严格地说是缺少角音的四音列，角音是e羽调式的属音，缺乏角音的支撑而使调性的不稳定感更加强烈和模糊，音域不宽，为小字一组d至小字一组a五度，旋律线条起伏较小，古朴。

如：《都是有做只有吃》

都是有做只有吃

[中速 雷州乐谱：都是有做只有吃，无渴傻傻睡（啊）听（啊 呃）命，脚动手动口只动，食由（啊）做来（呢）脚力（啊）行。]

《都是有做只有吃》是e羽（加变宫）六声调式（缺属音），音域比较狭窄，全曲只有五度。开头以羽调式的三级大三和弦开始，羽调式主和弦结束，乐节和乐句的落音主要在宫音和羽音上，调性游离。

（2）商调式：商调式在雷州歌的对唱中用得最多，其旋律主要由宫—羽大六度进行，很多对唱一开头的搭腔就用了宫音，有时为了丰富旋律的内涵和增加旋律的色彩和效果，还运用了偏音变宫、清角，但是一首歌曲里面同时出现变宫和清角两个偏音的七声调式很少见，要么是加变宫的商六声调式，要么是加清角的商六声调式。雷州歌中重要的乐句中落音极少使用属音（羽）。而终止式宫音到商音虽是全音，但我国的民族调式中同样起到导音的作用，因此，雷州歌通常结束的时候都是由宫音到商音进行完满终止。

如：《得稻得薯也得芋》

《得稻得薯也得芋》是g商（加变宫）六声调式，乐节与乐句的终止通常都落在商音上，使得音乐前进的动力不大，节

得稻得薯也得芋
（"姑苏士"韵）

雷州

[乐谱：中速，歌词：个月安定（呃）三（哎哎）阵雨，得稻得薯（呃）也（呃）；得（呃）芋；也得花生得黍稷，蔗榨加糖青加泥。]

奏规整、旋律接近口语化。最后由宫音担任导音的角色到主音（商）结束。

如：《利刀难刺镜里人》

利刀难刺镜里人
（"旦岗郎"韵）

雷州

[乐谱：慢，歌词：砍（呃）树捉鸟是说梦，堵海戽鱼费（呀）坏工，热火难烧水底草，利刀难刺镜里人。]

《利刀难刺镜里人》是g商（加清角）六声调式。音调朴实、节奏平稳，强化主音，充满了调侃和讽刺。

雷州歌的题材广泛，内容丰富，充分展现了雷州半岛的地理特色、历史变迁、风土习俗和人情世态，具有重要的历史、文化价值，在岭南地区独树一帜。可以说，它是一朵岭南艺术奇葩，闪耀着别样的艺术光彩。

三、临高、陵水渔歌

临高渔歌是流传于海南省临高县渔民中的一种汉族民歌种类。主要曲调类型有"哩哩美调""姐么哩调""嗳呵哩调""浪叹调""拉帮调""唱和调""摇船调"等。这里主要分析"哩哩美调"。"哩哩美调"因其多用衬词"哩哩美"而得名,具有鲜明的地方文化色彩,有着浓郁的乡土气息。

陵水渔歌,也叫"咸水歌",是一种以粤语演唱的水上歌谣。是疍家人的歌谣曲调,意境优美,有捕渔歌、仪式歌、时政歌、咸水歌、爱情歌等多种形式。疍歌分为白啰调、叹家姐调、咕哩美调及木鱼诗调四个调,没有伴奏,都是清唱,有的高亢嘹亮,有的婉转缠绵。这里主要分析"木鱼诗调"。

1. 旋律

(1)"哩哩美"的旋律起伏不大,音程跨度也多是在四度或者六度之间,少有大的音程跨越。在旋律中一般采用音阶级进的手法比较多。核心旋律以"角音"为轴,上下级进的旋律进行中由角至清角的小二度产生了特有的"哩哩美"忧郁、缠绵的旋律。如:《水中鸳鸯对对游》

水中鸳鸯对对游
(哩哩美调)

临高县

"哩哩美"的旋律得到国内很多著名作曲家的钟爱，多位作曲家创作的作品都运用了"哩哩美"的素材。比如著名作曲家吕远创作的电影插曲《西沙，可爱的家乡》，吸收了"哩哩美调"的优美旋律，还有著名作曲家王立平在电视剧《红楼梦》中多处使用了"哩哩美调"的素材，电视剧《虾球传》主题歌《游子吟》也是运用了"哩哩美调"的元素等。

（2）"木鱼诗调"旋律婉转低回、哀婉悲凉、沉郁凄楚。旋律音域一般在八度以内，音区接近说话的中低声区，具有级进和回旋级进的特征，节奏自由。旋律的发展手法往往以变化重复为主，伴之以模进手法贯穿全曲，段落之间的旋律既有变化又兼顾统一。旋律往往强化和突出下属音（宫音）而弱化属音（商音），使旋律极具特色。

如：《水仙花》

水仙花

陵水民歌
根据李秋兰演唱记录、整理

2. 调式

（1）哩哩美调大部分为商调式（加清角）六声调式，偶有商调式（清乐）七声调式，歌曲开头通常由属和弦开始，主和弦结尾，乐句的落音突出角音，羽调式与商调式互相交替，致使调性比较游离和模糊，形成了"哩哩美调"特有的斑斓色彩。

如：《妹呀，放筝放两个》

妹呀，放筝放两个
（哩哩美调—男腔）

临高县

《妹呀,放筝放两个》是b商(加清角)六声调式,歌曲开头运用了该调式的属和弦,乐句或乐节的落音较多地落在角音上,羽调式感觉强烈,但最后落到商调式上,调式感模糊,表现了复杂多变、扑朔迷离的心情。

(2)"木鱼诗调"通常是徵五声调式,但是随着故事内容和人物心理活动转换尤其在情绪激动时,此时便会出现"广东音乐"特有的"乙凡调式"。"乙凡调式"以工尺谱的乙凡(↓变宫和↑清角等)为骨干音,代替(羽、角音),构成独特的音阶结构和音调色彩,成为富有特色的一种旋律表现手法,音调悲凉哀怨,故又俗称"苦调",特殊的"乙凡调式"使"木鱼诗调"旋律凄婉,催人泪下。由此可见,他们是从广东珠三角迁徙至此的。后据陵水"咸水歌"传承人李秋兰介绍,他们是从顺德迁徙过来,更加证实了笔者的推断。如:《疍家渔妹十八九》。

疍家渔妹十八九
（咸水歌）

陵水黎族自治县

中速

好石磨刀（罗）不用水,好哥问娘（罗）不用媒。好像那五、六月,鲻（啊）鱼跳（啊）水,阿哥有情妹过（啊）门。你不嫁哥不嫁哥哥不愁,哥不愁,阿哥（啊）不上妹门（罗）家,不上（罗）妹（罗）门（罗）求。东船渔娣十八、九,西舟靓妹（啊）西舟靓妹（啊）等后头。

　　北部湾地区的民歌是北部湾地区劳动人民长期以来在生活和劳动中形成的最朴素的极富特色的歌谣,具有非常独特的文化价值。囿于笔者的专业素养和艺术视野,未能窥得北部湾地区民歌的全貌,不妥之处,敬请批评指正!

调查研究

北部湾走向海洋的历史叙事

——北部湾古运河与对外贸易发展研究[*]

李富强　吕文涵[**]

北部湾古运河是古代岭南的重要水利工程，它的开通沟通了岭南内河与北部湾外海，拓展了"海上丝绸之路"，使岭南走向海洋，加强了岭南与海外的交往交流与交融发展。在广西正根据中央"一带一路"倡议新定位，努力构建"南向、北联、东融、西合"全方位开放发展新格局，积极推动湘桂运河和平陆运河建设的背景下，对北部湾古运河与岭南对外贸易发展的研究，不仅具有重大的史学价值，而且具有重大的现实意义。

一、连通内河与外海：北部湾古运河的修建

北部湾古运河是继灵渠之后，中央王朝在经略岭南的过程

---

[*] 本文系广西壮族自治区第五批八桂学者岗研究成果。
[**] 李富强，广西民间文艺家协会主席；吕文涵，广西民族大学民族研究中心助理研究员。

中开凿的。灵渠是秦始皇为了统一岭南而开凿，如果说开凿灵渠的初衷是出于军事目的，其最初意义体现为军事作用——大大加速了秦始皇统一岭南的军事进程的话，其开凿和通航后对于岭南开发乃至中国历史发展的深远影响亦不容低估。秦始皇于公元前221年统一岭南之后，"置桂林、南海、象郡，以谪徙民，与越杂处十三岁"[1]，统治范围囊括今两广和越南中北部地区。秦王朝灭亡后，南海郡尉赵佗"击并桂林、象郡"[2]，将岭南三郡都纳入自己的统治之下，并于公元前204年建立南越国，自称"南越武王"，定都番禺（今属广州）。刘邦建立了汉朝以后，南越国成为汉朝的附属国，与汉朝关系时好时坏。公元前111年，汉武帝灭南越国，在南越旧地设立南海（广东省广州市）、苍梧（广西壮族自治区梧州市）、郁林（广西壮族自治区桂平县）、合浦（广西壮族自治区合浦县东北）、交趾（越南河内市）、九真（越南清化市）、日南（越南东河县）、珠崖（海南省琼山县）、儋耳（海南省儋州市）九郡。公元40年，交趾郡二征（征侧、征贰）反叛，东汉王朝派伏波将军马援率兵平叛。马援从皖城出发，溯江而上至洞庭湖地区，转入湘水，过临湘，至灵渠，循漓江，而苍梧，抵合浦，从合浦"循海"入交趾。[3]现遗存于北部湾的三段古运河——西坑古运

---

[1] （汉）司马迁《史记》卷一百一十三，《南越列传》，中华书局，1959年，第2967页。

[2] （汉）司马迁《史记》卷一百一十三，《南越列传》，中华书局，1959年，第2967页。

[3] 陶正桐《马援南征交趾行军路线新探》，《南都学坛（人文社会科学学报）》2017年第2期。

河、皇城坳古运河和潭蓬古运河，皆缘起于这一历史事件。

（一）西坑古运河

此运河位于钦州市钦南区犀牛脚镇，河流从东北的大风江天然河道流入，向西南经九河渡、龙眼山、河山框（岭），流向大灶江，经沙头港向东可沟通耳环江、金鼓江、钦州湾、防城港等地。其中龙眼山—河山框（岭）段为人工开凿，现存长度约5千米，河道宽10—15米，河道自此向西南沟通大灶江。[1] 马援率兵来到合浦之后，鉴于合浦是当时中国南方的重要城镇和港口，将之作为进入交趾的重要中转站，其楼船水师驻泊于大风江入海处的大观港，为使从福建而来的粮船避免乌雷岭之狂风恶浪之险，便开凿了沟通大风江与龙门港的运河。民国《合浦县志》云："大观港有潮，西通九河江江口……相传汉马伏波征交趾时驻军合浦，运粮□互苦乌雷风涛之险及海寇攘劫之患，遂以昏夜鏊白布蜂腰之地，以通粮艘。此河可通龙门七十二泾，直抵钦城。"[2] 尽管关于马援开凿此运河的记载距离马援所处年代已非常久远，但据《嘉靖钦州志》所载："九河渡，在州东之岭门村侧，距城一百一十五里，东通大观港，西达龙门。"[3] 其地理位置与当今可见之西坑古运河基本吻合；民国《合浦县志》所记马援开凿的运河"长约七八里，阔

---

[1] 田心《广西钦州"海上丝绸之路"历史文化遗址考证及评析》，《钦州学院学报》2017年第2期。

[2] （民国）廖国器修，刘润纲、许瑞棠纂《合浦县志》卷一，1942年铅印本，第36页。

[3] （明）林希元《嘉靖钦州志》，上海古籍书店印本，1963年。

五六丈"，与西坑运河现存河道长宽较为相近，所描述的通航区域跟西坑古运河沟通区域基本一致，因而，马援开凿运河的记载是可信的。如今的西坑古运河很有可能就是东汉马援开凿的运河之一段，或者是在马援开凿的运河基础上所扩建。[1]而扩建的时代很可能是唐代，因为在古河道和周边发现有不少隋唐时期的瓷器等遗物。2019年9—10月，钦州市博物馆与广西文物保护与考古研究所对西坑古运河进行考古调查和试掘，发现西坑古运河河岸采集的陶瓷片和河道出土陶瓷片相同。西坑古运河采集和出土的陶瓷片胎釉与隋唐时期的久隆古墓、谭池岭窑址和母鸡坑窑址出土器物一致。[2]钦州市博物馆和广西永坤文化遗产保护研究有限公司对西坑古运河2020年度考古试掘也发现所出土的陶瓷片胎釉与隋唐久隆古墓、谭池岭窑址和母鸡坑窑址出土器物大体一致。[3]

（二）皇城坳古运河

此运河遗址位于防城港市企沙半岛，东北起于芒箕涡，西至公车镇。相传马援率兵抵达合浦之后，"缘海而进，随山刊道千余里"，[4]而击交趾。《后汉纪》云："至合浦，殷志病死。援当浮海入交趾。船下，不足渡，乃问山行者。遂浮

---

[1] 田心《广西钦州"海上丝绸之路"历史文化遗址考证及评析》，《钦州学院学报》2017年第2期。
[2] 广西文物保护与考古研究所、钦州市博物馆《2019年钦州市西坑古运河考古调查和试掘完工报告》（未发表），2019年11月15日。
[3] 广西永坤文化遗产保护研究有限公司《钦州市西坑古运河2020年度考古试掘完工报告》（未发表），2020年12月3日。
[4] （南朝·宋）范晔《后汉书》卷二十四《马援传》，中华书局，1965年，第838页。

海随山开道千余里，自西至浪泊。"[1]《太平寰宇记》亦载："后汉遣马援讨林邑蛮，援自交趾循海隅，开侧道以避海难，从荡昌县至九真郡，自九真已南随山刊木，开陆路，至日南郡。"[2]可见，当时马援自合浦沿近海而入交趾，为避免搁浅触礁而开凿此运河。而后，唐宋和明清时期，皆有疏浚和扩建。

（三）潭蓬古运河

此运河唐代称"天威径"或"天威遥"，位于今广西防城港市江山半岛月亮湾附近的潭蓬村和潭西村之间，是一条海上运河，起沟通防城港和珍珠港的作用。据裴铏所撰《天威径新凿海派碑》（简称《天威径碑》）载："今天威径者，自东汉马伏波欲剪二徵，将图交趾，煎熬馈运，间阔沧溟，乃凿石穿山，远避海路。及施功用，死役者不啻万辈，竟不遂其志。多为霆震山之巨石，自巅而咽之。伏波无术不能禁，乃甘其息。"[3]马援或因行军艰难而要求地方官员开凿潭蓬运河，但工程浩繁，施工艰难，"死役者不啻万辈"，只好半途而废。汉代开凿潭蓬运河只有创意和初步尝试，并未完成。其完全开通是唐代的事情。元和三年（808年），唐安南都护张舟开通了潭蓬古运河；而后，咸通九年（868年）安南都护高骈对之进行

---

[1] （晋）袁宏《后汉纪》卷七《光武皇帝纪》，中华书局，2002年，第128页。
[2] （宋）乐史《太平寰宇记》卷一六二《岭南道》，中华书局，2007年，第3274页。
[3] （清）董诰等编《全唐文》，中华书局，1983年，第8463页。

了疏通。[1]

以上三段运河的开凿，沟通了北部湾地区的内河与外海的水路交通，形成了横穿北部湾沿海通往交趾（今越南北部红河流域）的交通捷径。[2]此后经年，由于船只越来越大，而运河因长年淤积堵塞航道变窄，不利于航行，因而后世不时加以扩建和疏浚，如唐咸通九年间，便有疏通潭蓬运河之举；明清时期，有疏浚皇城坳古运河之举。通过疏浚和扩建，上述三条运河更加完善和便捷，其作用也越来越大。

二、涨海声中万国商：北部湾古运河与对外贸易发展

北部湾古运河的开凿起初只是军事需要，但选择在当地开凿的原因以及其开凿之后的功用和效果，均与对外贸易息息相关，其中反映了历史的偶然与必然之关系。宋代李邴在《咏宋代泉州海外交通贸易》中曾以"苍官影里三洲路，涨海声中万国商"的佳句，形容当时泉州海外贸易的繁荣景象。其实，以之形容岭南古代对外贸易的景象亦未尝不可。

首先，之所以自东汉起即在北部湾开凿古运河，是因为自汉代之时起，该地区的合浦即是海上丝绸之路的始发港，是岭南对外贸易的重镇。《汉书·地理志》云："自日南障塞，徐闻、合浦船行可五月，有都元国；又船行可四月，有邑卢没

---

[1] 黄权才、徐变云《潭蓬运河——唐代天威径探析》，《广西师范学院学报（哲学社会科学版）》2008年第4期。
[2] 吴小玲《广西海上古运河的保护与开发利用》，《广西社会科学》2016年第11期。

国；又船行可二十余日，有谌离国；步行可十余日，有夫甘都卢国。自夫甘都卢国船行可二月余，有黄支国，民俗略与珠崖相类。其州广大，户口多，多异物，自武帝以来皆来献见。有译长，属黄门，与应募者俱入海市明珠、璧流离、奇石异物，赍黄金杂缯而往。所至皆廪食为耦，蛮夷贾船，转送致之。亦利交易，剽杀人。又苦逢风波溺死，不者数年来还，大珠至围二寸以下。平帝元始中，王莽辅政，欲耀威德，厚遗黄支王，令遣使献生犀牛。自黄支船行可八月，到皮宗；船行可八（景佑、殿本都作'二'）月，到日南、象林界云。黄支之南，有已程不国，汉之译使自此还矣。"[1]可见，汉代中国商人从合浦出发，其对外贸易，已包括了全部南海诸国和整个印度洋区域。从合浦汉墓的考古发现来看，有大量与对外贸易相关的文物。除外销的黄金杂缯外，还有从东南亚、南亚、西亚和地中海地区作为奢侈品输入的珠饰和香料等。珠饰包括玻璃、石榴子石、琥珀、水晶、绿柱石、绿松石、肉红石髓、玛瑙、蚀刻石髓、金珠等10个种类。[2]随着对外贸易的发展，合浦珍珠开采和加工逐渐发达起来，所产南珠闻名遐迩，达官贵人孜孜以求南珠为富贵象征。永建年间（126—132），由于官府垄断合浦珍珠的开采和贸易，致合浦珍珠滥采无度，而商旅不通，民众贫困交加。孟尝任合浦太守后，革除前弊，开放珠禁，方使"去珠复还"。这便是《后汉书·循吏传·孟尝》所载"合浦珠还"的佳话："孟尝，字伯周，会稽上虞人也。……迁合浦

---

[1] （汉）班固《汉书·地理志》二十八卷下，中华书局，1962年，第1671页。
[2] 熊昭明、富霞《合浦汉墓·前言》，中国科学技术出版社，2019年，第2—3页。

太守。郡不产谷实，而海出珠宝，与交阯比境，常通商贩，贸籴粮食。先时宰守并多贪秽，诡人采求，不知纪极，珠遂渐徙于交阯郡界。于是行旅不至，人物无资，贫者饿死于道。尝到官，革易前弊，求民病利。曾未逾岁，去珠复还，百姓皆反其业，商货流通，称为神明。"[1]此外，合浦的玻璃制造业以及琥珀、玛瑙等珠饰加工业也相当发达；合浦还是丝绸、茶叶等多种商品的产地和集散地。故《汉书·地理志》曰："粤地，牵牛、婺女之分野也。今之苍梧、郁林、合浦、交阯、九真、南海、日南，皆粤分也。……处近海，多犀、象、毒冒、珠玑、银、铜、果、布之凑，中国往商贾者多取富焉。"[2]当时，中国商人便是以合浦为中心而参与到印度洋—太平洋珠的贸易的。

正因为合浦港自汉以来已是"海上丝绸之路"始发港、各种贸易商品经此的集散地、岭南对外贸易的重镇，马援才以合浦为南征交阯的中转站，而在此过程中开凿的运河，对后来岭南的对外贸易产生了深远影响。开通西坑古运河，变外海航运为内河航运，不仅极大地降低了航运的危险系数，而且大大缩短了大风江流域至合浦港的距离；而皇城坳古运河和潭蓬古运河的开通，使合浦港的出海通道更加便捷通畅，这也减少了运输成本，有效地促进了海上贸易的开展。

---

[1] （南朝·宋）范晔《后汉书》卷七十六《孟尝传》，中华书局，1965年，第2473页。
[2] （汉）班固《汉书·地理志》卷二十八下，中华书局，1962年，第1670—1671页。

随着陆路交通的发展，航海技术的提高，船只的增大，合浦港海面狭窄、港口附近海面暗礁众多、珊瑚密布，大船难以航行，商船已不能从海港直接航行到合浦，合浦港的地位逐渐到唐代已为地处珠江三角洲北端的广州港所超越。[1]广州扼东、北、西三江交汇之枢，有河网密布之优，唐代之时，不仅陆路四通八达，水路亦极为便利：从广州出珠江口后，向东，经东江，下韩江，至潮州，可抵日本；向西，经恩州，南下可至安南；再往西，经今马来西亚，可至印度、阿拉伯等地。《新唐书·地理志》中详细记录了从广州到阿拉伯的海上通商线路："广州东南海行，二百里至屯门山，乃帆风西行，二日至九州石。又南二日，至象石。又西南三日行，至占不劳山，山在环王国东二百里海中。又南二日行至陵山。又一日行，至门毒国。又一日行，至古笪国。又半日行，至奔陀浪州。又两日行，至军突弄山。又五日行至海硖，蕃人谓之质，南北百里，北岸则罗越国，南岸则佛逝国。佛逝国东水行四五日，至诃陵国，南中洲之最大者。又西出硖，三日至葛葛僧祇国，在佛逝西北隅之别岛，国人多钞暴，乘舶者畏惮之。其北岸则个罗国。个罗西则哥谷罗国。又从葛葛僧祇四五日行，至胜邓洲。又西五日行，至婆露国。又六日行，至婆国伽蓝洲。又北四日行，到师子国，其北海岸距南天竺大岸百里。又西四日行，经没来国，南天竺之最南境。又西北经十余小国，至婆罗门西境。又西北二日行，至拔旭国。又十日行，经

---

[1] 廖国一、曾作健《南流江变迁与合浦港的兴衰》，《广西地方志》2015年第3期。

天竺西境小国五，至提旭国，其国有弥兰太河，一曰新头河，自北渤崑国来，西流至提旭国北，入于海。又自提旭国西二十日行，经小国二十余，至提罗卢和国，一曰罗和异国，国人于海中立华表，夜则置炬其上，使舶人夜行不迷。又西一日行，至乌剌国，乃大食国之弗利剌河，南入于海。小舟泝流，二日至末罗国，大食重镇也。又西北陆行千里，至茂门王所都缚达城。自婆罗门南境，从没来国至乌剌国，皆缘海东岸行。其西岸之西，皆大食国，其西最南谓之三兰国。自三兰国正北二十日行，经小国十余，至设国。又十日行，经小国六七，至扎伊尔瞿和竭国，当海西岸。又西六七日行，经小国六七，至没巽国。又西北十日行，经小国十余，至拔离謌磨难国。又一日行，至乌剌国，与东岸路合。"[1]中国的丝绸、瓷器和茶叶等货物从广州通过上述"海上丝绸之路"售往国外，而"蕃国岁来互市，奇珠、玳瑁、异香、文犀皆浮海舶以来，常贡是供，不敢有加，舶人安焉，商贾以饶"[2]。广州显现一派繁华富庶景象，俨然一国际都会。陆贽曾云："广州地当要会，俗号殷繁，交易之徒，素所奔凑。"[3]张九龄亦曰："海外诸国，日以通商，齿革羽毛之殷，鱼盐蜃蛤之利，上足以备府库之用，下足以赡江淮之求。"[4]而鉴真和尚在广州看到的是："江中

---

[1] （宋）欧阳修、宋祁等撰《新唐书》卷四十三下，《地理志·广州通海夷道》，中华书局，1975年，第1153—1154页。
[2] （清）董诰等编《全唐书》（6）卷五百一十五，中华书局，1983年，第6459页。
[3] 王素《陆贽评传》，南京大学出版社，2001年，第329页。
[4] （清）董诰等编《全唐书·张九龄》卷二百九十一，山西教育出版社，2002年，第1756页。

有婆罗门、波斯、昆仑等舶，不知其数；并载香药、珍宝，堆积如山。其舶深六七丈。师子国、大石国、骨唐国、白蛮、赤蛮等往来居住，种类极多。"[1]

但合浦港仍是通往东南亚诸国的海上交通要津。《旧唐书·南蛮列传》载："婆利国（在今印尼），在林邑东南海中洲上。其地延袤数千里，自交州南渡海，经林邑（在今越南）、扶南（在今越南）、赤土（在今马来半岛）、丹丹数国乃至焉。"[2]《新唐书·南蛮传》亦云，前往林邑南面之殊奈国，"泛交趾海三月乃至"[3]。泛交趾海至殊奈必由合浦港启航。可见，唐代之时，中国船只到东南亚诸国，多是由合浦港启航。正因如此，唐代积极地对马援开凿的运河加以疏浚和扩建，以巩固合浦港的地位。而合浦港虽让位于广州，依然不失为岭南重要港口都会之一。当时的合浦不设置市舶使，课税低，依靠传统优势，其依然是珍珠、丝绸、茶叶、瓷器等商品的产地和集散地，中原商人的船队沿南流江而下，在合浦采购茶叶、珍珠、丝绸和陶瓷、海盐等商品，出口东南亚等国；外国商人云集合浦，以其本国的玛瑙、琥珀、璧琉璃、奇石异物交换茶叶。

宋代之时，中国的政治、经济和文化，包括科技，都发展到了一个前所未有的高峰，但由于宋王朝长期与北方的少数

---

[1] 真人元开《唐大和上东征传》，中华书局，1979年，第74页。

[2] （后晋）刘昫撰《旧唐书》卷一百九十七《南蛮西南蛮列传》，中华书局，1975年，第5270—5271页。

[3] （宋）欧阳修、宋祁等撰《新唐书》卷二百二十二下，《南蛮列传》，中华书局，1975年，第6299页。

民族政权辽、夏、金对峙,由西北而外出的陆上"丝绸之路"受阻,宋王朝不得不更加重视以"海上丝绸之路"为依托的对外贸易,为适应海上贸易发展与经济重心南移的需要,宋王朝在东南沿海广设市舶司,由唐代广州一处增设六七处,还对外商实行了诸多的优惠政策,如凡船舶由中国港口启航回国,皆设宴犒遣,尽力保护救援遇到风暴的外商海船,严禁贪官勒索外商,准允外商越级诉讼,等等。尽管自唐代之后,作为海上丝绸之路始发港的重要港口逐渐北移,南下海道的主要启碇港已由合浦转为广州,但对南海诸国的贸易仍以北部湾港口为前站。据周去非的《岭外代答》记载,宋代由广州和北部湾沿海港口南航到的国家计有安南国、占城国、真腊国、蒲甘国、三佛齐国、阇婆国、故临国、注辇国、大秦国、大食国、木兰皮国、西天诸国、昆仑层期国、波斯国等。[1]当时,以北部湾港口为前站的南航海道已由印度半岛越过阿拉伯而抵达,到达非洲东海,其贸易范围自然亦远达至此。

由于自唐代以来北部湾古运河的疏浚和扩建,更大发挥了运河沟通内河与外海水路交通网络的作用,适应了航海造船技术发展的需要,钦州、北海相继崛起。宋代之时,钦州至交趾海路非常畅通。《岭外代答》云:"钦、廉皆号极边,去安南境不相远。异时安南舟楫多至廉,后为溺舟,乃更来钦。……廉至西,钦也。钦之西,安南也。交任之来,率用小舟。既出港,遵崖而行,不半里即入钦港。……交人之至钦也,自

---

[1] (宋)周去非《岭外代答》,杨武泉校注,中华书局,2006年,第55—115页。

其境永安州，朝发暮至。"[1]又曰：（安南国）"其国东西皆大海，东有小江，过海至钦廉；……自钦西南舟行一日，至其永安州，由玉山大盘寨过永泰、万春，即至其国都，不过五日。"[2]因而，钦州在宋代崛起为对外贸易的重要港口。宋代岭南有三大博易场：邕州横山寨博易场、邕州永平寨博易场和钦州博易场。前两者都是陆上贸易市场。邕州横山寨博易场是宋朝与大理国、自杞、罗殿等大理等进行马匹交易的埠市，也是滇、黔、桂各民族的贸易集镇。滇黔商贾贩来麝香、胡羊、长鸣鸡、披毡、云南刀等商品与广西商人贩来的锦、缯、豹皮、廉州石康盐等商品在此交易。邕州永平寨博易场主要是广西商人与交趾人的一个陆路交易场。交趾商人贩来名香、犀角、象齿、驯象、金、银、盐等商品，与广西商人贩来的土布、绫、罗、布匹、铁器等，在此交易。而钦州博易场是海上贸易市场，其交易对象主要是交趾人。《岭外代答》生动地记录了当时钦州博易场繁盛的贸易情况："凡交阯生生之具，悉仰于钦，舟楫来往不绝也。博易场在城外江东驿，其以鱼蚌来易米尺布者，谓之交阯蜑。其国富商来易者，必自其边永安州移牒于钦，谓之小纲。其国遣使来钦，因以博易，谓之大纲。所赍乃金银、铜钱、沉香、光香、熟香、生香、真珠、象齿、犀角。吾之小商近贩纸笔、米布之属，日与交人少少博易，亦无足言。唯富商自蜀贩帛至钦，自钦易香至蜀，岁一往返，每

---

[1]　（宋）周去非《岭外代答》，杨武泉校注，中华书局，2006年，第53页。
[2]　（宋）周去非《岭外代答》，杨武泉校注，中华书局，2006年，第55页。

博易动辄数千缗,各以其货互缄,踰时而价始定。"[1]钦州博易场显然是当时岭南对外贸易的重要枢纽。

明代之后,由于南流江泥沙淤积堵塞日甚,致河床逐渐升高,而侵蚀入海口,明代中期合浦港的中心廉州一带已成平原,没有了出海口,合浦港进一步衰落,港口便南移至更加水深港阔的冠头岭。明末清初,冠头岭口岸已开辟往安南沿海港口的不定期航线。明代,从冠头岭(今北海市)发舟,西行二三日,即到安南云屯镇(今越南海防地区,明朝曾于此设"交趾云屯市舶提举司"),两地商船络绎不绝。输出安南的商品以鱼干、盐、牛皮、桐油、桂皮、陶瓷、铁器、丝织品等为大宗,从安南输入的商品多有沉香、胡椒、象牙、犀角、珠玑等。清初,北海港成为西南对外贸易的出海口及对东南亚贸易的海上枢纽,出口商品以瓷器、铁锅、糖、茶叶、桂皮、桐油、牛皮、盐、海味、生锡为大宗;进口商品以呢羽、香料、大米等为大宗。但总的说来,明清之时,岭南对外贸易亦深受"海禁"政策的影响而较之前萧条。

三、走向海洋:北部湾古运河与对外贸易发展的启示

对北部湾古运河与古代岭南对外贸易的历史考察,使我们看到了传统中国的另一面。曾几何时,人们普遍认为,"乡土性"是传统中国的本质特征。费孝通在1948年出版的《乡土

---

[1] (宋)周去非《岭外代答》,杨武泉校注,中华书局,2006年,第196页。

中国》中开篇就说:"从基层上看去,中国社会是乡土性的。我说中国社会的基层是乡土性的,那是因为我考虑到从这基层上曾长出一层比较上和乡土基层不完全相同的社会,而且在近百年来更在东西方接触边缘上发生了一种很特殊的社会。这些社会的特殊性我们暂时不提,将来再说。我们不妨先集中注意那些被称为土头土脑的乡下人。他们才是中国社会的基层。"[1]所谓"乡土性",即因应农业生产方式的"生于斯,死于斯"的"非流动性"。费孝通在《乡土中国》中曾明确地加以阐述:"农业和游牧或工业不同,它是直接取资于土地的。游牧的人可以逐水草而居,飘忽无定;做工业的人可以择地而居,迁移无碍;而种地的人却搬不动地,长在土里的庄稼行动不得,侍候庄稼的老农也因之像是半身插入了土里,土气是因为不流动而发生的。"[2]从此,"捆绑在土地上"成了中国传统文化的总体形象。诚如龚鹏程在《游的精神文化史论》中指出:"从费孝通所描述的'乡土中国'形象,到大陆上凸显'黄河母亲'之文化意象,中国人总是被形容成一个无可救药的土地眷恋者,踩着黄土地,披着黄皮肤,拥抱土地。社、稷、祖坟、土地公、大地母亲,构成了中国人意识的根源。于是,中国文化被形容成一种农业土地文明,恰好和所谓西方海洋商业文明相反,成为两种不同的典型。"[3]但对中国传统文化的这种认识其实是有较大偏颇的。著名考古学家苏秉

---

[1] 费孝通《乡土中国生育制度》,北京大学出版社,1998年,第6页。
[2] 费孝通《乡土中国生育制度》,北京大学出版社,1998年,第7页。
[3] 龚鹏程《游的精神文化史论》,河北教育出版社,2001年,第26页。

琦先生曾经指出："我国历史地理，在某些意义上，大体可以分为两大部分——面向海洋的东南部地区和面向亚洲大陆腹地的西北地区。"[1]吴春明先生亦在研究了中国海洋文明史之后指出："以几何印纹陶遗存为核心的中国东南史前、上古考古学文化，与东南亚、大洋洲土著人文关系密切，代表了'善于用舟'的'百越—南岛'土著先民文化传播、融合的海洋性人文空间，明显区别于北方华夏的大陆文化体系，是失忆于汉文史籍的环中国海洋人文土著生成的考古证据。汉唐以来，'环中国海'成为世界海洋商路网络中最繁忙的段落，被看为'海上丝绸之路''陶瓷之路''香料之路''香瓷之路''茶叶之路'的起点，从海洋族群变迁、东南港市发展与基层海洋人文的土著特征看，被传统史学誉为'汉人主导'的'大航海时代'实际上是对史前、上古东南土著海洋文化内涵的传承与发展。"[2]北部湾古运河的修建以及古代岭南对外贸易的发展变迁也让我们看到了岭南地区的海洋文化传统。这一文化传统源自先秦时期岭南的土著族群文化——骆越文化，成长于越汉交融发展的秦汉时期，而在唐宋时期为"岭南汉人"传承与发展。直至今日，从北部湾滨岛民俗和海岛民歌，如广西钦州的跳岭头、防城港京族的哈节、海南岛临高人的妈祖信仰，钦州的渔歌、京族的哈歌、雷州的雷歌、临高的渔歌、陵水疍家歌等，可以清楚地看到，北部湾的海洋文化依然鲜活，依然生机盎然。

---

[1] 苏秉琦《略谈我国东南沿海地区的新石器时代考古——在长江下游新石器时代文化学术讨论会上的一次发言提纲》，《文物》1978年第3期。
[2] 吴春明《从百越土著到南岛海洋文化》，文物出版社，2012年，第V页。

岭南海洋文化传统曾有力地促进了岭南乃至中国的经济文化发展。不幸的是，自古代末期以来相当长的一段时期，这一文化传统曾一度在理论上被忽视，在实践上被压抑，致使岭南乃至中国的经济和文化的发展活力不足。而开始于20世纪70年代末的改革开放，岭南的海洋文化传统不仅在理论上受到重视，而且在实践上得到了传承与发展。鉴往知来，当今时代，习近平主席面对百年未有之大变局，融通古今，放眼世界，提出了21世纪"海上丝绸之路"的战略构想，为中国海洋文化传统的弘扬提供了更宝贵的历史机遇和更广阔的舞台，岭南各族人民正以高度的文化自觉和文化自信，大力传承与发展岭南海洋文化传统，积极参与"一带一路"倡议，为中华民族伟大复兴和人类命运共同体建设贡献力量。广西正在积极推进的湘桂运河和平陆运河建设，海南岛的自由贸易区建设正是致力于走向海洋、拥抱海洋的具体行动。

北部湾护海神"罗侯王"信仰习俗的形成

黎明[*]

罗侯王姓罗，名郭佐，祖籍江苏，宋末元初时出生于石城府（今广东湛江廉江），自小好学、文才武略、智勇双全、精兵善战、英名远扬，因打击海寇有功，被授予朝列大夫、化州路总管，随即又被授予广州路总管。1342年，在护送粮饷时遭遇贼寇偷袭，不幸捐躯，葬于今廉江市车板镇名教村。后人尊称其为罗侯王，并建罗侯王庙敬奉，每年农历正月初十至十五举办盛大的陆地和海上游神等庙会活动感怀。

一、罗侯王：书写一家四代五人英烈捐躯传奇

历史上关于罗侯王（罗郭佐）的记载主要集中在其一家四代五人围剿海寇、保家卫国的英勇壮举和感人事迹上。其中，《广东通志》清同治三年版记载："罗郭佐，石城人。其先世

---

[*] 黎明，广东省湛江市民协常务副主席。

居汴。祖廷玉，以文学仕宋，授武翼郎，任岭南石城县主簿，因家焉。生子嗣宗，授承信郎，石城知县。宋季，郭佐策从原征南将军史八万，讨平海寇，以功授朝列大夫、化州路总管，寻授广州路总管，督运粮饷给海北军士，沿海遇贼而殁。长子震，敦武校尉，化州路管军把总，随父同时殁于难。次子奇，袭化州路判官，寻授奉政大夫、雷州路同知。奉檄讨瑶寇，战而殁。其子元珪，死父难。孙仕显，袭武德将军廉州路同知。至正间，奉命督战舰，会高、化、琼、廉等郡官兵，剿海寇，殁于石蠔港，年三十九。昆季子孙，咸授爵秩，相继死节，粤人称为'罗五节'"。

根据史料和族谱记载，罗侯王的先祖住在汴，即现在的河南开封，后来迁往莆田亚美巷。宋孝宗淳熙元年甲午（1174），罗侯王的爷爷罗廷玉，被授予文学士武翼郎（当时武臣设有五十三个官阶，武翼郎为第四十二阶），任命为石城府主簿，掌管当地的政务，举家从莆田移居湛江并从此定居下来。罗侯王的父亲罗嗣宗，被授予承信郎（宋代官名，当时武臣设有五十三个官阶，承信郎为第五十二阶），任石城府知县，履职时多次为民向朝廷请命，造福百姓，颇有声望。

罗侯王自小秉承"文接豫章家学远，武承忠义国恩深"的家训，聪明好学，善诗赋，精武艺。罗侯王承袭祖父们的遗志和事业，自小就在军中磨炼成长。宋朝末期，智勇双全的罗侯王在平定讨伐海盗时立了大功，得到朝廷重用，提拔为朝列大夫（五品、十三阶），任化州路总管，随即又被委任为广州路总管，担负起地方军政大小事务。据《元史》志（卷十六）

记载，罗侯王生长和任职地的化州路，属当时的海北海南道，有19749户，52317人，屯田55顷多，管辖石龙（化州市）、吴川、石城（廉江市）三县。罗侯王任化州路总管时，勤于政务军务、治理地方、管理军队，大公无私、忠国爱民，深受百姓称赞爱戴。

南宋末，随着元军势力范围不断扩大，宋皇继续南下，局势动荡不安。地处南方沿海的化州路（路：行政区域，类似现在的省；化州府前身，时辖石龙、吴川、石城三府，即现在的广东茂名、湛江和广西北海、防城港、玉林地区）海盗活动猖獗，不仅在海上为非作歹，还经常上岸杀人越货。沿海民众不堪其苦，恨之入骨。由于战事紧张，军用粮饷征集、运送成为一项重要的督办事项。罗侯王凡事躬亲，认真做事，1342年，在一次给海北（现北部湾一带）军士护送粮饷的途中，在沿海一带遭遇贼寇偷袭，不幸壮烈捐躯。后葬于今廉江市车板镇名教村委会上山猪表村。罗侯王的大儿子罗震（敦武校尉，化州路管军把总、领军总管）也同时遇难。罗侯王的二儿子罗奇，继承父亲遗志，任化州路判官，之后任奉政大夫、雷州路同知（副职，负责地方盐、粮、捕盗、江防、海疆、河工、水利以及清理军籍、抚绥民夷等事务），奉命打击周边山区瑶寇时英勇阵亡。其儿子，也就是罗侯王的孙子罗元珪在援救父亲时也阵亡。1349年，罗元珪的儿子，罗侯王的重孙罗仕显，被授予武德将军，任廉州路同知，继承先辈英志，39岁时在奉命督导舰船和高、化、琼、廉郡（古代行政区域，比县大）官兵联合围剿海寇的战斗中，牺牲于石蟆港（海口）。

罗侯王一家四代五人，先后不幸为国壮烈牺牲、无私捐躯、节操高尚、英名远扬、千古流传，人们敬称为"罗五节"。

二、罗侯王庙：记录真实历史承载民间崇拜

罗侯王给当地的民众带来了安全保障和恩惠，事迹在民间广为流传，为了表达对罗侯王的爱戴、崇拜和感怀，当地民众纷纷捐资建庙，为其雕塑神像，供奉祭祀。据《高州府志》记载："罗门英烈功绩感召乡民，麻斜乡民于元朝末年（1352）建庙纪念、敬奉为佐国侯王，敬奉为神，敬奉者络绎不绝。年久成为乡民奉之为陆海境的保护神、祈愿罗侯王的英灵驱魔逐邪，保境平安。"

现坐落于湛江市坡头区麻斜街道的大海边的罗侯王庙，建于元至正十二年（1352），清光绪十九年（1893）重建。占地面积1200平方米，呈方形，庙前广场和建筑各占一半约600平方米。庙里有3个殿堂和22间房屋，传统抬梁式砖木结构，泥塑、木雕、彩绘、石刻等工艺精湛、应用完美、保护完好。庙门面向大海，门楼有三层约10米高，黄砖、红墙、金琉璃瓦。大门有5米多高、3米多宽，两侧是后人敬书，黄底红字的"德泽被高雷一门五烈垂青史，英灵传遐迩千秋四境佑斯民"门联。门联下是一对两只威风凛凛的石狮子。大门两边是金黄色、通透式的围墙。大门上面第一层是精致的丹凤朝阳彩绘，再上一层是"侯王庙"三个金光闪闪的石刻文字。

庙大门内，左右两侧各有一株古榕树，枝繁叶茂，绿荫遮天。庙前广场上距大门约15米起，第一横排是两条5米长的铁烛架，中间留有通道，每条烛架上留有71个插烛位。第二排整齐均匀摆放着6个高80厘米、直径60厘米的大香炉。第三排左右手各是一张又长又大的供案。第四排最接近庙，左右手各摆放一只高60厘米、直径40厘米的香炉。另外，庙前广场的左侧还有一座元宝炉、一个爆竹池和一个香炉。

罗侯王庙主殿前有三层石阶，屋檐下6只大红灯笼高挂，中间的庙门石框，配木制彩漆绘两扇大门，上面的门匾是清光绪十九年（1893），该庙重建时属地吴川县知事李之潘题写的"侯王庙"三个金色石刻文字。两侧是深棕色木门联，上刻永乐五年（1407），明朝翰林学士解缙路过此地祭拜时题写的楹联："风送潮声平乐去，雨飘山色特呈来。"屋檐下两根石柱子直直矗起，柱子外面的镶裹的木雕，红黄相间、龙飞凤舞、顶天立地。房梁上面是木雕的"番鬼佬托梁"颇具特色。檐下左边是两通三块古刻石碑，其中右边一通一块是清道光二十一年的《罗侯王庙香灯勒示》，右边一通两块是光绪十九年的《重修侯王爷庙捐题碑记》。

庙门里面是罗侯王主殿，约60平方米，呈长方形。18层彩绣的帷幔一面接着一面，挂满屋顶。地上摆放五排跪拜用草席跪垫，接着是3张宽3.6米、深1米的木供案，再里面是宽2.3米、深70厘米的主供案。最里面最高的神桌上神圣摆放着4尊木雕的罗侯王坐式神像，主像、二像、三像同排摆放在最里面，前排中间摆放着30厘米高的罗侯王四像，四像右边是千里眼，左边是顺风耳。罗侯王主神像高1.04米、长宽各50厘米，稳稳地端坐在正中，威武庄严、神情肃穆。右边的罗侯王二像高80厘米，左边的罗侯王三像高60厘米。

主殿右侧是关帝殿，左侧是福德殿，各约30平方米，屋顶各挂三层布幔，地上各摆放一张供案。与关帝殿相连的房梁上，挂着一口约50厘米高的青铜古钟，神桌中央摆放一尊30厘米高的关帝神像，前面摆放着20厘米高的周平、周仓木雕神像。左侧的福德殿里供奉着两对30厘米高的土地公土地婆木雕神像。侧殿左右两旁的外墙上分别是宽5米、高4米的双龙戏珠和双凤朝阳彩色泥塑画。侧殿隔壁两边是工作间，两层共22间，每间约15平方米。

清代，朝廷在罗侯王庙前的渡口设置炮台镇守海港。光绪二十四年（1898），法军侵占当地，村里1000多名青壮年在罗侯王庙聚集誓师抗法，迫使法军撤出。抗日战争、解放战争时期，罗侯王庙成为当时支援前线的活动据点，为解放湛江作出了贡献。2008年罗侯王庙列入湛江市级文物保护单位和湛江市青少年爱国主义教育基地。

麻斜罗侯王庙是以罗侯王命名，供奉祭祀罗侯王神像的中心寺庙。目前，在湛江、茂名罗侯王出生和任职过的地方，还有一些以供奉祭祀罗侯王的庙堂。据《廉江罗氏祖普》记载：大清雍正五年丁未（1727），朝于廉城北街建"忠义罗公祠"，立罗郭佐、罗福牌位，门联为："忠贞两世，义勇一家"，内联有"七代衣冠三朝济美，一门忠孝五节流芳"，"文接豫章家学远，武承忠义国恩深"。祖谱中记载，明朝开国元勋、国师刘基于公元136年秋到供奉罗侯王和其重孙罗福（罗仕显之子）的"忠义罗公祠"祭拜，并题书挽联："得显元明世堪嘉，建祠崇祀纪留遐，名扬四海千秋业，五孝传忠万古华"的历史。另外，湛江市坡头区南三岛油吉塘村的罗大人庙，茂名市茂南区公馆镇油柑窝村、角塘坡村侯王庙，高山镇章福村委会车头屋村罗福庙等，供奉的都是罗侯王。

三、罗侯王庙会：独具地方特色和海洋文化气息

数百年来，罗侯王演变成强大的人格化神灵。人们对他的祭祀形式从刚开始的供奉祭祀和祈福，演变到每年正月初十至十五请罗侯王神像到村里巡游，象征其神灵威风重现，再演变扩大到举行盛大的庙会，分别在陆地、船上、海边进行为期数天的游神活动。巡游时，伴有仪仗队、锣鼓队、彩旗队等，吸引本地和北部湾、珠江三角洲和港澳及马来西亚、越南等国家地区的近20万人参加。2011年，罗侯王庙庙会列入广东省级非物质文化遗产保护名录。

罗侯王庙会在正月初十一早拉开帷幕，一连五天的时间里有请神、逐村游神、迎拜、会礼、打醮、祭神、船上巡游、海边游神、理神、归位等内容。陆地游神的第一道程序是请神，将更换了巡游袍服的罗侯王神像，安放在装饰有珠帘、令旗、罗卒子的神轿上，准备出游。第二道程序是会礼，早上8点，罗侯王庙周边的15个沿海村庄，把敬奉信仰的罗侯王和诸神神轿抬到庙前的广场，在锣鼓和爆竹声中，分上下会，由青壮年

抬着神轿、面对面列成两排，分3次向前冲3步、向后退3步，以示各路神灵相见致礼。第三道程序是祭祀仪式。广场摆满烧猪、阉鸡、水果、甘蔗等供品，供桌上燃三支香、两大支香烛，敬三杯酒，道士诵经，村民敬拜。第四道程序是起轿，准备巡游。道士、罗侯王庙主持打"起马醮"，诸神轿依次排队开始巡游。第五道程序是巡游。历时长5天，是庙会的主要内容。巡游时鸣爆竹、吹唢呐，彩旗队、仪仗队、锣鼓队、舞狮舞龙队、武术队，连成数百米长的巡游队伍，浩浩荡荡依次往各村巡游。第六道程序是迎送神，巡游途经的每个村庄，均准备一个接神的小广场迎神、拜祭。小广场上设祭台摆放烧猪、阉鸡、水果等祭品，在入村时和在巡游完全村后，村民一起祭拜，祈求众神庇佑。途经的各家各户在自家门口准备香烛、银宝、熟鸡鸭、水果，放爆竹、跪拜、迎送、祭拜巡游队伍。

海上游神在正月十五晚举行，从晚上8点一直游到第二天清晨5点结束。主要有打醮起巡、船上巡游、海边游神、沐足归位三道程序和仪式。正月十五一早，罗侯王和诸神巡游完各村后，回到庙前的广场，村民们轮流拜祭，青壮年轮换着抬神轿抖神。晚上，道士和罗侯王庙的主持一起打"起巡醮"，大家抬神轿登船开始巡游。多艘渔船装饰令旗、彩旗、彩布、彩灯一起出海巡游。时辰一到，诸神登上渔船，从麻斜码头游往南油码头方向，再游到海湾大桥的位置调头，游往霞山港务局码头转向南三码头，回到麻斜码头上岸，船上巡游约3个小时。在船上，青壮年轮流抖神、颂祝、燃放爆竹、烟花、锣鼓喧天。男女老幼沿路沿海岸观看。船上巡游完后，诸神轿离船登岸，在海滩和罗侯王庙前的广场继续抖神、祭拜、祈福。约清晨5点，经过一整夜的船上、海边游神，先在海边用海水为罗侯王神像净足，进庙时再用茶水为神像沐浴，换上袍服，诸神归位，庙会结束。

抖神轿在当地民间也称作抖神威或抖轿，是罗侯王庙会和游神中颇为神秘、颇具特色的环节，是陆地和海上游神过程中反复出现的一个场面，如在会礼、村中巡游、海上巡游，乃至神像归位前，都要持续抖神轿。陆地抖神时是4名抬着神轿的青壮年，忽快忽慢地跑动，并用力上下、左右摆动，神轿有节奏地前后进退、上下起伏、左右抖动。抬神轿的人同时发出震耳欲聋、势震山河的呐喊，营造出一种抖擞神威、驱魔逐邪的震慑气势和撼人情景，象征其神灵威风重现。

四、罗侯王信仰：从千古英烈升华为护海神灵

（一）罗侯王从历史英烈升华为万能神明

罗侯王一家四代五人书写了保国护民、英勇捐躯的不朽传奇，这是一段真实的历史，是一位曾经为当地民众带来安全和惠泽的先辈英烈，由真实历史人物演变成的保国安民、福佑海疆神灵。

当地民众对罗侯王英雄气概的崇拜发自肺腑，由于其在人们心中的形象、神力日益完美和增大，不断地被推崇和一步步神化，传奇的故事越来越多，影响范围日益扩大，在民间已从

人变成神，在慢慢被神化的同时已奉为"万能"神。

（二）罗侯王庙承载着人们对先辈英烈的敬仰与感怀

罗侯王庙三面环海，庙里的神像全是用传统手工雕刻而成，刀法有力、线条自然，尊尊形神兼备、惟妙惟肖，头饰、服装精美细致、纤巧隽秀，人物表情、姿态、手势、眼神、法器栩栩如生、传神入画。古庙、古村、古井和600多年的见血封喉古树一起向人们述说着当年罗侯王出海巡视、打击海寇，保国卫民、造福一方的传奇故事。

现在，人们逢年过节、婚迎嫁娶、求福祈祷、禳灾祛病、生育发财都要到罗侯王庙烧香祈祷。这种信念超越了宗教信仰，是人们对英烈的崇敬和缅怀，对历史的传承和弘扬。是泛灵崇拜中的祖先崇拜和英雄崇拜的民俗文化，是一种精神依托的美好愿望与祈求。

（三）罗侯王庙会表达人们对美好生活的向往和追求

每年正月初十至十五，当地群众自发举办罗侯王庙会，通过连续五天的陆地、船上、海上游神，祭拜、打醮、抖神轿等，象征其神灵威风重现。祈求新的一年风调雨顺、国泰民安、万事顺利。庙会每年吸引近20万人参加，呈现出强大的亲和力、吸引力、凝聚力。

人们对罗侯王这位"境主""保护神"的信仰，已经渗透到了生活方方面面。不同时期，不管是否有血缘、亲缘、地缘或业缘关系，也不论是城镇居民或乡村百姓，人们都通过庙会这种集体性的感怀、祭拜、追仿活动，满足神灵保佑、有求必应、身心愉悦的精神需求。成为人们祈求人生顺遂、化解内心困惑、净化心灵，对美好生活的向往追求和精神寄托。

（四）罗侯王信仰的现实主义和积极作用

罗侯王信仰是一种民间自然自发形成的信仰文化，体现以人为本，人与社会、人与自然、人与生态的和谐。有利于充实民众的心态调节和精神需求，有利于促进家庭和谐稳定，有利于社会管理和发展。其庙会活动成为爱乡爱国教育、维护社区稳定的一项有益活动。

罗侯王信仰以湛江为中心，扩展影响到粤西、北部湾、珠江三角洲和港澳等地区以及马来西亚、越南等国家，已从一般的宗族供奉、先烈祭拜发展为地域性的神灵信仰文化和活动，具有较大的影响力，对于研究雷州文化、湛江文化和岭南文化具有重要价值。

体现多民族交往交流交融的滨海民俗，应加大跨国度民俗的保护与利用力度

——滨海民俗与海岛民歌调查报告

岑学贵[*]

为深入学习贯彻党的二十大精神以及《关于在全党大兴调查研究的工作方案》的号召，调查研究服务于全面建设中国式现代化，中国民间文艺家协会和广西、广东、海南三省（自治区）民间文艺家协会于2023年3月19日至25日联合举办"北部湾叙事——滨海民俗与海岛民歌调查"活动。一方面，从学术上更好地与东盟各国滨海民俗与民间信仰形态及其内涵作比较，促进彼此交流互鉴。另一方面，调查研究服务国家"一带一路"和谐发展大局，"为'一带一路''人类命运共同体'提供中国智慧、中国方案、贡献中国力量。总体目标是摸清家底、总结经验、发现问题、提出对策"。

考察发现，北部湾滨海民俗仍然承续着"海洋"特征，是

---

[*] 岑学贵，广西师范大学文学院教授。

中华民族交往交流交融的结晶。同时也发现，这些民俗在当代承载着不同的文化功能，其传承与传播各具特色。为此，应有针对性保护与利用，尤其是从国家文化安全考虑，加强跨国度民俗的保护与利用力度。

一、考察对象

考察行程及主要对象有：在广西，主要考察钦州海岛渔歌跳岭头民俗、坭兴陶打技艺、钦江古龙窑、古陶城、京族博物馆、独弦琴、京族字喃、哈歌（亭）。到广东，参观了雷州博物馆、贵生书院，在开放大学举行交流活动；在雷州茂德公观看雷剧、雷歌及醒狮表演；在徐闻了解渔家习俗、民歌。过海南，主要考察临高调楼镇抱才村哩哩美渔歌、人偶戏、八音表演；于陵水清水湾考察海上民宿、疍家民俗、民歌。调查所涉及对象，大体分为几大类：民俗、民间文学、传统舞蹈、传统技艺。有的列入了国家非遗保护名录，大体情况如下：

表1 桂粤琼滨海民俗与海岛民歌非遗名录概况

名称	级别
钦州跳岭头	国家级
钦州坭兴陶烧制技艺	国家级
京族独弦琴艺术	国家级
京族哈节	国家级

续表

名称	级别
雷剧	国家级
雷州歌	国家级
石雕（雷州石狗习俗）	国家级
狮舞（广东醒狮）	国家级
临高渔歌	国家级
妈祖祭典（海口天后祀奉）	国家级
木偶戏（临高人偶戏）	国家级

注：信息来自中国非物质文化遗产网·中国非物质文化遗产数字博物馆

其中有的考察对象中延伸包含一些相关的民俗事象，如哈歌（亭）中有花棍舞，石雕作为技艺类非遗，其中则与此雷州石狗崇拜习俗紧密联系。此外，妈祖祭典2009年入选人类非物质文化遗产代表作名录，海口天后祀奉民俗是其中重要文化活动之一。

二、主要特征

考察对象内容具有显著的渔业文化特征，同时也是民族文化交往交流交融的结晶，有的民俗具有跨国跨域特征。

（一）滨海渔业文化特征显著

这些相关的民俗或民歌，反映着北部湾民众靠海而生、依海而居、向海而兴的鲜明的传统渔业文化特征，其内涵或求平安、或求丰收，或求家业兴旺等等。渔歌内容或反映生产过程，或反映幸福平安等，都与海、船、鱼、海难、海神等密切相关。其表达方式途径或融入日常的生产生活之中，或通过岁时节令各种仪式表达对大海的虔诚敬畏，对祖先的追念与感恩，对生产生活的祈福，凝聚了渔民祈求与海洋和谐共处的生存智慧和精神追求。

钦州市"跳岭头"节庆活动是滨海民众为祈丰年、庆丰收、趋吉避邪举办的一种以舞蹈形式进行祭祀的节日民俗活动。"跳岭头"分布在钦州市钦北区、钦南区、灵山县以及浦北县诸多村寨，为当地仅次于春节的节庆活动。因其活动多在村边岭上举行而得名。举办时间为每年农历八月至十月，个别地方在农历八月到十一月间。多数在中秋节前后十余天内，当地壮、汉族各村民众共同举办"跳岭头"民俗活动。活动主要内容是宴饮宾客及"跳岭头"表演。表演由舞蹈和音乐两部分组成，舞蹈以打击乐器鼓和锣伴奏，其动作特征保留着壮族花山壁画"乐舞"的"山形""蛙手"形状相似，保留了古越人舞蹈的特色。其内容主要有"开坛""扯大红、跳三师、跳师郎、跳忠相、操兵、跳四帅、抛云梯、跳仙姑"及"收精、赶龙船"等舞段。

"京族哈节"是京族祈求平安丰收的隆重的民族节庆。

节庆保留着京族古老的祀神、祭祖、乡饮、文娱、信仰等文化信息。活动主要由"迎接海神——祭拜海神——坐蒙宴饮（乡饮）（'入席听哈乡饮'）——欢送海神"等过程构成。其中，送海神仪式中，有"桃姑"跳"花棍舞"内容，以此表达驱邪纳福的渴望和人畜平安的心愿。其中，抢夺花棍环节还表达吉祥与如愿。

独弦琴是京族古老的民间弹拨乐器，京语称为"旦匏"。当地有传说是南海龙宫的仙琴。[1]独弦琴的音律主要表现为悲凉婉转，因此又叫"悲凉琴"。

雷州民间崇拜对象及目的多元。崇拜树木祈求树木保佑；崇拜石头祈求石神保佑：孩子契石为父，百病不侵，健康成长；崇拜太阳以祈求得宇宙最高神的保佑。崇拜月亮以求婚姻美满：当地称月亮为月母，把月亮当成婚姻红娘敬奉八月十五，待嫁闺女有拜月占卜未来婚姻和命运的习俗。崇拜北斗星以求金榜题名：北斗星当地俗称为魁星，主司文学、艺术；科举时代，县学、府学的魁星阁祀有魁星神位，供士子应试时拜奉。

雷州的雷祖文化内涵丰富多彩。雷祖文化就是以"颂扬

---

[1] 叙事长诗《琴仙》记载：鲨鱼精向南海龙王七公主求婚不成怀恨在心，盗走龙宫的蜈蚣笛，到京族地区兴风作浪，搞得"人间乱糟糟"。七公主奉龙王之命，抱着独弦仙琴到人间降伏了鲨鱼精。独弦仙琴的弦是用七公主的头发接的，她总共有仙发九万九千九百九十九根。后来，鲨鱼精为了报仇，趁公主睡着的时候，将独弦仙琴的弦弄断，把七公主的头发拔光，最后只剩下一根。琴仙七公主宁愿自己死去，也要拔下最后一根寿命仙发，接上了独弦琴。京族人民认为独弦琴是仙人所授，能给他们带来幸福、吉祥，因此把独弦琴称为幸福琴，从此代代传承下来，深受京族人民喜爱。

雷祖、崇拜雷祖"为主题的一种文化现象，是雷州半岛特有的文化形态。雷祖文化历史悠久，流布广泛，内涵丰富。包括雷祖的祠庙及相关的文物、传说、神话、文献、典谟、宗教、习俗、艺术等，内容涉及雷州乃至古骆越地区的历史沿革及建筑学、人类学、宗教学、民俗学、民间艺术等范畴。古为百越聚居之地。俚、僚、黎先民有"奉雷为祖"的习俗。雷神的庙宇有两类：一类为供奉雷神的雷首庙，一类为供奉雷祖陈文玉的雷祖庙。其中雷祖崇拜之雷祖即陈文玉（570—638），雷州首任刺史，他仙逝后，"雷民德之，遍立庙祀"，尊其为"雷祖"。

雷剧是在雷州歌的基础上发展起来的，用雷州话唱白的地方剧种。雷剧的流布以雷州市为中心，辐射雷州半岛及广西、海南、茂名等省（自治区）市地区。经历了姑娘歌[1]、大班歌发展阶段。因为早期以雷州歌曲调为声腔，曾名"雷州歌剧"，后改称雷剧。唱腔兼具板腔体和曲牌体的特点，分雷讴、高台、混合体三大体系，有散板、慢板、中板、快板、复板等五种板式。

雷州的石狗崇拜习俗别具一格，石狗雕像是民间信俗的具体化和物质化表现形式。石狗被当地民众尊为"守护神""吉

---

[1] 雷州姑娘歌领头人称"高功"（师傅），歌手女的称"姑娘"，男的称"相角"。表演活动以"姑娘"为主，"相角"为辅，故称"姑娘歌"。雷州姑娘歌的历史悠久，始于北宋，鼎盛于清代。雷州姑娘歌乡土气息浓厚，表演方式主要为对歌赛艺，"说唱"方言为雷州话，唱腔风格古拙粗犷，演唱时还辅有简单的舞蹈动作。演唱的内容包罗万象，按其题材及主旨可归类为颂神歌、情义歌、责难歌、劝世歌。

祥物"。在日常生活中，雷州人每每遵照传统习俗，在门口、村口、路口、水口、庙前、墓前、屋顶、海边立以石狗，逢年过节或遇红白喜事时供奉敬事。在海边立石狗，寄托着人们祈福迎祥的美好意愿。石狗还成为生育神崇拜。雷州石狗习俗经历了祖先崇拜、图腾崇拜、守护神的发展过程，具有"风雨之神""丰收之神""生育之神""福禄寿之神""正义之神"等多元信仰内涵。因此，雷州人有向石狗"祈雨""祈丰收""祈庇护""祈送子嗣""契石狗为父"等崇拜仪式。在当地，还有不少民众称幼童为"昵狗""狗仔""狗生""狗保"并让其戴"狗仔帽"、穿"狗弄衫"等习俗。城乡的民众还有普遍在门口、巷口、村口、路口、井口、河口、庙前、墓前祀立石狗的习俗，逢年过节或初一、十五加以拜奉。

徐闻当地老百姓有用贝壳或者珊瑚装饰民居的习俗（图1），或装饰外墙，或直接用之作房间隔墙。有的神庙也是用贝壳做

图1 徐闻民众用珊瑚装饰的民居

成的。当地有雷王神庙、土地神庙。渔民出海作业获得了大丰收，往往有在渔船归来烧鞭炮表达庆祝与喜悦之习俗。

海南临高"哩哩美"渔歌（图2）因为衬词"哩哩美"（姑娘美丽）"乃马哩"是（对方美如茉莉花）"美雷爱"（女方爱男方）而得名。其内容反映临高渔家文化、山海自然之美、社会之美、生产生活之美。其起源最初与渔业生产息息相关：渔民出海作业，妇女们留守家中料理家务，一面编织渔网一面唱歌平定心情以及表达对海上作业的家人担心与祝福平安。据哩哩美渔歌现任会长方萍介绍：20世纪70年代，当时出海打鱼只能依赖普通的帆船。每当家人出海，家人总是提心吊胆的。妇女们从早到晚唱着渔歌，盼望家人平安归来。每当看到归船都会放下手里所有的家事奔到海边去迎接。如果不是自家归船，心里无比的失望和担心。因此，从早到晚唱着哩哩美

图2 海南临高民众演唱"哩哩美"

渔歌，是她们的唯一安慰与祈望。由此，产生了临高哩哩美渔歌。2013年，妇女们自发组建起传承哩哩美的歌队。当时歌队有成员六十几名，如今仍然保持这个规模，只是其中有老中青甚至幼儿的成员，但以老年人为主。

（二）多民族文化融合的结晶

北部湾其中的合浦、徐闻、广州、番禺等海港，自古就是中国南方"海上丝绸之路"始发港。滨海民众不断丰富渔耕族群文化，今天的滨海文化正是各民族交往、交流与交融的文化积淀。

根据明嘉靖《钦州志》（1534年版）记载："八月中秋，假名祭报，妆扮鬼神于岭头跳舞，谓之'跳岭头'。"可见，钦州"跳岭头"已经有近500年的历史。"跳岭头"是该区壮族、汉族民间传统节庆习俗。"跳岭头"源于壮族本土文化同时吸收了汉族节日文化，融节日习俗、信仰习俗、村社习俗、宗教习俗、娱乐习俗为一体，是壮族、汉族民族文化交流与融合的产物。在历代发展中，不断积极吸纳和丰富民族民间歌舞、戏剧等文化因素。其中，钦南区"跳岭头"在念唱对白时使用的语言是"钦州正"又称为"官话"，与桂柳方言十分相似，而桂柳方言是八桂汉文化的集中代表。"跳岭头"对促进民族大团结与文化交流有着十分重要的价值。

京族，原为"越人""京人"，1958年正式定名为京族，在越南称为"越族"。越人是古代骆越人的后裔，早期分布在越南北部，后逐渐南移，19世纪上中叶，分布到越南最南端。

京族是越人的一支，原居住越南海防市附近涂山一带，当一部分越人逐渐南移的时候，京族的祖先却往北迁移，从15世纪末到16世纪初，陆陆续续到达广西南端，聚居在如今的京族三座岛屿。据京族于清朝光绪元年（1875）"乡约"记载：京族聚居的沥尾岛，"承先祖父洪顺三年贯在涂山，漂流出到……立居乡邑，一社二村，各有亭祠"。"洪顺"，是16世纪越南黎朝襄翼帝的年号，洪顺三年即1511年，相当于明朝武宗正德六年。北移的越人还有部分散布在恒望、潭吉、红坎、竹山等村落，与当地汉族人杂居，也有少数迁移到邻近的钦州、合浦等地。

雷州古称伯虑、越裳，骆越族的"盘瓠蛮"部落曾聚居于此。汉越族群的长期杂处，形成了独具地方特色的雷州文化。雷州人，又称闽南语系雷州话族群，是中国汉族八大民系之一，是由北方汉人、闽人与南方越族共同融合、演化而成的以汉语雷州话为共同方言的文化族群。自汉末，不少中原汉人迁居雷州，形成了"汉越杂处"的局面。苏东坡《雷州伏波庙记》"汉末至五代中原避乱之人，多家于此，今衣冠礼乐盖班班然矣"。唐宋以后，中原汉人特别是莆田人大量涌入雷州，形成了"其耕者多闽人"的人口结构。宋《元丰九域志》载："北宋神宗元丰初雷州总户13784户，客户9512户"，客户占总户69%。中原文化与先进生产技术的到来促进雷州半岛经济发展与社会文明进步，加快了汉越民族的文化融合，形成汉族闽南语系雷州话民系，催生了独具特色的雷州文化。雷州素有崇狗拜狗的习俗。唐宋元明时期中原汉族与闽地兴化人大量的迁居雷州，以致"石敢当""敕石敢当""泰山石敢当""八卦""皇"等文化符号与石狗图腾崇拜相结合，使雷州石狗从部落图腾发展为守护神灵与吉祥物，为此出现了八卦与石狗并列供奉的现象。其中，"狗耳呈祥"的传说[1]是石狗崇拜文化融合的重要文化事件。因此，雷州"石狗文化"是汉、越文化融合的产物，是古代环北部湾地区"石狗文化圈"的活化石。

妈祖是中国影响最大的航海保护神。妈祖祭典习俗于2009年列入联合国人类非物质文化遗产代表作名录。[2]祭典习俗在我国沿海地区和东南亚一带具有深远的影响。雷州、海南都有妈祖崇拜的习俗。雷州人多为福建莆田移民，故崇拜始祖。每年农历三月二十三，人们通过游人、游船、还愿等方式进行祭拜活动。在海南陵高，当地民众有出海及丰收归来祭拜妈祖的习俗。

据初步调查，海南临高当地的老百姓日常生活用语之中有30%左右与广西壮族的生活用语相通。其内在的联系，等待进

---

[1] http://www.360doc.com/content/18/0216/20/20215003_730273913.shtml：传说南朝陈代（陈太建年间），古合州城西五里白院村的陈鉷，以打猎为生，养有九耳异狗。一日，这只狗九耳齐动，陈氏便邀其邻十多人到州北的乌仑山打猎，结果，异狗从地里挖出一大卵，陈氏便抱回家中。翌日，一阵雷电将卵劈开，跑出一个两掌分带有"雷""州"两字的男孩，后为陈氏养育，取名陈文玉。由于德才兼备，唐贞观时，被任为雷州首任刺史。他精察吏治，爱抚百姓，稳定雷州。后人为他立庙塑像纪念，尊其为"雷祖"，而狗也随之神化为"呈祥灵物"，受到崇拜。又有一传说，很久以前，雷州大旱，一巫师称，是太阳神的恶作剧，只有天狗才能逼使太阳神降雨。这时，人们便想起与天狗同为兄弟的地狗。人们用绳捆绑着石狗，抬上荒坡游行，并用荆条不停地抽打，吆喝着"快些去天上讨雨，要不就去吃屎"的话语，地狗受到鞭笞后，便向天狗说明原委，天狗听后就冲向太阳神狂吠，要其招云降雨，要不就咬死它，太阳神惊怕了，立即向雷神、电母、云师求情降雨。

[2] https://www.ihchina.cn/directory_details/11811

一步的研究。但可以肯定的是自古以来北部湾一带渔民们都有许多交往交流，这种现象是文化交融的表现之一。

三、传承传播现状

总体而言，以上滨海传统文化其传承传播主要体现为两个突出特点：一是各地政府都较为重视保护与挖掘，只是形式与途径不同，有的以博物馆陈列为主，有的是学校教育、旅游开发等结合；二是民众传承的自觉性较高，如哩哩美渔歌现任会长方萍强调，随着现代化进程的加快，渔业资源的枯竭以及渔业保护工作的深入，出海渔业的越来越少，这就需要靠文化和旅游的整合发展来促进当地的经济发展。有的是以个体传承为特征，如独弦琴，有的以集体传承人为特征，如跳岭头、哩哩美、雷歌、雷剧等，有的则是二者兼备，如坭兴陶技艺。

具体到项目而言，其传承传播明显地受到功能的显性或隐性影响，突出表现为如下特征：

1. 具有当下显性功能的传统文化得到自觉传承弘扬

技艺类的文化与民俗符号，其当下的传承传播明显地受到现实功能的影响。

（1）技艺类仍然具有当代活力

如钦州坭兴陶烧制技艺具有显性的文化产业效益，因此得到当地民众自觉传承弘扬。如今钦州保留了钦江古龙窑，每年仍然举行两次烧窑仪式。在古陶城集中了坭兴陶技艺培训与产品展示及销售，有不少国家级工艺美术大师在其间工作。这类技艺术类的非遗在传承传播中能够带来显性的经济效益或者是文化旅游效益，往往受到很大程度的重视，且吸引年轻人自觉传承（图3）。

图3 两位年轻人正在制作坭兴陶

（2）民俗类因其当下功能隐显不同而呈现出明显的差异

一类是能够带来显性效益的民俗得到自觉传承传播。娱乐类的项目能够吸引更多的年轻人主动传承，如雷州的舞狮子技艺。清水湾疍家民俗与海上民宿（图4）结合，吸引了众多游客，产生巨大的经济效益。据了解，目前海上民宿每天爆满，正常情况下每间房价至少800元。其中，设有疍家民俗展示馆（目前规模还较小，还称不上博物馆；考察期间，疍家博物馆在建）。游客们到来可以体验到海边传统民俗。2019年6月以来，新村镇当地政府拆除养殖渔排及海上餐厅，出台相关法规

图4 疍家海上民宿一角

划定禁养区、限制养殖区和适合养殖区。2021年初，9名党员带动85名渔民成立疍家渔排协会，宣传、传承疍家文化，开展疍家民宿文化旅游。民宿2021年5月20日正式对外营业，其中有为游客演唱渔歌、表演如织网、捕鱼、渔家传统婚俗等传统文化活动。

另一类是由于缺乏当代功能的传统文化往往传承传播艰难。"跳岭头"尽管是当地重大民俗节庆活动，但是其文化内核是神灵信俗，具有明显的传统的渔猎文化遗风。随着教育科学的普及，其神秘性已经无法吸引更多的年轻人关注。再加之活动空间即是"岭头"，因此，其传播影响也只限于钦州部分村落。且传承人多以老年人为主。京族喃字传播范围十分有限。调研发现，尽管当地设置有京族字喃传承研究中心办公室,但是当前还能够掌握这种文字的就是五六个人,而且年岁已高,如当今还能认识喃字的苏维芳老先生已经是70多岁高龄。尽管已经整理了部分喃字文献,但因缺乏经费,难以全面出版问世,其传承仍然艰难。当地年轻人极少主动学习喃字,反而是越南一位年轻女青年自觉来学习。雷州的石狗崇拜习俗其情况与此类似。

同理,海南陵水的哭嫁歌以及渔家传统婚俗也只能以表演的形式得以有限的传播。毕竟,现在渔民们都已经定居岸上,年轻人的婚恋观念以及交友方式发生了极大的变化,以"船""海"为特定文化空间的哭嫁习俗已经失去了当代文化功能。因此,只能靠少量年老的渔民表演式的传播。(图5)

图5 渔业民俗表演

2. 民歌得到创造性转换

最具代表性的是雷歌雷剧的传承传播。雷州歌也称雷歌，是广东省四大方言歌之一，是雷州半岛的民歌。据史书记载，雷州歌在宋代已流行。其内容体现雷州半岛的地理风貌以及当地民众的生存环境、劳动生产、家庭生活、爱情婚恋、历史人文、伦理道德、风土习俗、娱乐戏谑、丧白喜庆、政治时事等等。雷州歌衍生出雷剧。如今，当地各级党政机关极为重视运用雷州歌宣传贯彻党的方针政策。目前，雷州半岛有湛江市实验雷剧团、雷州市雷剧团、徐闻县雷剧团3个专业雷剧团和100多个职业（业余）雷剧团，演职员3000多人，年演出近30000场次。当地政府每年都拨付经费支持雷州开放大学传承传播雷州山歌。2010年开始至今，到雷州开放大学学习雷歌成为百姓喜欢的终身学习项目。雷州歌早已传播到讲闽南语的地区及国家。对海外华人（华侨）、特别是台湾闽南人起到连结中华民族文化的纽带作用。

四、对策建议

针对以上现象，建议应该有针对性地开展传承与传播工作。总体精神是，一是应该深入调研，优化提升，纳入公共文化服务产品供给体系，以此激发民众传承的自觉性。二是要合理利用，文旅结合，文化惠民富民，增强民众文化传承的幸福感获得感。三是纳入教育课程体系，拓宽传承文化空间。四是数字化保护与传播，拓宽传播的途径。最值得强调的是，对于跨国民俗文化的，应该从维护文化安全出发，加强保护与利用力度。

（一）优化提升，纳入公共文化服务产品供给体系，激发传承自觉性

民俗、民歌其原生性传统性具有表达的保守性与内容的杂糅性。因此，应该深入调查研究，取其精华、去其糟粕。创新其形式，扬弃其内涵，注入新时代元素。如跳岭头的舞蹈、雷歌雷剧、哩哩美等，通过专业提升，美化形式，优化内容，纳入公共文化产品供给体系，提升民众文化的认同感与获得感，从而激发民众传承的自觉性。海南省设置"口述海南"系列艺栈，其经验值得借鉴。（图6）

图6 "口述海南"艺栈

（二）合理利用，文化惠民富民融入旅游开发，提高传承积极性

非遗有多方面的功能，满足需要是其中重要功能之一。有的文化遗产在现实生活之中不断地消解，甚至消失，其原因是多方面的，其中失去现实功能是重要的原因之一。因此有的非遗即使是指定传承人，但如果传承不能改善传承人的生活质量，即使再加大保护力度此类非遗最后也会走上消亡。为此，应该是创造性转换创新性发展，发挥其当下的功能，文化传承惠民富民，提高民众传承的积极性。文旅结合是其中重要的措施之一。文化是旅游的灵魂，旅游是文化传播传承的载体，两者相得益彰。海南陵水海上民宿经验值得借鉴和推广。海南陵水成立了海上蛋家乡村旅游专业合作社、陵水县蛋家渔排协会、海南蛋家渔排文旅有限公司。据介绍，现有客房20多间，每间可入住2—3人，平时房价每天从800元到1500元不等。

（三）走进课堂，非遗传承纳入课程体系，拓宽文化空间

《关于实施中华优秀传统文化传承发展工程的意见》强调，中华优秀传统文化传承发展工程要"贯穿国民教育始终"，"贯穿启蒙教育、基础教育、职业教育、高等教育、继续教育各领域"，要"构建中华文化课程和教材体系"。因此，需要文化部门与教育部门联动，把优秀民俗文化纳入国民教育体系，扩大其传承传播的文化空间。从2022年9月到2023年5月，广西民间文艺家协会和广西山歌学会在全区中小学开展"广西

山歌传习基地""刘三姐小传人"山歌进校园系列活动，已经授予基地11所并开展系列山歌培训活动，且在不断扩大基地数量，培训将成为常态化。此外，雷州开放大学把传承雷剧雷歌作为重要的教学任务，海南临高把哩哩美纳入基础教育课程。这些经验值得借鉴推广。

（四）声像记录，基因保存与提升影响结合，拓宽传播路径

《关于推进实施国家文化数字化战略的意见》（中办发〔2022〕27号）尽管是针对公共文化服务体系出台的文件，但其精神同样适用于滨海非遗保护。数字记录保护是非遗保护的措施之一。对于那些缺乏当代活力的文化事象，如跳岭头、京族喃字、石狗习俗、渔家哭嫁歌等，需要借助现代化技术进行数字化记录性保护，一方面是保持其原生态，另一方面是为后人留下文化记忆的种子。而对于在当下还发挥着功能具有活态传承的非遗，如泥兴陶技艺、独弦琴技艺、哩里美等则通过数字化技术互联网平台提升其影响力，促进民众传承的自觉性。

（五）维护文化安全，共享与申报结合，加大跨国民俗文化保护利用力度

调查发现，哈节、独弦琴、喃字、蛋家文化等具有跨国跨域共享的特征。

京族是中国唯一的跨海跨国的海洋少数民族，主要聚居在广西防城港市下辖的东兴三个海岛上。独弦琴、哈节、喃字都

是其独特的文化，这些文化具有跨国传播的特征。独弦琴的起源，有源于中国源于越南两种论争。但不可否认的是，独弦琴技艺在中国、越南、缅甸等东南亚国家都盛行。每年哈节，两国民众都有弹奏独弦琴交流的习俗。

同时，我们也应该意识到，这些跨国民俗也是相互竞争的文化资源。当前，越南全国的音乐院校都设有独弦琴专业，拥有系统的教学体系。[1]据悉，相关国家正在筹备独弦琴申报联合国非物质文化遗产名录。再之，喃字是记载和反映京族文化的重要载体，中越两国都适用。但当前，形成强烈反差的是越南民众主动来学习我国当地民众则视而不见。

当今，文化越来越成为综合国力竞争的重要因素，文化是话语权与解释权。因此，各国争相抢夺文化资源。我们在认识到独弦琴、哈节等可以成为中外文化交流和联络情谊的"桥梁"的同时，也应该意识到也是中外共享共争的文化资源。应该吸取端午节首先被韩国、天琴技艺首先被越南申报为联合国人类非物质文化遗产保护名录的教训，从维护国家文化安全的高度，加大对如哈节、独弦琴、喃字、蛋家文化的传承、传播，保护与利用的力度，主动申报或联合申报联合国非遗名录。

---

[1] https://www.360kuai.com/pc/9035088cdf18e5a79?cota=3&kuai_so=1&refer_scene=so_3&sign=360_da20e874

中国京族民歌的传承与发展情况调研

苏凯[*]

长期以来，居住在北部湾畔的海洋性少数民族——中国京族以自己的聪明才智，辛勤的劳动及勇敢的开拓精神，创造了本民族灿烂的文化。他们向往幸福，在生产之余，常常以发自心灵深处的歌声来传述自己的历史、反映当下现状和抒发对美好生活的憧憬和追求。作为能歌善舞的少数民族，京族一直有以歌传情的风俗，跟随时间不断沉淀下来的历史文化，铸造了与众不同的海洋民族性格，并逐渐形成了今天以民歌等非物质文化遗产为代表的独具魅力的海洋民族文化。

一、京族民歌基本情况

京族是一个"歌海"的民族。勤劳、朴实的京族人民长期的生产劳动中创造了自己独有的口头文化——民间歌谣和民间

---

[*] 苏凯，广西东兴市文联主席。

故事。历史的传承从未断开，京族保护了祖先口口相传下来的歌谣，至今俯拾皆是。这些歌谣，来源于生活的海洋之中，他们的歌从心灵里流出，以充沛的感情来讴歌自己的愿望，抒发自己高尚的情操，反映自己对理想的追求。

民间歌谣数量甚多，流传甚广，独具特色。民间猜调（盘问歌）类别多样，内容丰富，道理显浅易见。民间故事语言朴实，寓意深刻，短小精悍。这些不同的民间文学形式，共同组成了京族民族文化的宝库，造就了京族"歌海"一般的民族。

京族传统民间歌谣代代相传，以京族三岛之一的沥尾来说，至今已有11代的传承。2002年3月开始，苏维芳、苏凯等京族文化人代表开始走遍京族三岛和其他京族散居村落，对京族历史、社会文化、民间古籍进行抢救性的收集与整理，先后走访京族地区100多位老人，把他们记忆中传唱下来的民歌、嘲歌进行记录、整理。

经过十几年的不懈努力，至2016年，先后收集、整理、翻译、编写了《京族传统叙事歌集》共二十六篇叙事歌：有歌颂忠贞爱情的《宋珍歌》《金云翘》《范功菊花》《花笺传》《梁山伯与祝英台》等，有崇德扬善的《刘平杨礼》，有反对官场腐败的《二度梅》，有神话故事《水晶公主》《柳杏公主》《石生故事》《唐生西天取经》等，以及吟歌式叙事的《征妇吟》《宫怨吟》《贫女叹》等。一些叙事歌虽然篇幅较长，但结构严谨，叙事完整，条理清晰，情节跌宕起伏，易唱易记，很多老歌手都可能把某篇叙事歌整段、整篇，甚至整本熟背下来。有些叙事歌的经典名句，名语甚至成为京族民间流传的名言，个别选段的歌谣和嘲歌，流行甚广。

目前经京族字喃文化传承研究中心收集、编写、翻译与研究，现已形成字喃记载的各种京族歌谣集。如《京族史歌集》、《京族哈节唱词》、《京族传统叙事歌》（一二三四集）、《京族传统民歌》（一二三四集）等，共收录3200多首民歌，包含礼俗歌、海歌、劳动歌、童谣等八大类。这些都是京族人民情感的自然流露，歌颂的是朴素的生活、美丽的家乡、勤劳的民族；讲述的是辛酸的历史，吟唱的是苦尽甘来的新生活，描绘的是小康的蓝图；歌唱的是民族团结和崇德向善的伦理。

二、京族民间歌谣的格律与链韵

民族传统文化是人类发展、社会活动实践中形成的真实记录，是京族人智慧的结晶，是中华民族宝贵的财富。文化是一个民族赖以生存的基础，也是一个民族区别于另一个民族的根本标志。民族与民族文化是共存亡的，不论遭受的挫折有多大，只要能保存和发展民族文化，这个民族就存在、发展、自立于世界民族之林。

京族民歌格律和其他民族歌都不相同，其他民族一般五、七言，而京族民歌除有七言律外，一般六、八言。每两句为一个单元，每篇四句、六句、八句，也可连若干双句为长篇。上句六言，下句八言，称为"六八体"。二是七七、六八言。每四句为一个单元，第一、第二句都是七言，第三句六言，第四句八言，又称"七七、六八"体。三是四言体。每句都是四个字，一般用于长篇诗歌、书信和儿童歌谣等。从上述可知，京歌有她的独特格律。这也是京族歌谣文学特色。

（一）六八体歌谣

民间称为"唱六八"。如《京岛是我的故乡》字喃记录：

茹淹荃鋪安莨
荃押贵社荃廊福安
茹淹䎃板核杆
躬抄𢫦帝嗨𢫦躬刨
𧿒茹固乂墭桃
衝𦨵時桂圲刨塘南
黏茹固乂墭㰖
冲𦨵時橘仝行時樋
躬抄𢫦帝躬軆
固乂核紅和罢核□
梗樋䁅颰羅他
梗紅絣帳羅佗蒼咍

（二）七七、六八歌谣

民间称"唱七七、六八"。如京族吟歌《宫怨吟曲》唱段：

> 鼓皮声动长城月,
> 风火映照甘泉云。
> 九重按剑起当席,
> 半夜飞檄传将军。

又如"叹歌"《贫女叹传》唱段:

1. 人生浮世常分离,
   总因贫贱挤姻缘。
   谁把命运唉使成,
   难道逊色输艳丽。

2. 造化弄人常如此,
   罗纳才色作公例。
   冥蒙圆月斜西轩,
   金风习习涌愁泪。

(三) 四言歌谣

四言体一般是诗歌(书信)和儿童歌谣。一般诗歌(书信),每两句为一单元,每单元内第一句末字(第四字)与第二句末字(第四字)押脚韵。儿童歌谣,每四句为一单元,每单元内第一句末字(即第四字)与第二句第二字押腰韵,第二句末字（第四字）与第三句第二字押腰韵。第三句末字（第四字）与第四句第二字押腰韵。上单元第四句末字（第四字）与下单元第一句第二字押腰韵，可称为四二、四二、四二环链腰韵。

1.如叙事歌《宋珍》中的书信唱云：

哥名宋珍，三个占榜，
我名第一，庆贺回乡。
荣归拜祖，皇帝有意，
许配公主，我心怜妻，
有仁有义，养母勤恳，
妾情恳切，公主心恨。
写本奏父，逐我辽遥，
侍候秦皇，他国多谋。
挖洞路中，深高十丈，
花席铺盖，三军出迎。

2.如儿童歌谣中《月亮公公》：

月亮公公，下来游玩，
有邻有伴，有碗米饭。
有锅糯米，有碟粽子，
有半罐酒，鹅鸟喞啾。
斑鸠扑楞，男子挑筐，

> 母亲抱儿，妻填水缸，
> 梳子篦虱，学生书纸，
> 黄牛有尾，苍蝇有翼。

（四）七言律

京族所唱诗歌，山歌和部分哈歌，其格律是七言四句（首句也有三言的），双句押脚韵，也有一、二、四句押脚韵的，唱来也别有风味。如叹歌《贫女叹传》中：

> 残妆满面泪澜干，几许幽情欲活难。
> 云鬟懒梳愁折凤，翠花羞照恐惊鸾。
>
> 东邻送女初鸣佩，北里迎妻已梦阑。
> 惟有深闺憔悴质，年年长凭绣床看。

京族歌谣真实地反映了京族文化的悠久历史，代代相传，永留人间。它们逼真地表现了京族人民喜爱京族歌谣、能歌善舞，自强不息、奋发向上的民族性格，讲出了歌谣深受京族人民喜爱的原因，生命力十分旺盛，极具传承价值。这些歌谣叙述有条有理、逻辑严密、语言朴实、清新，比喻贴切，夸张适度可信，富有想象力，寄托了京族人民对新生活的期望。挖掘、研究京族民间歌谣文化，是铸牢中华民族共同体意识，弘扬民族文化的重要举措。

三、京族民歌在传承中存在的主要问题

20世纪90年代以来,包括民歌在内的京族传统文化的传承和保护,得到了来自各方面力量的支持,并由此迎来了一个崭新的发展时期。地方政府的重视、当地人积极主动的参与,使京族传统文化传承保护取得了有目共睹的显著成效。特别是通过采取"专家指导、当地政府推动、遗产地居民参与、京族博物馆与传承基地合作交流、传承基地与学校合作教学、鼓励民间开设京族文化培训班"的共建模式对非遗项目开展保护工作,京族的非物质文化遗产的申报和保护工作更是得到了长足的发展,一批民歌传承基地、传承人走进社区、学校和各类培训中心,京族首张原生态民歌专辑《京岛民谣》还先后被哈佛大学、耶鲁大学、卫斯理大学等大学图书馆收藏。

然而,随着市场经济的发展以及现代生活方式的冲击,京族民歌的传承与发展也面临诸多的问题和挑战。

传统生活习俗的缺失。城市化的快速发展以及现代生活方式的渗透,不断挤压京族传统文化传承的社会空间。20世纪90年代以后,京族同胞在近海养殖、海产品加工、边境贸易等经济活动中获得较大的经济效益,物质生活条件得到极大改善,从而使得京族传统文化传承和发展的社会空间日渐萎缩。社会发展过程中部分京族同胞对自己的民族传统文化在适应现代经济发展方面产生怀疑心理,这种心理在年青一代当中尤其明显,京族文化在各种经济文化活动及日常生活当中逐渐被忽略。新一代京族人不再严格执行祖先规定的"清规",传统民

歌的传唱空间受到一定程度的排挤而渐渐消亡。

文化发展方向的缺失。近年来，以"京族哈节"为代表的京族非物质文化遗产保护活动得到社会各界的广泛推崇，京族哈歌经过近二十年的收集与整理，取得了可以说是丰硕的成果，但在传承与发展方面，同样出现了内生动力不足的情况，一些当地人虽然也觉得京族非物质文化遗产看上去"很好玩"，京歌听起来也不错，但对这些文化遗产的认同程度并不像一些文化研究人士所声称的那么高。对文化的传承甚至以经济上的"有用""无用"来衡量而无法预见其所蕴含的普世价值，部分当地人对于民族文化传承保护不同程度地存在着某些"等、靠、要"思想。

语言环境的逐渐缺失。语言是民歌的重要载体，经过几十年的交往交融，现在大部分京族人在日常生活中已经基本汉化，20世纪80年代以前，嫁过来的外族妇女，基本上三个月到半年可以学会京族，但如今，嫁过京族地区的外族妇女，基本上都不用学习京语。京语在京族同胞之间的交流也逐渐弱化，特别是年轻人之间用京语交流的现象越来越少，京族青年对本民族的语言逐渐失去了认同感和自豪感。青少年在学校用普通话交流，社会场合用白话交流，当前的京族家庭教育更是忽略了对本民族文化的传承，大部分青少年对本民族文化知之甚少，使得民族文化的保护和传承受到了极大的挑战。

民族文化旅游发展龙头的缺失。京族的文化创意产业起步晚，文化产业策划与层次较低。京族三岛景区文化创意活动缺乏持续性与深入性。在京岛旅游区，游客能看到的与京族文化有关的旅游产品更是几乎为零，京族文化旅游开发还缺少文化内涵，远未形成完整的产业链。近几年来，京族文化旅游营销水平多年来一直徘徊不前，其促进旅游效益增长的效应相当不理想。由政府打造的我国第一部以京族文化为背景的音乐剧作品《过桥风吹》一推出便束之高阁，没有市场。由企业打造的广西第一部全景式展示京族海洋文化的原创舞剧《京岛人家》亦产生不了影响力。其主要原因一是知名度低竞争力弱，政府包办创新不足，二是群众的参与度较低，三是品牌意识比较淡薄，四是缺创新性精品活动，五是缺乏高级专业人才等。

此外，还有文化保护制度的缺失，传承人培养机制缺失等等。

四、一带一路背景下京族民歌的互鉴发展之路

"一带一路"的经贸合作促进了沿线国家和地区间民众的交流、理解与互信，既开启了不同文化间的交流传播之路，也让不同国家的同一民族间的交流得到极大的促进。习近平主席在提出"一带一路"倡议时，提出了五个"相通"的概念，而"五通"中最后一项就是"民心相通"，民心相通是"一带一路"建设的社会根基。民心相通之最大促进莫过于跨境民族间的文化交流与互鉴。习近平总书记在中国国际文化交流中心成立30周年之际做出重要批示强调："发挥民间往来优势，推进人类文明交流互鉴。"

作为"海上丝绸之路"的重要节点，自古以来，中越两国

边民就保持着密切的交往与联系。而聚居在东兴的京族，与越南主体民族京族同根同源，在长期的交往历史中，中越京族的交流互鉴，也让中国京族民歌的传承在对方完善文化体系中得到很大的帮助与启示。

（一）以哈节为主体的中越京族文化互鉴

哈歌是哈节的重要组成部分，富蕴海洋文化元素的哈节，是京族一年中最为隆重、最热闹的节日。哈节，不仅在中国东兴市的山心、沥尾、巫头、红坎村等村举办。在越南沿海一带茶古、清化、义安、海防等村落也有举办哈节。

两国各地举办哈节的时间不一，中国京族各地举行哈节的日期为，沥尾是农历六月初九，巫头是八月初一，山心是八月初十，红坎是正月二十五，越南茶古的哈节是农历六月初一。

自古以来，边境线两边的边民就在哈节期间进行交往与联系。在当今，双方边民哈节中的交往依然如流水般不断地进行着，共同的节日文化促进了双方的交往，增强了友谊。

中国京族三岛与越南茶古坊隔海相望，语言相通，习俗相近。京族三岛人称越南茶古坊为沥柱岛。京族民间传说中，镇海大王砍杀蜈蚣精后，它的头、心脏、尾，变成了今天的巫头、山心、沥尾京族三岛，牙齿变成了沥柱岛（广东白话"齿"与"柱"同音）。中国京族三岛与越南茶古坊在共有的传统哈节中相互往来。大家都希望通过各村落分别连续地举行哈节，增进友好和交流，使欢乐的日子得以绵长。

20世纪50年代末60年代初，在"左"的思想影响下，京族的哈节活动被迫停办，哈亭被拆，神像被毁，许多用"字喃"写的书籍都被当作迷信书籍而付诸一炬。直到20世纪80年代才逐步恢复。1962年，著名作家田汉莅临京族三岛，发出了"哈亭只惜清规在，欲唱情歌不自由"的慨叹。十一届三中全会以后，才使哈节得以恢复和发展，到1985年，哈节的各项活动程式基本恢复正常。

1991年中越关系正常化以后，哈节的民间相互邀请开始变得正常和频繁起来。随着交通的发展及边民出境政策的便利，京族民间传统哈节往来的人数有增无减。从20世纪90年代以后，每年中国沥尾村与越南沥柱岛京族过哈节时，相互参与哈节的人数一年比一年多，由最初的三四十人发展到现今的近百人，哈节一年比一年热闹。2009年越南沥柱岛来沥尾村参与哈节的人数多达200人，是20世纪90年代以来越南代表参与沥尾村哈节人数最多的一次。来中国沥尾村参加哈节的越南人除了居住在沥柱岛的人以外，还有来自越南海防市、广宁省各地及芒街市的人。2011年的沥尾村京族哈节也有100多名越南代表参加。

近几年，在互派参加对方哈节的两国京族边民中，更是增加了民间文艺表演队，沥尾的京族人家——独弦天籁艺术团每年都参加茶古的迎哈节文艺晚会，茶古亦派出自己的文艺团队前来参加沥尾的迎哈节晚会，两边的文艺交往愈加密切。

（二）京族传统戏剧发展的借鉴

嘲戏是越南及我国京族的传统戏剧，起源于11世纪的越南北部平原农村地区，其从16到19世纪间达到发展高峰。它以舞台为讲故事的形式，演出中包含唱、舞、乐、文等艺术形式。一出戏通常就是讲述一个故事，而且戏文富有民谣和俗语的色彩，因此观众与演员之间的交流很紧密。嘲戏以带有现实价值和深刻思想的古老典籍或汉喃字的叙事歌本为内容，突出体现京族民族本性，其唱腔有收录的多达200多种，带有浓厚的地域特色。

嘲戏是京族传统文化传播的一个重要纽带。在过去，京族地区的人们生活水平低下，学堂教育不普及，文化生活单一，嘲戏的各个曲目，包含着京族的传统道德与伦理观念，在打造敬奉自然、敬畏生命、英勇无惧、团结互助等京族的精神气质方面起到潜移默化的教育作用。

解放前，由于京族三岛人口少，生活条件低下，无法实现嘲戏的舞台表现形式，只能以唱嘲歌的方式流传与娱乐。因此，嘲戏在京语中亦称为"喝嘲"（hátchèo），即为嘲歌之意。

据调查，解放前，京族地区流传很多嘲戏的剧本——"叙事歌本"，如《宋珍歌》《金云翘》《刘平杨礼》《石生故事》等，不少老人拿起歌本都可以用"嘲"腔哼上半天。到迁居三岛的第六代人，京族地区的各个邑、寨都设有歌堂和歌会。白天人们出海打鱼劳作，晚上就一起集中在约定的地方，屋里屋外坐满唱歌和听歌的京族男女，男人一边织网补网，女人一边绩麻缝衣，或唱或听。唱歌时，有清唱，也有独弦琴伴奏，有传统京族民歌，也有嘲歌对唱，一男一女，一唱一答，以歌代言。歌中以故事或传说中的人物、山海、天空、动植物来引申、比喻，唱者投入，听者动容，兼有互动打趣。在当时的年代，歌堂歌会为京族渔家平淡的生活抹上了一缕娱乐的亮色。

嘲歌有完整的故事情节，并有字喃歌本记录，可读可唱，因此广受京族群众的喜爱。𠇮尾村老歌手苏积英（女）小的时候，她父亲有一本《金云翘》（京语亦简称《翘传》）歌本，从小在父亲的熏陶下，她和阮其宁学会了用嘲腔唱《翘传》，有时候，她唱，阮其宁弹独弦琴伴唱。没进过学堂的𠇮尾老歌手阮进余、杜玉光、罗维珍等，熟背《宋珍歌》全本，山心村的阮继儒、阮继旭是嘲歌《刘平杨礼》的教唱人，巫头村的何宗熙、阮成光是嘲歌《石生故事》的传承人。

20世纪60年代初，京族三岛文化建设得到较快的发展，𠇮尾、山心村均组建有京族文化业余文艺队，山心文艺队排的《渔翁歌》嘲剧，在京族三岛成功演出，很受欢迎。1965年，𠇮尾村文艺队想把嘲戏《宋珍歌》搬上舞台，组织人员排练了2个多月后，因京族青壮年应征援越抗美当翻译等原因，《宋珍歌》最终没能走上舞台。2013年，由京族民间艺人为成员的"京族人家独弦天籁"艺术团组建，于2014年排练京族传统婚俗——"哭嫁"嘲戏，并赴台湾参加"亚太艺术节"，并连作几个专场表演，受到广泛的关注。近两年，作为"罾·琴·韵"中国京族高脚罾暨防城港民族文化展的主打内容，先后走进广西、广东高校以及中央民族大学、北京舞蹈学院等著名院校，受到媒体、师生和社会的广泛关注。2017年8月，在南海（广东茂名博贺）开渔节暨第五届岭南民俗文化节上展演亦备受关注广获好评。

"文革"期间，除了《宋珍歌》外，大量的嘲戏歌本被销毁，嘲歌只能在一些民间歌手头脑中留存。2001年，苏维芳从山心的朋友范仲芳处拿回1965年借给他的歌本《宋珍歌》。

如今，嘲戏在京族有识人士的共同努力之下，近年来做了大量积极有效的抢救工作。2013年，"京族人家独弦天籁"艺术团，让几近消亡的嘲戏有了恢复的基础。即便如此，要做好"嘲戏"的传承和发展，单靠自身的摸索，想恢复"嘲戏"基本不可能。而"嘲戏"在越南，已经走进城市，有着较好的传承与市场，在河内还有专门的嘲戏剧场。我们必须"走出去、请进来"，一方面组织人员赴越南进行考察交流学习，了解越南嘲戏的各个操作流程，曲目唱腔等，另一方面请越南"嘲戏"剧团来访，让京族地区的群众再次感受"嘲戏"的艺术魅力。通过交流，既可让"嘲戏"的艺术土壤在京族地区得到培育，更可以借此加强同越南民间艺术的交流与合作，推进民心相通工程的深入开展。

（三）京族字喃的传承发展互鉴

京族字喃是以前最直接、最准确地表现京语音义的文字，是京族文化的宝贵财富，也是中华民族历史文化的重要组成部分。京族字喃长期以来都是用于京族语言、传统民歌、哈歌、叙事歌、宗教书籍和社会历史文书文献等文化最真实的记录，是研究京族语言难得的书面资料。从2002年开始，京族本土专家们对此项工作进行了搜集、整理、编写和翻译，取得了大量的成果，编写《京族字喃史歌集》等书籍36本共138万字，收集京族古籍85本，修正完善各种民间宗教礼仪280多条，出版《京族字喃史歌集》等书籍5本。目前，已完成整理并陆续出版的书籍有：《京族传统叙事歌集》40万字、《京族社会历史铭刻文书文献汇编》13万字、《京族海洋文化》12万字、《魅力京岛》35万字、《京族传统叙事歌集》（上、下）88万字。

2009年2月，"京族字喃文化传承研究中心"正式成立，该中心的性质为广西民间文艺家协会下属的民间团体。其工作宗旨为进一步弘扬京族传统文化，打造特色文化品牌，展现京族文化遗产的魅力，提高京族文化的影响力与知名度，促进京族文化的持续发展与繁荣。

字喃文化传承研究中心是目前除美国字喃保护中心、越南社会科学院下属机构汉喃研究院之外，第三家研究字喃的机构，也是我国唯一的字喃研究组织。中心成员为广西京族地区各哈亭亭长、京族民间文化人、京族学校从事京语教学的老师，并聘请防城港市民委、市社科联、东兴市人大等京族籍领导担任顾问，自治区文联主席潘琦亲笔为此机构题书。长年以来，该中心除了开展字喃文化的收集整理工作，还开展字喃培训、哈妹培训、字喃书法展等。

字喃在京族历史文化中的地位举足轻重。对于已经使用拉丁文的越南来说，字喃已经成为古文字，其研究机构的日常工作多为把字喃古籍转化为国语书籍。而对于自始至终没有脱离中华文化圈的中国京族来说，字喃从未远离，并还呈现勃勃生机：京族民歌的记录、哈节仪式的过程、宗教书籍等，可以说，字喃时至今日，仍较好地融入京族的传统文化生活之中。

在京族字喃的收集与整理中，越南研究成果给中国京族提供很大的借鉴与帮助，如《字喃大词典》及众多的字喃古籍，使京族口传民歌、故事及传统叙事歌收集整理成为字喃书籍提供了支持。越南字喃的国语输入方式也为京族探索字喃笔画输入及实现古籍数字化提供了很大的帮助。如今，我们正在编写纯汉字版的《字喃大词典》，努力解决字喃的检索以及电脑输入难问题，纠正当前字喃检索先读音后文字的问题。这些成果，将会进一步夯实中国京族铸牢中华民族共同体意识的文化基础和提振文化传承发展的自信心。

中华民族共同体视域下京族哈节的创新实践

——基于广西东兴京族三岛的调查

黄玲[*]

铸牢中华民族共同体意识是党和国家面对当前国内外形势以及民族地区社会发展的特殊性提出的重大战略。世界正面临百年未有之大变局,我国各民族之间的跨区域交往交流交融正在以空前的规模和密度进行。生活在广西东兴的京族是中华民族共同体大家庭中不可或缺的一员,其开创家园、保疆卫国、互嵌聚居、富民兴边的历史记忆和生活实践都在非物质文化遗产当中活态传承,成为京族民众的家园遗产,也是中华民族共同体历史发展的重要环节。当前边境地区处于开放的前沿地带,作为非物质文化遗产主体的人员和社区在交流互动中促进双边(多边)国家间的理解认同,对构建周边命运共同体与人类命运共同体具有积极意义。

---

[*] 黄玲,广西民族大学文学院教授。

一、边疆家园：乡土植根与中华民族共同体

费孝通认为："中华民族作为一个自觉的民族实体，是近百年来中国和西方列强对抗中国出现的，但作为一个自在的民族实体则是几千年的历史过程中形成的。"在2019年第七次全国民族团结进步表彰大会上，习近平总书记就通过列举大量史实，生动而深刻地论述了历史上各民族共创中华文化、共同开发历史疆域的观点，即"我们辽阔的疆域是各民族共同开拓的"，"我们悠久的历史是各民族共同书写的"，"我们灿烂的文化是各民族共同创造的"，"我们伟大的精神是各民族共同培育的"，[1]这"四个共同"突出强调了中华民族共同体的命运共同体性质和中华民族的整体性特征。换言之，在长期历史发展中，各民族已经形成了中华民族共同体这一大家庭。铸牢中华民族共同体意识就是要增强各民族人民群众的"大家庭"和"家庭成员"的意识，以合力打造中华民族共有精神家园、共同富裕幸福家园、守望相助和谐家园、边疆稳定平安家园为主要目标历史上边疆地区的民族村落与族群，往往受国家民族政策与双边国家关系的影响下，因现实利益与生命价值的诉求发生流动和迁徙。人类学的研究视野倾向于"更多地关注地方上的人们如何运用他们的创意和能量建立自己的身份认同"[2]，因为正是边民的生产生活与文化实践构成了边疆地区

---

[1] 习近平《在全国民族团结进步表彰大会上的讲话》，《人民日报》2019年9月28日。
[2] 刘志伟《地域社会与文化的结构过程——珠江三角洲研究的历史学与人类学对话》，《历史研究》2003年第1期。

的社会结构与文化空间，边疆民族的家国情怀，是增强国家认同、铸牢中华民族共同体意识的心理基础。

中国京族分布在北部湾海域东兴市江平镇及东兴镇沿海一带，主要聚居在巫头、沥尾、山心的近海岛屿与周边的竹山、谭吉、红坎、恒望、寨头、瓦村、米漏和三德等地。因京族人口以巫头、沥尾、山心为最集中，又有"京族三岛"之称。东兴与越南社会主义共和国广宁省芒街县隔河相望，北仑河口是中越陆路边境的起点，陆地边境线27.8千米，海岸线50千米。"东兴"这一地名，也是因其兴于北仑河东岸，与越南的边境贸易发达而得名，曾有"小香港"之称。1958年5月东兴各族自治县成立，经国务院批准，"京族"正式定名。同年，国务院把东兴列为国家一类口岸；1992年，设立国家级东兴边境经济合作区。现在东兴市辖东兴、江平、马路3个镇，行政区域总面积549平方千米。

2014—2016年期间，笔者在京族三岛调查中多次听京族老人们回忆，他们祖先最早是中青年男性在出海打鱼，在追赶鱼群途中发现这一水草丰美的岛屿，于是返回家带着妻子或者父辈兄弟举家移居于此。抱着对美好生活和安稳家园的向往在此开辟家园、立祠建房、落地安居。在每年京族最为盛大的传统节日哈节当中，都会在哈亭庄严神圣的仪式中唱起京族迁徙史歌，讲述着各自的祖先筚路蓝缕、同心共誓、建设家园的故事：

　　　　大家同心共发誓，克服困难建家园。（《沥尾京族史诗》）

祖先誓言要牢记，齐心协力建家园。（《巫头史歌》）

祖先住此心满意，此处是个好地方。（《山心史歌》）

在史歌唱述中不难发现，京族人的家园开发是因为其祖先顺着洋流、追逐鱼群来到了一个好"地方"，这里依山傍海，滩涂平坦，周边有安居乐业的人群，京族祖先根据自然形势和周边环境确定可以在此开创家园，既可有稳定的乡土社会，也可依靠传统的海洋生计。于是祖先们接来妻儿家眷，共同克服困难、齐心建设家园，终于在今天京族三岛的土地上深深植根。巫头、沥尾、山心3个村落的京族人流传着相近的神话传说和史歌唱述，可见，京族文化结构必然带有着"土地"与"海洋"的双重性。[1]

家园是人类栖居生命的实体空间，也是人类涵养精神的文化空间。滕尼斯《共同体与社会》一书中就指出，"家庭的理念是对共同体之现实性的最普遍的表达"，"共同体的生活是相互的占有与享受"，而"占有和享受的意志就是保护和捍卫的意志"。[2]由此，我们就不难理解京族地区为何流传着诸多保家卫国、抵御侵略的英雄传说。在中国近现代进程中，京族人民为了抗击法国殖民者的侵犯，与中国各族军民浴血奋战，

---

[1] 黄玲《村落在国境上：跨境民族京族的乡土植根与国家认同——基于广西防城京族三岛巫头村的调查》，《贵州社会科学》2018年第10期。

[2] ［德］裴迪南·滕尼斯《共同体与社会》，张巍卓译，商务印书馆，2019年，第102—103页。

护佑边疆。京族三岛之一的沥尾村村民苏光清在任统领期间，曾率领军民在沥尾岛阻击西方不法商人装运鸦片的船只，打击海盗，保卫家园，同时促使清政府当局划定北部湾海面西至竹山江口、东到白龙水口、南抵白苏公石礁海域为三岛京族海上作业区。在19世纪70年代法国侵占越南并侵扰中国南疆海域时，沥尾村的杜光辉组织一支由数十名京族人组成的队伍参加黑旗军进行抗法斗争。京族三岛经历了中法战争以前中越边境的"飞地"到中国边疆领土的身份转变，京族人从家园开发转向了守土有责，从而强化了京族作为中国人的国家认同与国家意识。

回溯族群历史，京族作为跨国迁徙的族群，战乱频仍、做海为生的动荡生活与现实家园的缺失，使得其在生产与生活、想象与叙事中强化了海洋/土地的生存诉求，也使得"家园"成为非常重要的情结，自然也就真实体现在对居所安置、生计调整、边界划分、祭祀活动等空间格局的具体建构上。在京族人的观念里，虽然以海为生，但海洋变幻莫测、充满风险，因此更渴望在坚实土地上建构稳定家园。土地，是京族人的生产资源与生存家园，也象征着国家的领土完整与边疆稳定。老一辈京族人深深明白土地所蕴含的重要意义，希望能够通过哈亭祭祀的神圣仪式，哈歌唱述的感人故事，对年轻人进行族群传统的教育与引导，使得祖先的土地意识得以深深铭记，京族的家园遗产得以代代传承，而国家的边疆家园也更为牢固坚实。正如笔者在沥尾哈节时，与迎神路上的一位黄姓京族老人聊天时，老人讲的：

我们祖先早年来到这里开创家园,是因为有树荫的地方就适合生存。人是这样,鱼也是这样。所以我们京族人这些年依靠党的政策过上了好的生活,党的政策就像这大树的树荫一样。[1]

二、家园遗产:哈节的创造性转化与创新性发展

哈亭是京族村落的神圣空间,除了哈节期间,其他时间是不向公众开放的。"哈"来自京语发音,在京语里有两层意思:一是"吃",与哈节期间有盛大的祭神和乡饮等仪式活动有关;一是"唱",哈节期间,村里的哈哥和哈妹集中在哈亭里向神敬香献歌献舞的"唱哈"活动。哈亭集神庙和宗祠的功能于一体,每个京族村落都会在村落中心建有哈亭。哈亭里面供奉着镇海大王、高山大王等神灵以及京族祖先的牌位。在广西防城港地区京族三岛的巫头、山心、氵万尾等京族村落中都建有哈亭。巫头和氵万尾的京族群众使用"哈亭"的叫法;而在山心村,人们将作为哈节活动主要场所的亭子叫作"吃亭"。2006年京族哈节经国务院批准列入第一批国家级非物质文化遗产。随着非物质文化遗产保护在地方的推广,在京族村落附近的京汉共居的红坎村,也新建有哈亭。在越南芒街的茶古坊,也保留有一座500年历史的红木哈亭。在一些节庆日子里,中越边民会相互邀约到哈亭参与对方的仪式活动,进行文化交流,

---

[1] 2023年7月,在哈节迎神的路上与京族黄姓老人的交谈。

增进双方感情。

哈节作为京族人最重要的传统节日，其起源是为了纪念帮助京族人消灭海上蜈蚣精的镇海大王。每个京族村落每年在特定的时间举行隆重庄严的仪式，将镇海大王从海上迎到哈亭中，经过将近一周时间的酬神娱神活动，再将镇海大王送回大海，最后封杆关闭哈亭，哈节整个流程方告结束。也有传说这样讲述，说是古代有位歌仙来到京族三岛，以传歌为名，反抗封建地主的奴役与压迫。后来京族人为了纪念歌仙，定期在哈亭传唱哈歌。每年农历六月中旬到八月中旬，是京族三岛哈节举办的时间。负责哈节组织筹办和现场指导的是以亭长为首的翁村组织，全村实行轮值制度，各家各户派出代表共同参与哈节全程活动和祭祀神灵的仪式，根据年龄承担不同的角色分工。每当哈节期间，全村京族人在哈亭里祭祀神灵，举行唱哈和乡饮等集体活动，共同商议全村大事。在哈节活动中，体现出京族人尊老爱幼、邻里互助的良善的乡土伦理，也是京族人家男性青年的成年仪式。

社会文化是流动，在全球化时代更是如此。非物质文化遗产的主体是社区、人，在历史上，族群和人员的迁徙流动经常发生，也带来了文化的流动与交融。因此对于非物质文化遗产，我们要持开放、动态的视域，也观照其共有事项的共享价值与共生语境。京族是我国人口较少民族，也是中华民族共同体这一大家庭中不可或缺的一员。作为海洋民族，以海为生的京族民众，在开发海岛、建设家园的过程中，既构建了深厚的祖先记忆和家园意识；也在植根土地、守护家园的过程中，激发出强烈的家国情怀与国家认同；在新中国民族平等与民族团结的政策下，京族与附近的汉族、壮族、瑶族等多个民族奏响和谐相处、共同富裕的新时代乐章。

京族经历了从海洋漂泊到乡土植根的演进脉络，所展现的京族文化传统深厚、特色鲜明，内涵丰富，京族民众对自我文化的热爱坚守与自觉保护，保留下许多生动感人的文化传统与文学生活。诚如京族老人苏维芳所言："凡是历史上用字喃和汉字抄写的碑刻、文书、文献，以及京族民间口头传承的神话、传说、故事、歌谣等，均是京族文化的宝贵资料。"[1]

在众多的礼仪标签中，哈亭和哈节是最突出的文化符号。2006年6月，京族"哈节"被列入首批国家级非物质文化遗产。通过钩沉历代的史籍文献，并在田野调查中积极翻检神话故事、史歌唱述、喃字文本、铭文碑刻、影像记录等相关资料不难发现，京族哈亭与哈节相伴而生，从无到有和恢复重建，历经波折。在这个过程中，是京族民众、国家话语和知识分子形成的"共同体叙事"，大致可分为以下几个阶段：

第一阶段：初创，京族祖先从越南渡海移居到中国北部湾海域的半岛上，开创家园，史歌中唱道"建亭立祠"。

第二阶段：恢复，京族哈节在"文革"中被视为封建迷信被压制，到20世纪80年代，广西民族大学范宏贵教授受国家民委的委派，来到京族三岛，通过广泛征集民间留存的影像图片、口传传唱的史歌等信息来复原哈节的相关流程和细节，帮

---

[1] 2015年5月在京族三岛调查中对苏维芳老人的访谈。

助京族民众重新修建哈亭。

第三阶段：发展，随着改革开放，京族通过出海捕捞、近海养殖和边贸旅游等生计的多元化，生活日益富裕，不仅扩建了哈亭等硬件设施，还搜集整理了喃字史歌等大量活态传承的非物质文化遗产。

第四阶段：兴盛，标志性的事件就是京族哈亭2006年列入首批国家级非物质文化遗产名录，每年哈节吸引了大量的客商、学者、游客前往观摩。

可以说，京族哈亭和哈节的历史，是集合了生活实践、族群记忆与国家历史等多种事件与场景，共同构成了"中华民族共同体"的叙事话语。

2023年农历六月初九到十五，京族三岛沥尾村哈节呈现出民间与官方共建的新面貌。此次沥尾京族哈节冠名为"我们的节日"八桂民俗盛典·京族哈节暨2023年东兴市文化旅游节，纳入中国民间文艺家协会的品牌活动"我们的节日"系列活动当中，从"我"的节日提升为"我们的节日"。这既是京族文化的海洋魅力赢得更广泛的关注与参与，也是铸牢中华民族共同体意识依托民俗节庆的认同机制实现的多民族的情感共振和价值共享。

在哈节前一天，各种庆祝活动已经有序展开。六月初八晚上，在哈亭右侧，"小小刘三姐"的舞台已经唱响。在这个舞台上，唱响的不仅有京族民歌，还有壮族、侗族等民歌共同在夜空中唱响，在小歌手们童真的心中点燃了民族艺术五彩斑斓的梦想之花。在观摩京族民众盛大的迎海神与祭神唱哈的活动后，来自全国各地的文艺工作者和专家学者，联合东兴当地的文化部门，共同召开了"北部湾民族文化传承与京族发展研讨会"，大家围绕着中国多民族交往交流交融与非物质文化遗产的创新传承、京族文化品牌打造、人才培养、文旅融合等相关话题展开热烈讨论，为东兴京族发展集思广益、建言献策。二十六日晚上的"北部湾之韵"的舞台上，有来自广西、广东、海南等地和越南、印尼等东盟各国的文艺志愿者约120人同台献艺，展现了中国—东盟的丰富多彩、跨国共享的民间艺术景观。

中华民族是一个命运共同体，历史上各民族共创中华文化，共同开发历史疆域。新的时代背景下，京族这一边疆族群的家园空间与家园遗产也得到了国家的重视与扶持。由此可说，京族文化是中华民族文化重要的组成部分，既呈现出海洋的流动性、开放性，也带有土地的多样性和包容性。由此，在中华民族共同体视域中的京族非物质文化遗产，是京族同胞参与中华民族共同体建构的过程中，多民族交往交流交融而生成的家园遗产。在此基础上，我们接下来要做的就是讲好京族的五个故事：一是以海为生、建设家园的故事；二是守疆护边、爱国向党的故事；三是富民兴边、乡村振兴的故事；四是民族团结、铸牢中华民族共同体的故事；五是中越友谊、边民亲睦的故事。

三、共享非遗：中国—东盟区域文化与人类命运共同体

文化遗产作为一种竞争资源，使得多数国家在操作过程

中多立足民族国家立场进行遗产认同与保护。由于各国理解认识不尽一致,极易引发误解与争端,危及国家安全与区域和平。"家园遗产"能够解决这一困境。彭兆荣指出,对"人类遗产"进行保护必须超越民族主义的利益偏狭,这需要从价值观上进行认同,由此提出"家园遗产"的概念,强调遗产的历史性生成逻辑和表述形式,凸显遗产的原生性、关联性和整体性。[1]张颖则基于区域知识的整体生态观出发,认为研究既可以还原,也可以超越"村落—社区—民族—国家"的范畴,有利于我国的遗产事业超越特殊的、独特的"普遍利益"形式,建立基于生命需求的"普遍交往"新模态,将所有人都视为共享区域知识经验的主体成员的"人类命运共同体"。[2]

在京族三岛,举办哈节的时间一般是按照本村哈亭建成的时间及全村人共同商议来确定的,沥尾村为每年农历的六月初九至十五,巫头村为八月初一至初七、山心村为八月初十至十六,而笔者曾于2015年5月在京族三岛地区调查时偶遇红坎村的哈亭落成,也就是红坎村哈节的时间。由于不同的村落(哈亭)举办哈节的时间各不相同,因此每个村落在举办哈节,其他村落都得以参加,或是增添热闹氛围,在关键时候,还可以发挥互助互惠的作用。同时,哈节不仅是中国东兴京族的盛大节庆,在越南芒街茶古坊的农历六月初,也会举行一年一度的

---

[1] 彭兆荣《家园遗产:现代遗产学的人类学视野》,《徐州工程学院学报》2013年第5期。
[2] 张颖《基于区域知识的整体生态观——人类学区域研究视角下我国文化生态保护区的理论与实践反思》,《贵州社会科学》2022年第1期。

哈节盛会，其内涵也是全村老少齐聚，祭神唱哈乡饮，祈祷丰收平安。在哈节期间，中越两国边民还以"亭"为单位，相互邀请其他村落的人员到哈亭相聚，受邀请的村落就又亭长组织本村的德高望重的长者和哈哥、哈妹前往，参加哈节的迎神祭神仪式，以及唱哈跳哈、演奏独弦琴、乡饮等活动。

在笔者进行田野调查的过程中，就观察到哈亭之间相互帮忙的信息。东兴京族恢复哈节初期，就邀请越南的哈妹来传授唱哈和花棍舞等舞蹈。苏春发还带领其孙女在越南茶古坊哈节上演奏独弦琴，其对独弦琴的改造和自己创编的乐曲，受到越南京族人的喜欢并学习。在2015年红坎哈节，红坎村新建的哈亭刚刚落成，而这个哈亭原址是百神庙，红坎村因为京族哈节获得了国家非物质文化遗产，因此他们也通过与沥尾哈亭沟通后，就邀请了沥尾哈亭的人员来指导相关的仪式和流程。而沥尾哈亭的亭长、国家级非物质文化遗产独弦琴传承人苏春发老师则表示，他们很乐意过来帮助红坎举办哈节，因为大家都是京族人，都在一个地方生活，大家相互帮助，弘扬京族文化。2023年的沥尾哈节，因为本村的好几个哈妹家里有红白事，按照规定不能进入哈亭进行唱哈，于是山心村就来了3个哈妹来弥补。

非物质文化遗产具有包容性和共享性。2003年联合国教科文组织颁布的《保护非物质文化遗产公约》中就指出，保护非物质文化遗产是人类的普遍意愿和共同关切，特定的社会实践、观念表述、表现形式、知识和技能依然是各自社区、群体或个人不可旁贷的责任，同时也承认在不同的社区存在着持续不断地借鉴和共享非物质文化遗产的事实。在《公约》作出的"非物质文化遗产"定义中，提出的"包容的"（inclusive）相关表述就涉及"共享非物质文化遗产"：

> 我们可以共享非物质文化遗产的各种表现形式，这些表现形式可能与其他人的实践相似。无论是来自邻近的村庄，还是来自世界另一端的城市，甚或被已经移徙并定居在不同地区的人们所改编，这些文化表现形式都是非物质文化遗产：世代相传，随着环境的变化而演进，为我们提供认同感和持续感，并通过现在将我们的过去和未来连接起来。[1]

除了"包容性"，非物质文化遗产还具备了"共享性"。此种"共享性"包含有两个面向：

> 一种情况是相同民族由于历史原因，在不同的社会环境下分别传承和存续共有的传统文化事象。……另一种情况是不同民族或人群的共有：就是一个社群或族群经过流传、吸纳，将其他社群或族群的异质文化接受过来，使异质文化变成自己文化的一部分。[2]

---

[1] 刘魁立《非物质文化遗产及其保护的整体性原则》，《广西师范学院学报（哲学社会科学版）》2004年第4期。
[2] 刘魁立《非物质文化遗产及其保护的整体性原则》，《广西师范学院学报（哲学社会科学版）》2004年第4期。

全球化促使世界联结为一个命运与共的地球村，随着"一带一路"倡议的推进，边疆地区作为区域的联结与通道，与和平发展、生态文明和人类命运等重大世界问题紧密相关。习近平主席对中国东盟合作提出5点建议：共建和平家园，共建安宁家园，共建繁荣家园，共建美丽家园，共建友好家园。跨国共享非物质文化遗产的持有者，虽分属不同国家的民众，都有保护和传承的责任与义务，这也是对人类命运共同体的贡献。以此来观照京族哈节，中越两国京族的交流、互动、采借，达成了共有、共享和共生，其中所包含的崇天敬海的生态观，以及植根乡土、守护家园的生命观，更是展现出可与整个人类共享的遗产价值。

四、结语

在中国—东盟的区域框架内，以哈节为代表的东兴京族文化进行了创造性传承与创新性发展：海洋与土地的互动共生，边疆与国家的守望相助，在京族三岛乡土植根的历史空间里，呈现出家园景观、族群传统与国家认同之间的紧密关联，这是中华民族共同体发展历程的生动实证，是铸牢中华民族共同体意识、实现中华民族伟大复兴的巨大助力。作为世代生活在区域之联结与通道的边疆地区的京族民众，通过神话叙事、哈节唱哈和祭祀仪式等文化（再）生产所提供的"地方"与"地方感"，也为中越两国的民心相通，为构建"一带一路"倡议背景下的中国—东盟命运共同体和人类命运共同体提供经验借鉴。因此，讲好边疆民族团结进步的故事，有助于构建中华民族共同体对外叙事体系，一定程度上可以增加政治互信与民心相通，从而避免或化解矛盾与争端。

论雷州半岛汉族民歌

黄祖洁[*]

雷州半岛是中国三大半岛之一。它东濒南海，西临北部湾，南隔琼州海峡与海南相望，北连大西南，居粤、琼、桂三省（自治区）交汇点。岛内划分为10个县（市）区，讲雷州话人口近600万人，据《雷州传统文化初探》一书载文："唐、宋、明时期从福建莆田等地迁徙到雷州半岛的汉人，长期以来与土著越人的后裔俚人交错杂居，不断发生文化的互动，形成了雷州人。"雷州方言属于闽语系，早期可追溯到汉魏时期以前的吴语，此时讲吴语的先民大部分聚居于福建的莆田、泉州、漳州一带，吸收了当地土著居民的语言演化成闽语。唐代以后，福建的闽人陆续地向广东潮汕方向迁徙，闽语的地域扩大也促成了闽语（俗称福佬话）的分化和潮汕方言的出现。到元明之际，潮汕话已完全从闽语分化出来而成为一支独立的次方言。而雷州的先民从福建迁出后，一部分到了潮汕，一部分

---

[*] 黄祖洁，雷州开放大学戏曲艺术客座教授。

继续向粤西的雷州半岛海康、徐闻、遂溪、廉江、电白和周边的县份及海南岛上部分地区分布定居，由福建迁来的大批讲闽南"福佬话"的群体，其政治、经济和人文风尚都挟带来巨大的优势，促使"蛮言"的俚人逐渐汉化，语言上产生融合而出现雷州话。

雷州话通行范围很广，是雷州半岛及周边地区人民的日常生活使用语言。今湛江市属的雷州市、遂溪县、徐闻县、麻章区、东海岛、廉江市南部、桂东南等地都通行雷州话，国内人口覆盖800多万，海外人口约150万，以雷州话为基本特征的"雷州文化"与"潮汕文化""客家文化""广府文化"构成当今岭南四大地域文化。为广东省四大方言之一。

一、雷州民歌的产生与流传

雷州半岛汉族民歌，以雷州话演唱。它与客家民歌、潮汕民歌、广府民歌合称为"广东四大方言歌"，分布于雷州半岛10个县（市）区以及新加坡、马来西亚、印度尼西亚等东南亚国家的雷州籍华人（侨）地区，有其产生与流传的历史。

雷州半岛建制于秦朝，属象郡，当时是百越人居住。至东晋时期，闽南汉人开始迁来雷州半岛。今天所唱的雷州歌肯定不是汉族人祖先来雷州后才开始学会唱的歌。贾芝在《中国歌谣集成·总序》里指出："从原始社会起，歌谣就一直伴随和记载着历史……民歌，简直就成为那个民族诞生、迁徙、劳动、生存等一部口传的历史"。这不难看出汉人祖先在闽南时就有歌存在了。现在的雷州半岛大多数居民都是闽南先民的后裔，雷州方言就是闽南语系的雷州语支，闽南民歌传入雷州半岛后，跟土著文化及周邻文化、外来文化的长期交流、互相渗透，已逐步形成了一种既古老又新颖的独特雷州半岛汉族民歌，即雷州歌（俗称"雷歌"）。

进入21世纪之初，笔者作为特邀编辑协助已故的国家级非物质文化遗产雷州歌传承人何希春主编《雷州歌大典》时搜索到大量的雷歌历史文献资料，通过《廉江县志》获悉："今操雷话的人，其祖上主要来自福建南部的旧兴化府、泉州府、漳州府。主要是朝廷命官和家眷迁徙定居下来的，分布在横山、河堤、龙湾、良垌、新华等地，约有人口20多万。但一贯以来，世人都认为雷歌是三雷（旧雷州府管辖的徐闻、海康、遂溪）区域的传统民歌，而遗忘了廉江横山区域（旧属高州府）的雷歌。（见莫兴梓、何谋《廉江横山雷歌发展概况》）。"其间，得到何希春曾经考察过的廉江市、原湛江郊区的东海岛和海南省属闽南语系的民歌及相关史志资料，便可印证，如在横山一带搜集到古代几首这样的雷歌：

> **死在洛阳渡**
> 妮妹死在洛阳渡也无棺材也无墓
> 无人拜扫嬉坟墓葬在深潭无锄土
> 你嬉死在洛阳渡水做棺材浪做墓
> 鱼虾拜扫嬉坟墓龙身归潭无归土

以上的歌在三雷也有，但横山的歌既有"洛阳"，也有"洛阳渡"，因为福建省泉州地区有洛阳河。可见这歌是带着地名流传过来的。

又如在编雷州歌大典搜集资料时，发现廉江横山一带与雷州企水一带竟有同一首反映水上居民的雷歌：

水妃托船船托缆缆妃托帆帆托风
床妃托席席托枕枕妃托娘娘托人

再看海南省的民歌：

求爱

男：欲想吃烟又无火想吃槟榔又无灰
　　欲想做糟又无饼欲想交情又无媒
女：哥你吃烟侬点火哥吃槟榔侬抹灰
　　哥欲做糟侬送饼哥想交情侬做媒
（注：侬，我的谦称）

还有许许多多这样的雷歌，不但雷州半岛有，而且海南也有，见《中国歌谣集成·海南卷》前言："海南汉族方言以闽南语系的海南语为主，海南方言民歌其源头当是闽南民歌在海南的流传和发展。"那么，雷州半岛汉人祖先带来的民歌到雷州后有否记载？请看宋宁宗开禧元年（1205年），雷州教谕李仲光撰写的《重修御书楼上梁文》，就有"听取欢谣，敢陈善颂"。这和我们前人编写的《杂字》中写道"雷州歌谣,八百年号"是一致的。足见雷州歌在宋代已十分流行了。从中演化分流支出而"姑娘"歌则流行500年以上,笔试赛歌的榜歌、雷州歌剧的延续至今也有200多年。

雷州歌就是记载着雷州人民生存、劳动、生活的斗争史。雷歌的思想内容体现出雷州半岛的地理风貌以及州人民的生存方式、劳动生产、家庭生活、爱情婚恋、历史人文、伦理道德、风土习俗、娱乐戏谑、丧白喜庆、政治时事等。雷州各个领域、各个阶层的人们都喜欢唱雷歌。

二、雷州民歌的种类与沿革

雷州民歌是流行于雷州半岛的民间音乐,即可以演唱的雷州歌曲调。它的形成与发展,目前因缺乏史料,无法进行考究,但根据原海康县人,清光绪丙午年即1906年优贡黄景星说:"土歌未有言及明代事实者,大约由里谣变成歌体之时,总不出于清之雍康间的1662—1735年"(见《雷州歌谣话初集》)。有史可据,被称为雷歌颂神对唱发源地的原海康县麻扶村的陈昌竹先生(生于清朝同治十三年,即1874年)说:"雍正十三年,即1735年五月初一就开始用《颂神歌》来颂神。"又从民间流传的《颂神歌》纸质刊载的歌册,可见就是格律化的雷歌雏形,可以诠释清朝雍正以后就已有能唱的雷歌在流行,而不能唱的雷谣则更在趋于格律化的《颂神歌》之前。照此推算,雷州民歌的曲调已有300年发展史。

雷州民歌最初的歌谣称为"土风"。土风是一些能朗诵而不能唱的谣谚，其中有三字体、三五字体及一些带韵的长短句，其后逐渐演变为古体歌谣。古体歌谣中有五字体、长歌两种，后来发展到近体歌谣（又叫今体歌谣）。近体歌谣大都是能唱的七言四句体、渐渐地在格律上就严格起来了。今体歌谣继续发展，从中又逐渐分化出各种形式而又自成一系地对唱歌、班本歌（歌剧）、头搭尾歌、榜歌等，但歌谣仍为嫡系，现以1954年中国人民解放军〇五六九部队文工团李浩普同志率领雷歌调研工作队从雷歌艺人以及广大群众的口头所记录，共搜集歌词600余首，曲调200支，浅作探讨。

雷州民歌的种类与沿革可以追溯到由分"土风"到"古体歌谣"再到"今体歌谣"三大历史进程。

第一进程"土风"是最古老的谣谚，这种谣谚因年久散失，遗传到今天者已不多见。古风谣谚没有什么严谨的句格，大都通俗活泼、有韵、只适于朗诵，而不适于歌唱。因手头掌握古风的材料不多，很难做详细介绍，现仅就所知的长短句、三字体、三五字体举例如下：

1. 长短句

六月六淋淋强似曝。
半出日半落雨尼公打锣尼婆舞。
三月北风头四月北风尾五月北风旱如火。

2. 三字体

打千秋解劳忱纺吉贝缝成休公穿下婆穿下公穿破婆又骂。

3. 三五字体

六月秋犁耙慢慢游七月秋犁耙急速收。

第二进程"古体歌谣"中有五字体及长歌，但也因年久失散，流传下来的很少。"五字体"又有《四句半》及《三句半》。

1. 四句半

我本送枕支，何故牵我衣，一母生两女，肯定一人妻？呸呸！

2. 三句半

馆设在雷州，四方来从游，八月中秋后，束脩。

还有长歌比五字体晚出，俗称"歌藤"，因它句长又能婉转曲折尽致。自第二句以下，至尾句以上，虽参差不齐，但仍于隐约另有韵律的正格，也就是后来发展到近体歌谣。

第三进程"近体歌谣"是指能唱的七言四句体，即是随后渐渐地演化而形成了有严格的音韵格律的雷州歌。每首4句，每句7字，有的每句前可加2至3字，称为"歌垫"；第一、二、四句末字押雷州音韵（其中第一句末字不能用阳平字，第二句末字只能用阴平字，第四句末字只能用阳平字）；第三句末字不用押韵，但必须是仄声；第二、四句的第4字是阳平声。人们称之为民间歌谣中的"格律诗"，这种格律接近七绝，唱起来朗朗上口。其腔调自由，喜怒哀乐随心所欲自由唱，如亲人死了，以歌代哭；女子出嫁，姐妹夜里集中，以歌诉情陪嫁唱等。雷州有一句很流行的俗语叫作"一条歌唱到城"，即赶集时沿途接连不断地唱歌，直唱到城镇。这种自由腔调开口即唱，才使雷州歌得以一代代传承下来。

从近体歌谣起，就逐渐分化几个大种类（歌谣仍是嫡系），如"姑娘歌"（对唱歌）、"情义歌"（头搭尾歌）、"榜歌"和"雷州歌剧"（早期的雷剧唱腔）等。基本上是演唱的形式。这些曲调就是雷州民歌的本体形象，况且又分化出不同体裁的结构与旋法。

当然，雷州半岛汉族民歌发祥于海康，用以表达情愫的又是雷州话，往往本地人听得津津有味，看得怡然入胜，然而，外来者或不同地域的雷州人瞠目以视，不知所云，其实无他，方言入歌，口语盈篇，既是它的特点，也是它的短处，所以在不同区域、不同聚居的汉人凭兴趣创编的各种曲体的雷州民歌比比皆是，诸如廉江雷歌、东海嫁雷歌、湛江郊区咸水歌、徐闻山歌、硇州歌等等。

雷州半岛汉族民歌是雷州半岛人民音乐生活的结晶，是集中劳动人民智慧经过千锤百炼不断推陈出新而形成的音乐艺术体裁。它不仅体现了人民丰富的精神世界，表达了人民的思想感情和愿望，也创造了抒发人民喜、怒、哀、乐之情的各种表现方法。

三、雷州民歌的结构与旋法

雷州汉族民歌的构成与旋法（旋律发展方法），只包含着两个要素，即旋律线（或称音高线）和节奏。它源于群众口头创作，即兴而唱、出口成歌，自由清唱，据字生音，至于强弱等要素所构成的逻辑规律及方法有待于再次深入探索。

纵观雷州民歌这一音乐体裁，一般说比较短小、单纯，旋律发展方法与结构形式是不可分割的有机地存在于这个短小、单纯的统一体中。任何一种旋律发展方法，总是通过某种结构形式来实现的。

雷州汉族民歌在结构形式上也是比较完整。虽然不像华北、陕北一些地方民歌的结构与旋法那样富于变化、完整、多彩，况且，每一首歌都有久经锤炼，并在这些地区流行成为固定的旋律。

雷歌汉族民歌的进化发展不快，这与除了雷州半岛地理位置偏僻于大陆最南端，三面环海，物产不富，与海外商业联系也较少，而造成在文化交流上的困难等原因之外，又加上雷州三县一府的语言独成一体，其音乐的交流更是受到了语言的限制。虽然它的曲调旋律和演唱形式还是比较简单，不论是歌谣、劝世歌、对唱歌和雷州歌剧等等，它的旋律基本是一种体裁，但是它有生动的雷州语言节奏和丰富的生活节奏作为与曲调旋律节奏的有机结合，并通过一定的民歌结构与旋法来加以体现，在一个基础的曲调上发展变化起来就逐步形成了较为完整的结构与旋法。

雷州歌旋律是歌唱性的旋律，既能表达某种乐思，又能在听感上占有主导作用的主要性的旋律。不同的旋律发展方法，形成各种不同的结构形式，不同的结构类型，也体现了不同的旋律发展方法，两者相辅相成，相得益彰。因此，研究雷州汉族民歌的旋法，离不开对结构的剖析。同样，研究雷州汉族民歌的结构，也离不开对旋法的分析。本文就是从这一指导思想出发，只针对雷州歌固有的传统四句体结构与旋法的曲式，进行探讨与研究。同时，以书面展示几种演唱形式不完全相同的旋律简谱而作为辅助以说明：

第一种以"6"音为主音"口头歌"的《婢女苦》谱例。

上例旋律进行平稳，节奏有如朗诵节奏，多半是一字一音，一般是用八分音符唱一个字，有进则长一倍，以四分音符唱一个字，常在二、四句中的几个地方用长音，它的曲调和语言紧密结合，其主题没有作更多的发展和夸张，就是用这些简单的淳朴的素材抒发自己的情感。这是一首典型的由四个乐句组成的"起、承、转、合"型的四句体乐段结构的民歌曲式，除了体现在旋律线、节奏等的对比统一外，其重要特征如下：

（1）落音的调式功能意义。四个落音的关系是按一定的调式功能逻辑进行的。如第一、三两个乐句结束在不稳定的音级上，第二、四两个乐句结束在稳定的音级上。具体表现在：第一乐句结束在上五度音级的属功能上的居多，第三乐句结束在上二度或上四度音级的下属功能上的居多，第二和第四两个乐句；一般都结束在主音上。

（2）第三乐句，一般说，是起对比作用的，它在音调上、结构上、旋律线上、节奏上等方面，与前后形成一定的对比关系。

（3）第二和第四两个乐句除结束在相同音高的主音外，还有某些共同的地方，如有某些相同或相似的音调，或者第四乐句就是第二乐句的重复或带变化的重复。

第二种以"2"为主音的"姑娘歌"男、女声对唱的"杨桃生来稔对稔"谱例。

这是雷州民间演唱艺术的一绝，有如东北民间演艺"二人转"，一男一女，男的艺名叫"相角"，女的艺名叫"姑娘"，因以女角为主，故定名为"姑娘"歌。他们俩互相对唱，唱是清唱，是即兴而唱，边演边唱，演唱程序固定。歌词内容登台而定，相机变化，有如电影《刘三姐》那种斗歌形式，互相逗趣、互相攻击、互相驳难，以歌艺取乐观众。每到一地演出，演员是一至四对，男、女临时配对，一对唱完另一对再登台。有时群众歌手的歌兴一起，也可登台找某一演员（一般是女演员）斗歌，这叫作"捞台"。有的村庄为了助兴，用钱特请民间歌手同"姑娘"斗歌。旧时雷州人也称之为"唱歌碰"。一边编词，一边歌唱，主题内容，临场发挥，出口成歌。即一人唱时另一方对唱人可以争取时间考虑内容如何对得上，既要通俗、生动，又要合辙、押韵，可是，彼此间歇时值不宜过长，于是他们相互之间就选择了几处可以被允许、结合着情绪的需要，以旋律上的伸长而形成了拖腔。这样日久的歌唱形式便形成了对唱的旋律。如选自《姑娘歌》男女声对唱歌：

杨桃生来稔对稔
雷州汉族《对唱歌》

演唱：周定状
记谱：詹南生

上例《杨桃生来稔对稔》对唱歌的旋律就有如下几个特点：

（1）开始以两个衬字"啊、呃"和对方搭腔，接应下来，仍未考虑好，还可以用这一个"呃、呀"搭腔的时间再考虑一下。

（2）在整个编词造句中，差不多每句词的前四个字都用八分音符一字接一字地唱出来，因前四个字还没到句尾，可随便拖延长一些时值，后三个字就不同了，除了考虑内容外，还要快捷寻找韵脚字来考虑押韵。

（3）第一句旋律结构调整是最重要的，不单于考虑选择歌韵，还要把后面的二、四句的韵脚字考虑一下，因此在第四、五字中间和在第五、六字中间加上衬字、拖腔，当考虑好了第七个字，便一口气唱了出来。

（4）第二句更加困难一些，它要押第一句的韵，因此在第七字前或第六、七字前加上衬字，况且用相当长的处长音来拖时间，仍是这样，当考虑好了唱出第二句第七字的韵脚字，马上就接唱第三句了。

（5）第三句不需要押韵，节奏收紧，又来一气唱下去了，有时第三句第四个字稍作长些时值，常常落音于弱拍也可以看出考虑的痕迹。

（6）第四句要押韵，后三个字拉开距离，用衬字来填补空隙，这还是说明需要时间考虑，之所以对唱歌的旋律每句比歌谣的旋律伸长了。

除此之外，经过艺人长年的演唱，随之技巧熟练，自然要求自己唱得再富于精彩的变化，更能使观众满意，必然使得拖腔有长有短，情绪不尽相同，产生了一些变化旋律。如：选自中国人民解放军〇九六五部队文工团刊载于《雷州歌介绍》一书中的A、B二例：

A例

$0\ 5^2_7\ |\ 5^5_6\ 6\ 3\ |\ 6\ 5\ 3\ 2\ |\ 2\ -\ |^6_5\ 3\ 5\ 6\ 7\ 6\ 5\ |\ 3\ 0\ 6\ |\ 5\ 3^3_5\ 1\ |$
呦　娘只识片　呃　　　　就　　　　　啊　向片

B例

$5\ 6\ |\ 5\ 3\ 5\ 6\ 7\ |\ 6^{-3}_5\ 3\ 0\ |\ 5\ 6\ 7\ 6\ |\ 6\ 6\ 5\ 3\ |\ 5^3_5\ 0\ |\ 0\ 0\ |$
啊呦　红红头绳　呃　　乌　呃　　呃　　乌臀

从"对唱歌"旋律中，可以看出它在音符使用的技巧上有些发展，它的旋律比"口头歌"更富于变化，并突破了五声音阶，在"2"调式中的回音上运用了si音（"7"），在"6"调式中有时运用了Fa音（"4"），不过效果不如si音（"7"）用得好，却成了六声音阶，不过从整体艺术内部组织的表现力上看，以上对唱歌并不比"今体歌谣"有什么新的提高。

雷州歌词曲的结构，在大多数情况下是一致的，如一句歌词配上一个乐句的曲调。但也存在着不一致的情况，如有些在一个乐句的曲调里，配上两句歌词，或用一句歌词填在两个乐句的曲调里。因此，歌词不能作为划分音乐结构的主要依据，划分结构主要还是依据曲调的内部组织。

第三种以"2"为主音"颂神歌"的谱例。

"颂神歌"，据业内人代代口耳相传的传说，它是"神"业礼教的一种歌唱形式。以"姑娘歌"源于今体歌谣的"口头歌"唱法来唱，如上述最为常见的是二人互问互答的歌唱形式，随着其内容必然丰富。应是在民间诞生，再从朝廷宫内求神驱邪来救治病人开始，正式命名，作为演唱职业推回民间。雷州"姑娘歌"的诞生并且得以绵延至今有赖于"颂神"。后在演唱过程中不断摸索经验，充实内容，日趋完善，最后形成了一套演唱表现形式。

首先是颂神。登台演唱前，所有演员都跪在神坛前，轮流清唱，内容有酬神、祝福、还愿等。但多是神诞年例演出，其内容皆是歌颂神灵，求保境宁人、六畜兴旺，这是第一种表现形式。

其次由"颂神"到"人神共乐"。内容是以说教兼娱乐为主，一对唱完另一对登台接唱。他们演唱一般分为三个阶段：

第一阶段：互相谦让，客套；

第二阶段：谈情说爱，互相逗趣；

第三阶段：辨景对擂，寸步不让。是整台"姑娘"歌的压轴戏。

再次是因演出是通宵达旦，双人对唱疲于应对，加上内容也会变得单薄乏味，后来就改为辅演有人物有情节的故事。这时便由多名演员（最多8人）扮演各种角色来演唱故事歌，从此却派生了"劝世歌"，这是"姑娘"歌的第三种表现形式。从这三种表现形式中，我们可以看出：先有"颂神"歌，才有"人神共乐"走上男女对唱的正式"姑娘"歌，劝世歌只是一种补充形式。如：选择自尊崇为雷剧声腔体系创始人陈湘搜集到的一首以"2"为主音的《颂神歌》唱段。

```
6 - | 6 3 1 5 | 6 5 3 0 6 | 6 - | 5 6 5 3 3 2 | 1 3 3 5 | 3 2 3 2 1 2 |
(啊)  宝诞正逢  (啊  呢)         升平世雨顺    风调显

2 - | 5 5 3 2 | 2 1 5 1 2 3 | 2 5 3 | 5 5 5 | 1 7 1 . 2 | 3 2 1 2 |
(呀)   灵  机  五谷丰登  六畜旺  今年呀  堪比尧    年

2 3 1 | 5 . 4 3 | 2 . 4 3 2 1 | 2 - ‖
的舜 (呢)              年
```

这也是一首典型的"起、承、转、合"型的四句体民歌。其第四乐句是在第二乐句变化重复的基础上，扩充了多个小节。

但也有不那么典型的雷州歌，特别表现在四个乐句的落音关系上。如有些雷州歌的第一、二、四三个乐句均结束在主音上，第三乐句却结束在五度音上，但不管第一、三两个乐句的落音关系有什么变化，以雷州歌固有的传统曲体，第三乐句落音是不讲究的，只起对比作用，第二、四两个乐句结束在相同音高的主音上，以及有相同或相似的旋律音调这两个基本特征是不能没有的，失去了这些，所谓"起、承、转、合"型的结构与旋法，也就不存在了。

参考谱例

回 忆
（东海嫁雷歌）

演唱：周定状
记谱：詹南生

1=♭B 3/4
♩=82

稍自由

| 0 0 | (0 3 2 | 1 5 2 3 2 | 3 2 1 | 2̇ ³₂ - | 2 3 2 | 1 5 2 3 2 | 3 2 1 |

| 1̇ 6̇ 5̇ | 6̇) 3 2 | 1 5 3 3 | 3 2 1 | 2 3 2 . | 2 3 2 | 1 5 3 2 | 3 2 1 |
　　　　　呀　日下　西山　天将　暗罗　　　　独坐　门前　情难

| 2̇ 2̇ 1̇ 6̇ . | 3 2 | 1 5 3 | 3 2 1 | 2 3 2 . | 2 3 2 | 1 5 3 2 | 3 2 1 |
堪罗　　　呀　回首　以前　嬉过去　　　呀　抑郁　胸头　自吐

| 2̇ 2̇ 1̇ 6̇ . | 6̇ 5̇ | 6̇ - | (3 | 2̇ 2̇ 1̇ 6̇ 5̇ | 6̇ - 0) |
谈罗　　　衣罗

百姓扬眉掌政权
（遂溪大革命时期雷歌）

演唱：黄 诚
采录：赖德真

1=C 2/4
♩=114

| 3 5 5 1̇ | 2̇ 2̇ 3̇ | 3 5 1̇ 1̇ | 2̇ 5 3 2 | 3 1̇ 2̇ |
入呃了　农啊会　真过瘾那　不怕土豪和　呀

| 5 5 3 2 | 5 5 3 2 3 | 5 6̇ 3 5 5 | 5 1̇ 2 5 3 | 2̇ - |
劣绅　一切　权力归　农会啊百姓扬　眉

| 6̇ 3 1̇ 1̇ | 2̇ - ‖
掌啊政呀权

注：此歌于大革命时期在乐民海山一带流行。

农民大伯学科学
（徐闻雷歌）

演唱：老根
记谱：陈湘

政策放宽好
（遂溪雷歌）

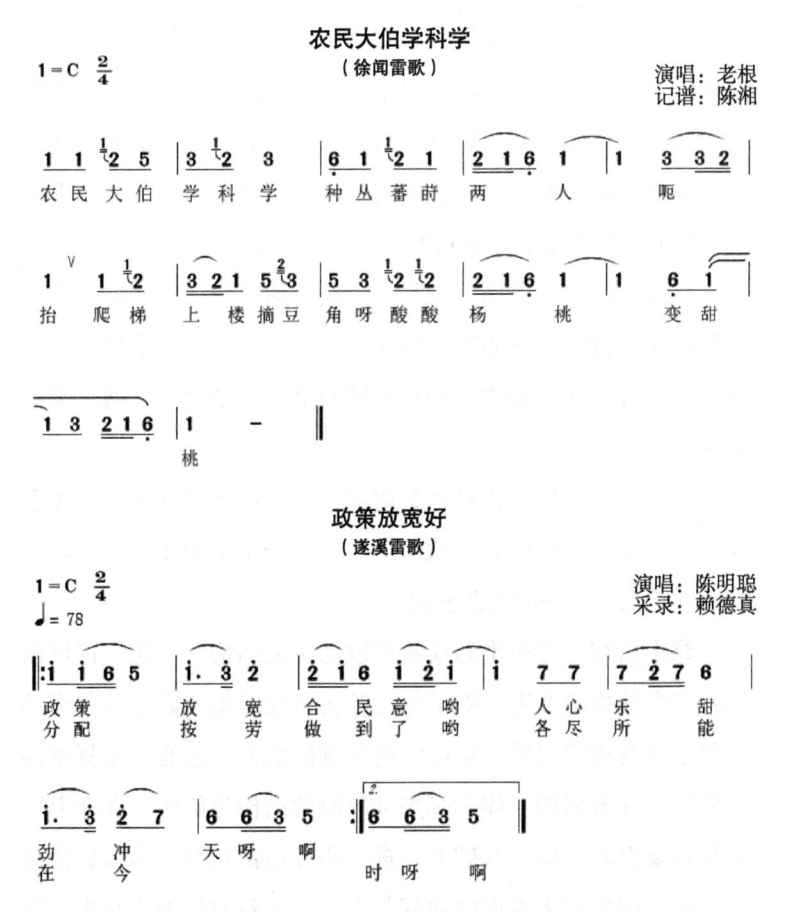

演唱：陈明聪
采录：赖德真

雷州半岛汉族民歌结构与旋法的演变发展历史，目前尚无充分的材料进行考证。但从事物发展由简单到复杂的一般规律，对于雷州歌结构与旋法的来龙去脉加以考察。以前面几首谱例，不难看出，雷州汉族民歌中陈述乐思最简单、最原始仍是四句体，它像萌芽状态的一种乐思，用不断重复来叙述各种事物。

如《政策放宽好》谱例，它是一首典型的四句体结构，在演唱中却当双句体而采用变化重复，加上演唱者有意识地用原来的第一乐句和带变化重复的第二乐句作为一个有机的整体，不断反复来叙述事物时，便形成了重复型的双句体，这时更接近原型的当然不是上、下句的重复型双句体。

又如《回忆》谱例，也是一首典型的"起、承、转、合"型的四句体雷歌，它的第二乐句基本上是重复第一乐句，只是在保持大致相同的旋律音调和共同的落音的基础上，做了某些变化。

再如《杨桃生来稔对稔》谱例，以此例不断反复而犹如形成了有重复型双句体分节歌的结构。这个小小的变化，带来了雷州歌结构与旋法的飞跃发展。

综上所述，雷州半岛汉族民歌的主要结构与旋法，都可以找到与它的血缘关系，除了曾经分析研究的雷州歌最具典型的"起承转合型四句体"乐段结构与旋法之外，还有"重复型四句体""并置型四句体"等多种乐段的结构与旋法，在非上、下句重复型多句体的基础上，进一步开拓雷州歌结构与旋法研究课题，向着更多方面的演变与发展，为新时代的雷州半岛汉族民歌的挖掘、传承和发展多做贡献。

传承保护

初探传统音乐数字化保护与应用

——以数字化重构北部湾海岛民歌为例

郑君胜*

北部湾海岛民歌是北部湾沿海地区劳动人民所创造的一种独具地域文化特色的音乐形式和文化门类。作为北部湾沿海地区人民集体历史记忆和积淀结晶的重要组成部分，它持续推动着北部湾沿海地区传统音乐文化的不断创新与发展。然而，如今，传统音乐文化的保护与传承面临着诸多困境，甚至遭受生存危机。在当今数字时代，以大数据技术为基础的现代科技发展与应用正在影响着人类的各个领域，随着在人工智能"AI"领域的极速崛起，更是颠覆了传统的众多工种与行业，甚至对未来艺术创作的繁衍与传承都带来了挑战。因此，对于传统音乐文化保护与传承领域而言，探索数字技术的应用已经成为必然之选。笔者于2023年3月19日至25日，参加了由中国民协主

---

* 郑君胜，音乐制作人、作曲家、中国民协民族音乐文化产业研究委员会主任。

办,广西壮族自治区民协、广东省民协、海南省民协和广西山歌学会共同承办的"北部湾叙事——滨海民俗与海岛民歌调查"活动,随调研组在广西、广东、海南三地以北部湾范围为主的代表性区域开展田野调查与研究。其间,走访了众多民间文艺家与非遗传承人,近距离观听了该区域的大量民歌,并与同行专家们深入地调查滨海渔民信仰习俗、民歌传承发展等情况,结合当下数字化高速发展的技术背景,笔者对本次调研活动做了一些思考。本文在"北部湾叙事——滨海民俗与海岛民歌调查"活动的基础上,就如何应用现代数字音频技术、虚拟采样技术、全息影像记录、大数据、云计算等数字技术重构北部湾海岛民歌的创作、教学、保护、传播与传承,以打破传统音乐文化发展的局限性。通过对中国式现代化进程中传统音乐数字化保护与应用进行探索,试图构建适应数字时代背景下的方法路径。

  北部湾作为海洋文明的重要发源地之一,是海洋文化遗产的天然巨型宝藏,其中北部湾沿海地区的海岛民歌更是北部湾海洋音乐文化的艺术明珠。北部湾沿海地区的海岛民歌是当地居民表达情感、传承历史和文化的重要方式之一。北部湾沿海地区的海岛民歌通常是通过口头创作和传承的方式流传于民间,并且经过不断的加工和改编,形成了具有当地特色的民间歌曲。这些海岛民歌的美学别具风格,其音乐特征明显,具有独特的民族、地域、生活方式、方言和文化魅力,与当地居民的生活息息相关。北部湾沿海地区的海岛民歌不仅是当地文化的重要组成部分,也是中华民族丰富多彩的重要音乐文化遗产组成部分。针对北部湾渔歌文化进行深度研究、保护传承，特别是数字技术深度融入与应用，这些都具有重要价值，是德厚流光之举。

随着经济的飞速发展，人口的迁徙流变，地域间相对封闭的状态被逐渐打破，北部湾地区受到外来文化的影响不断加深，当地海岛民歌的文化功能在社会发展的过程中不断被消解和重构，在此过程中，数字化技术也逐渐成为新的力量推动当地海岛民歌的不断转变与新形态传播。在过去，因技术限制，人们采用传统方式对传统音乐文化遗产进行保护与传播一直困难重重。在当今，计算机、互联网、大数据、人工智能、云计算等技术的发展和日益成熟，给推进北部湾海岛民歌的数字化存储和保护、数字化共享、个性化传播以及教育传承提供了有力的支持和充分的保障。北部湾海岛民歌的"数字化重构"就是利用先进的数字技术对北部湾海岛民歌的原态进行采集和处理生成可再生的数字资源之后，再通过有效的技术手段对数字资源进行再开发、再演绎的过程，并且最终成果是可以被大众共享和传播，打破传统音乐在时间与空间方面的限制。本文以北部湾海岛民歌的数字化保护与应用为例，通过以下几个方面来探讨数字化重构在传统音乐文化遗产保护中的应用。

一、充分运用当今最先进的文化艺术科技设备与技术，对北部湾海岛民歌进行高标准的全面采集与录制

本次调研中，在对北部湾海岛民歌进行收集整理的时候，

数字化内容信息方面提供相对缺乏，当前更多局限于平面文字的内容为主，对后续的研究保存存在很大的局限性，特别是声音记录的缺失部分更为明显。其实在全国各地的民歌整理中都存在此类现象，只有乐谱没有音响（音像）资料的情况是非常普遍的。正因为声音的缺失，让我们对远古的民歌缺乏更加全面的认识，有时候因为乐谱整理记录员的程度差异、对专业认识不足等特殊情况，很容易导致记谱的失误，再者，音乐的记谱只是记录了一部分的音乐信息，很多细节是在乐谱之外的。在现实中，通过记谱的手段达到与音乐现实完全相符并且完全复原当时的音乐几乎是不可能的，因此通过录音技术储存的方式对音乐进行更加全面的记录是非常重要的。

通过新的技术手段，将声音和乐谱结合，多年来，很多专业人士都在进行深度研究，试图找到最佳的记录手段来保护和传承民歌。正如张莹莹在《让传承回归原貌——谈民歌的记谱问题》中谈道："当前社会是一个科技高速发达的社会，科技的发展为我们带来很多研究辅助手段，因此，乐谱校订工作不能再停留在过去的历史情况下，要具有新时期的时代特点。乐谱校订是基础工作，对校订内容形成图文和录音、录像制品的合辑是非常重要的工作，录音、录像制品能够补充乐谱记录中出现的偏差或遗漏，使民歌传承形成立体可感的资料，做到多途径、多角度的原貌传承。"[1]由此可见，充分运用当今最先进的文化艺术科技设备与技术对北部湾海岛民歌进行高标准的

---

[1] 张莹莹《让传承回归原貌——谈民歌的记谱问题》，《中国民族博览》2015年第8期。

全面采集与录制，是非常有必要的，甚至是在特定时期的重要"抢救"。

从宏观的角度，录音技术针对音乐类的声音记录运用仅是数字技术储存保护的一个重要手段，如果要从更多细节对北部湾海岛民歌进行数字化记录保护，还需要使用更多的数字技术手段来进行，比如通过高清影像（有时候甚至是全息影像技术）对整个艺术空间的多维信息记录。多维的记录从某个层面上来看，更像是数字化的艺术空间重构。其实在国际上很多专业领域，同时运用最新高标准技术设备系统对声音与影像进行多维记录是文化遗产数字化保存（或者说储存成新的数字传播介质）一直都是非常重要的举措。世界著名的谷歌公司（Google）多年来一直在进行的一项重大数字文化项目"谷歌艺术与文化（Google Arts & Culture）"[1]，就是非常典型的案例。该项目于2011年2月1日推出，Google与世界各地博物馆合作，利用Google街景技术拍摄博物馆内部实景，并且以超高像素拍摄馆内历史名画，并可供用户观看。Google借助其搜索、地图、地理定位服务优势，使用街景360度全景图技术，呈现博物馆的内外景观，让用户能随时随地进行线上参观，打造交互体验；使用其超高像素镜头，发布高像素名画，缩放功能（micro-scope view）让用户可以仔细贴近艺术作品详细观摩，因为"十亿像素级图片"可以提供画布的纹理、笔触、灰尘等面对原作时肉眼难以发现的细节，颠覆传统艺术观看方式。通

---

[1] Google "艺术与文化" 项目，网址https://artsandculture.google.com/。

过Google的文化艺术案例，可以看到当今数字技术对文化艺术遗产的保护已非常成熟，其对文化遗产实现了当前最大化的数字化保护举措。在谷歌的文化项目中可见，该项目除了最先进的影像记录技术，还有更多的技术融入其中，比如人工智能"AI"重构与搜索、虚拟现实AR、VR等诸多最先进的技术被充分地应用到该项目中，从这一方面来看，数字化重构不是简单的单一技术深度应用介入，往往是多种先进技术深度融合协作的结果。

对北部湾海岛民歌的保护和新的传承方式，完全可以借鉴当前世界上诸多成功的案例来进行数字化的保护和传承，要打开新视野，敢于引进新技术，借助高科技的力量，充分运用当今最先进的文化艺术科技设备与技术对北部湾海岛民歌进行高标准的全面采集与录制，早日实现北部湾海岛民歌的数字化重构。

二、培养和引进北部湾海岛民歌数字化保护的高端人才，全面解决数字化进程中人才缺乏的问题

在中国式现代化进程中完成传统音乐数字化保护与应用是一项宏伟而又长远的工程，要实现这个目标，其中最离不开的就是这方面的高端技术人才。我们知道，人才是当代科学技术发展的重要引领者，也是经济社会发展的推动者，更是在先进生产力中起着主导作用的因素，可见人才的关键作用。在当今高科技飞速发展的时代中，数字化人才更是供不应求，数字化

的社会发展离不开数字化人才的培养供给。在专业领域，数字化人才通常是指具备ICT（信息通信技术）专业技能和补充技能的人才，他们是大数据、"互联网+"、人工智能、智能制造等多个领域发展的"主力军"。[1]在国内，现在针对文化遗产数字化技术保护这方面的人才相对还是比较薄弱的，到地方上则更加稀缺。未来北部湾海岛民歌数字化保护与开发工作是具有持续性的一项系统性和技术性很强的工作，然而由于该领域缺乏在此方面有经验的数字化技术专家，将直接影响北部湾海岛民歌数字化重构的进程和整体质量，成为数字化进程中存在的突出薄弱环节，因此，这方面的人才培养成为北部湾海岛民歌数字化重构的关键。数字化技术人才其实是高端的复合型人才，需要花费很长时间来培养，针对当前北部湾区域来看，通过"引进先行、培养同进"的模式来进行，可能是相对务实稳妥的一种选择。在数字化重构工作中，北部湾区域加强各个高校、科研机构对北部湾民歌保护与开发数字化技术专业人才队伍的培养，培养的同时引进北部湾海岛民歌数字化保护的高端人才，从而全面解决数字化进程中人才缺乏的问题。

三、构建北部湾海岛民歌数字资源库

随着数字化技术的发展和创新，越来越多的人开始重视在艺术领域建立和二次研发利用区域性的民歌数字资源库。现

---

[1] 郑钧天、周蕊《10余万数字人才集聚长三角推动区域数字经济高质量发展》，中国政府网，http://www.gov.cn/xinwen/2018-11/03/content_5337195.htm

代年轻人对传统民族音乐的了解相对较少，对民族音乐文化的认知相对较弱，但随着社会文化艺术的迅速发展和知识信息的丰富，世界各国越来越注重传承、保护和推广民族音乐艺术文化。在这种背景下，建立北部湾海岛民歌数字资源库是非常重要的选择，可以为该地区的传统音乐文化艺术系统提供保存和储备的支持，有助于保护、传承和推广北部湾海岛民歌资源。

大数据时代，数据库是基础，正是因为拥有海量的数据库，大数据运算才成为可能。数据库是以电子方式存储的系统数据集合，它可以包含任何类型的数据，包括文字、数字、图像、视频和文件。可见数据库的工作是所有材料信息数字信息化的过程，可见简单理解为"电子化的文件柜——存储电子文件的处所，用户可以对文件中的资料执行新增、截取、更新、删除等操作。"[1]北部湾海岛民歌特色数据库建设是具有前瞻性的工程，能够更科学地挖掘、保存、传承北部湾海岛民歌这一民间艺术瑰宝，为北部湾区域公共文化事业服务。建立简便、明了、内容丰富的北部湾海岛民歌数据库，便于更多的用户查询、检索，便于广大用户共享使用。建立北部湾海岛民歌数据库，能够不断完善北部湾海岛民歌的收集整理工作，并能够及时更新补充，正因为是数字的方式来进行，这一切则显得简单有效。北部湾海岛民歌具有旺盛的生命力，新的作品在不断创作产生，形式也在逐步变化，及时地补充新发现的老海岛民歌，增加新创作的新海岛民歌，这些都在数据库成功建设之

---

[1] 陈春旭、余明兴、李建全译《数据库系统概论》第四版，儒林图书有限公司，1986年，第3页。

后得以顺利进行。通过构建北部湾海岛民歌特色数据资源库，可以促进北部湾海岛民歌网络数字化的保护和传播，实现新时代北部湾海岛民歌艺术保护、传播、发展的科学新途径。由此可见，构建北部湾海岛民歌数字资源库的举措是十分有必要的，可谓势在必行。

四、立足国际视野，开展北部湾海岛民歌数字资源二次研发与商业授权应用

在德国、爱尔兰、日本等诸多发达国家，传统音乐艺术的数字化应用由来已久，大量传统音乐的数字化民族风格人声、民间采样乐器等深远地影响着全世界音乐家的创作与制作生产。立足于现代互联网环境中的数字化国际传播与传承，充分应用现代音乐艺术科技，与国内外数字乐器专家合作，创建北部湾海岛民歌的数字音乐人声模块（或者也可以称之为北部湾海岛民歌人声音乐库）与北部湾海岛民乐虚拟采样乐器库，通过商业授权，采取知识产权商业授权销售的形式供给全世界的音乐家们作为创作素材有偿使用。

"北部湾海岛民歌人声音乐库"可以理解成北部湾海岛民歌数字化之后的二次开发利用，在这里北部湾海岛民歌人声可能会被整理成以段落或者乐句循环为主的音乐素材片段，这些新开发的音乐片段，它可能是一段素材，也可能是一件人声乐器，这些音乐"新物件"上线之后可供全球的音乐艺术家们购买其商业版权应用于他们的作品创作中。将民间歌曲人声数

字化采样之后，进行二度开发成人声音乐素材库的做法，是在国际上可以经常看到的一种民间艺术资源再利用方式，也是国际音乐家们在创作中为了达到某一个特定区域的音乐风格而采取的创作手法。全球极具影响力的虚拟音色生产公司"最优服务（Best Service）"公司是非常典型的在全球范围内对民族民间音乐艺术二次开发利用的典型，其做法是商业性质的。Best Service公司曾经推出了一套世界音乐创作库合集（Ethno World 6 Complete）[1]，里面有一部分就是专门采集了全世界的民歌乐句片段，变成可再利用的创作素材或人声乐器工具。"Ethno World 6 Complete"一经推出，就在全世界的范围内引起音乐制作人的关注，里面的民族人声特别受音乐制作人欢迎。"Ethno World 6 Complete"集合了来自世界各地的70多位音乐家和歌手参与了由音乐制作人安德烈亚斯·霍夫纳（Andreas Hofner）指挥的录音采样过程，录音采样在世界不同区域的录音室来进行，使用了专业的录制设备，高标准重构了世界不同区域的民族音乐人声与乐器。Best Service公司研发的"Ethno World 6 Complete"的模式非常值得借鉴，"北部湾海岛民歌人声音乐库"未来可以参考这种运作模式来进行。当然，数字化资源的再开发利用本身也有一定的风险，其中知识产权保护以及商业价值合理分配等隐藏的问题都需要深度思考和研究，以便在未来采取更科学的方案来执行。

"北部湾海岛民乐虚拟采样乐器库"与前面的人声音乐

---

[1] Best Service公司的世界音乐创作库合集（Ethno World 6 Complete），网址https://www.Best Service.com/en/ethno_world_6_complete.html

库相比，在二次开发与商业授权中则显得相对更简单些，毕竟人声演唱的授权与乐器演奏技术授权还是很不一样的，相对而言后者可操作性更强。民族乐器的数字化采样开发在国内很早就有专业的团队在研究与探索，其中空音（Kong Audio）技术团队尤为凸显。早在2006年之前，空音团队就研发出了中国虚拟民族乐器，在当时还被国际上著名的音频技术刊物Sound On Sound关注，并且获得了很高的评价，称之为"Authentic Chinese instruments played by talented Chinese performers"（由才华横溢的中国演奏家演奏的正宗中国乐器）。[1]北部湾海岛区域的民族乐器丰富，而且非常有特色，如果能够将这些民族乐器数字化采样之后，重构成虚拟乐器，一定会引起全球众多音乐家们的兴趣，届时相信会有更多的北部湾区域民族乐器以虚拟采样乐器的方式被应用到全球音乐家们的作品中。

未来对北部湾海岛民歌进行"北部湾海岛民歌人声音乐库"创建与"北部湾海岛民乐虚拟采样乐器"开发工程，不仅仅是其数字资源的二次开发应用，更是中国传统音乐文化在国际上进行数字化传播与应用中极为有影响力的一种崭新模式。

五、传统音乐文化艺术的数字化重构是探索践行中国式现代化的有效路径

传统音乐文化艺术的数字化重构是在创造性转化创新性发

---

[1] Sound On Sound的相关文章，见网址https://www. Sound On Sound. com/reviews/kong-audio-chinee

展中华优秀传统文化中实现中国式现代化，是非常有效的路径和探索模式。通过数字化重构必将铸就北部湾海岛民歌在未来智能科技与去中心化飞速发展中获得永恒的中华优秀传统文化"数字记忆"。

在数字技术的引领下，北部湾海岛民歌创作将不再受制于时间和空间的限制。云计算等技术的使用可以让创作者们进行多地协同创作，大大提高创作的效率和质量。同时，数字技术还可以帮助音乐家们进行音乐素材的数字化处理，建立起数字化的乐曲素材数据库，以便于音乐家们在创作时进行参考和借鉴。数字技术的应用也可以为北部湾海岛民歌的传播提供更广泛、更便捷的途径。通过互联网技术，北部湾海岛民歌可以在全球范围内进行传播，让更多人了解、欣赏和传承这一独具特色的民间音乐文化。

传统音乐文化艺术的数字化重构应用为北部湾海岛民歌的创作、教学、保护、传播和传承提供了新的途径和手段，必将更有力地推动北部湾沿海区域传统音乐文化的创新和发展。在数字时代的背景下，我们应该充分利用数字技术的优势，加强对传统音乐文化的保护和传承，让更多的人了解、欣赏和传承这一独具特色的文化遗产。同时，也需要注意数字技术应用中存在的风险和挑战，确保数字技术的应用不会破坏传统音乐文化的本质和特点，让北部湾海岛民歌在数字时代中继续闪耀光芒，在中国式现代化进程中为数字化民族音乐保护与传承发展留下浓重的一笔！

北部湾民间歌唱传统的传承与发展

陆晓芹[*]

北部湾作为一个独立的地理单元，也是一个蕴藏巨大人文资源的宝库。以歌代言、以歌传情的聚会歌唱的传统，就是其中重要组成部分。2023年3月，由中国民协主办，由广西民协、广东民协、海南民协共同开展的"一带一路民间文化探源工程"之"北部湾叙事——滨海民俗与海岛民歌调查"，使我们有机会将广西、广东、海南北部湾沿岸一带的民间歌唱传统进行整体考察，感受其异同，了解其历史源流和现实状况。海水的流动性带来了文化的关联与互动，在"非遗"保护传承与文旅融合发展的时代机遇下，昭示着传承、创新和发展的未来。

一、北部湾民间歌唱传统概况

地理上的北部湾，是指中国广东雷州半岛、海南岛和广西壮族自治区与越南之间的海湾。2006年7月，中共广西壮族自

---

[*] 陆晓芹，广西民协副主席，广西民族大学文学院副院长。

治区党委书记刘奇葆在环北部湾合作论坛上率先提出"泛北部湾经济合作"构想。其中的"泛北部湾"，包括中国、越南、马来西亚、新加坡、印度尼西亚、菲律宾和文莱等北部湾东盟国家与地区，也称作"6+1"，即中国加上6个东盟国家。2017年，我国国务院发布《北部湾城市群发展规划》，其范围则包括广西壮族自治区南宁市、北海市、钦州市、防城港市、玉林市、崇左市，广东省湛江市、茂名市、阳江市和海南省海口市、儋州市、东方市、澄迈县、临高县、昌江县。[1]

本文所说的北部湾，与"北部湾城市群"的范围大体一致，但主要指环绕着北部湾的广西钦州市、北海市、防城港市和广东湛江市、茂名市、阳江市，以及海南海口市、儋州市、东方市、澄迈县、临高县、昌江县，不包括南宁市、玉林市和崇左市。这里地处热带和亚热带，气候条件比较接近。三面为陆地环抱，是一个相对独立的地理单位。但有多个天然良港，可通往东南亚、非洲、欧洲和大洋洲，是中国大西南和华南地区货物的出海主通道。这里蕴藏着重要的石油、天然气、渔业等资源，生计方式也较为相近。自然、生计的相对一致，也带来了文化上的诸多共性。

考古学发现，泛北部湾史前文化关系密切，民族文化特征也有其共同性，如椎髻跣足、干栏建筑、使用铜鼓、嗜好槟榔、信仰佛教等。[2]我国环北部湾地区居住着汉、壮、瑶、

---

[1] 北部湾城市群发展规划，https://www.77zjs.com/4312.html
[2] 廖国一、白爱萍《泛北部湾地区的历史发展共性及其当代影响》，《广西师范大学学报》（哲学社会科学版）2011年第5期。

京、黎、苗、回等民族，文化丰富多元。其中，以聚会对歌为主要形式的民间歌唱传统具有悠久历史，产生了称谓为"民歌""山歌""海歌""渔歌""咸水歌""疍歌""军歌""姑娘歌""调声"等各种歌唱类型，还有在岭头节、哈节、跳天、婚礼等仪式活动中唱诵的歌谣。

在非物质文化遗产保护工作中，有不少被列入非遗名录，仅省级以上项目的就有广西的钦州海歌、北海咸水歌、防城港京族民歌和壮族民歌（上思虽蕾）、防城壮族天琴艺术，广东雷州歌、姑娘歌、廉江傕歌、阳江山歌、阳江咸水歌、崖州民歌、疍歌（三亚、陵水）、儋州调声、儋州山歌、临高渔歌、海南村话民歌、海南军歌等民间歌唱文类，以及与歌唱传统密切相关的钦州跳岭头、京族哈节、疍家婚俗等民间习俗（具体情况如下表）。

省（自治区）	市/县	项目名称	等级	批次	类别	备注
广西	钦州	钦州跳岭头	国家级	第四批	民俗	
		钦州海歌	省级	第七批	曲艺	
	北海	北海咸水歌	省级	第三批	民间音乐	
	防城港	京族哈节	国家级	第一批	民俗	
		壮族民歌（上思虽蕾）	省级	第二批	民间音乐	
		京族民歌	省级	第四批	民间音乐	
		防城壮族天琴艺术	省级	第六批	民间音乐	

续表

省（自治区）	市/县	项目名称	等级	批次	类别	备注
广东	湛江	雷州歌	国家级	第二批	民间文学	
		姑娘歌	省级	第一批	传统戏剧	
		廉江倕歌	省级	第七批	传统音乐	
	阳江	疍家婚俗	省级	第二批	民俗	
		阳江山歌	省级	第四批	传统音乐	
		阳江咸水歌	省级	第五批	传统音乐	
海南	三亚	崖州民歌	国家级	第一批	传统音乐	
		疍歌（三亚、陵水）	国家级	第四批	传统音乐	
	儋州	儋州调声	国家级	第一批	传统音乐	
		儋州山歌	省级	第二批	传统音乐	
	临高	临高渔歌	国家级	第三批	传统音乐	
	昌江	海南村话民歌	国家级	第五批	传统音乐	
		海南军歌	省级	第七批	传统音乐	

二、北部湾民间歌唱传统的传承保护

在当代语境下，北部湾民间歌唱传统的传承环境发生了巨大变化，其传承状况既有时代共性，也有其作为语言艺术的个性。具体来说，主要体现在以下几个方面：

其一，传统的传承空间窄化，传承人老化，技艺水平弱化。在急剧变迁的当代社会，民间歌唱传统与其他民族文化一样，原有的传承空间发生了很大变化，传承活动大大减少。在年青一代中，参与传承活动的越来越少，传承人以中老年为主，老龄化非常严重。随着拥有高超水平的传承人不断逝去，能掌握高水平创编能力的传承人越来越少，新一代传承人的传承能力大多逊于老一代，歌唱传统的整体传承水平大大弱化。以钦州海歌为例：目前公认有较高即兴创编能力的传承人已是八十三四岁；50多岁的代表性传承人平时很少参加民间自发的对歌活动，即兴创编能力较弱，在展演活动所唱的歌谣，均由一位年近70岁的退休文化干部提供。实际上，在各地民间自发的歌唱活动中，参与者绝大多数是60岁以上的，最年长的有80多岁。在有组织的展演活动中，有一些在50岁以下，但更多的还是六七十岁的。

其二，被列入各级非遗名录，类别归属不同，保护成效不一。从上面的列表中可以看到，北部湾沿岸各市县的民间歌唱传统及相关习俗，大多以被列入省级以上非遗保护名录。但各种歌唱文类的类别归属不尽相同：绝大多数被列入"民间音乐"类，雷州歌被列入"民间文学"类，钦州海歌被列入"曲艺"

类，姑娘歌则被列入"民间戏剧"类。实际上，这些歌唱文类的曲调是固定的，歌词则多为即兴创编，属于口头歌诗，其文学性高于音乐性，理应优先保护其文学性。因此，列入"民间文学"类是更为恰当的。至于将钦州海歌列入"曲艺"、将"姑娘歌"列入"民间戏剧"，则是认识上的偏差。因为，姑娘歌的展演中虽然有戏剧成分，但其本质还是对歌；钦州海歌在近十年的发展中，出现了曲艺坭兴鼓词，但就海歌本身来说，也还是对歌。这种情况，在雷州歌与雷剧的关系中也可看到：雷剧是在雷州歌上发展起来的，在雷州歌的展演中，有时也会有一定的戏剧性，但不能把雷州歌视为民间戏剧。民间歌唱传统类别归属的不同，意味着不同的保护重点：归入民间文学类，要着眼于传承人歌词的即兴创编能力；归入民间音乐类，主要着眼于其音乐形态；归入民间戏剧类或曲艺类，则将其作为一种舞台艺术。从目前的保护情况看，其音乐性得到了较好的保护，也作为舞台表演艺术得到了一定发展，但其文学性是被严重忽略的。当然，作为一种地方性的语言艺术，民间歌唱传统的歌词即兴创编水平要以传承人高超的母语表达能力为基础，同时要有良好的歌唱环境。在当代社会，地方语言传承弱化、传统歌唱习俗衰落都是不争的事实，对民间歌唱传统文学性的保护与传承实际上很难达成。

其三，推动民间歌唱传统在学校的教育传承，在研习、旅游中进行展演。社会生活的变迁在使北部湾民间歌唱传统原有传承空间窄化的同时，也为其创造了新的传承环境，如山歌进课堂及其在各类研习、民族文化旅游的展演。"山歌进课堂"

是将民间歌唱传统与学校教育进行结合的较早尝试,主要是请传承人到课堂上教学生唱山歌。随着非物质文化遗产与学校教育教学活动的不断结合,一些学校建设了民歌传承基地、工作室及相关教材和课程。例如：钦州海歌、京族民歌就走进了当地中小学和高校的课堂；雷州市开放大学开展雷州歌的教材、课程建设取得良好成效,校长自豪地说出了"雷州人以唱雷州歌为荣"的话。与此同时,在各类研习、旅游中进行民间歌唱传统的展演也越来越普遍。在非遗传承与学校教育不断融合的当下,学校除了请歌者到课堂教学,还带领学生走出校门开展民间歌唱类的研习活动。地方社会在发展旅游事业时,也将民间歌唱传统展演作为旅游活动的重要内容,面向游客进行展演。基于学术研究的考察活动,也在一定程度上为民间歌唱传统的传承提供了空间。2023年3月,由中国民协主办,由广西民协、广东民协、海南民协共同开展的"一带一路民间文化探源工程"之"北部湾叙事——滨海民俗与海岛民歌调查",为各地民间传承人提供了展演的空间。在从广西钦州和防城港、广东雷州到海南临高和陵水的一路上,传承人展演了钦州海歌、跳岭头仪式唱诵、京族民歌、雷州歌、临高渔歌、陵水疍歌等。2023年3月23日下午,笔者有幸参与了在临高县调楼镇抱才村海边的展演。其间,既有临高八音、木偶戏,还有多种形式"哩哩美"渔歌展演。其演唱者既有平均年龄75岁的老年歌者,也有青春靓丽的年轻人和满脸稚气的女童,歌声深情婉转,直入人心。演出现场打破了观众和表演者的边界,双方互动充分,气氛热烈,令人感动。在研习、旅游、调研场景下的展演，传承人的歌唱方式已经发生了变化。但这是民间歌唱传统对当代社会生活的不断适应，是其融入当代生活、实现功能再生的途径。

三、北部湾民间歌唱传统的创新发展

随着北部湾社会的变迁，民间歌唱传统也主动融入，不断创新发展，呈现新样貌，发挥新功能。在这个过程中，尤其凸显了地方精英的主动性和创造力。

首先，是在艺术创作上推陈出新。在北部湾沿岸，不同区域都有自己的民间歌唱传统。但无论其称谓为"山歌""海歌""咸水歌"，还是"民歌""渔歌""疍歌"，其表现形式主要是对歌，内容相对陈旧，曲调和表现形式也较为单一。在社会生活不断丰富、娱乐方式更加多元的当下，确实显得格格不入。在考察中我们发现，地方文化精英往往积极作为，利用当地民间歌唱传统的元素，创作出新的艺术作品或艺术形式。在雷州半岛，人们以唱雷歌为荣。其所说的"雷歌"，并不限于雷州话山歌，还有雷州话流行歌曲、雷剧歌曲等。这些艺术作品，曲调上融入民间歌唱传统的元素，歌词则以雷州话创作。2023年3月22日晚，在徐闻南极村艺术村，当地文化精英展示了传统歌谣和他们在此基础上创作的雷州话歌曲。歌者的演唱，总能引起听者的共鸣，可见其传唱程度已相当高。在钦州，地方文化人士除了把钦州海歌、跳岭头仪式唱诵元素融入歌曲创作以外，还创作以海茶话表演的戏剧，发展出融合了当地国家级非遗坭兴陶的曲艺形式坭兴鼓词。实际上，这种艺术形式上的创新发展一直是存在的，例如：在临高渔歌哩哩美调的基础上创作的歌曲《西沙，我可爱的家乡》，早已为大家耳熟能详、竞相传唱；雷州半岛上的雷剧，就是在雷州歌基础上产生的，如今已经成为成熟的戏剧艺术形式。

其次，是将民间歌唱传统融入北部湾的旅游发展中。在这方面，广东雷州茂德公鼓城尤为典型。它活用"雷州换鼓"传说，以鼓文化为主题，参考岭南特色及雷州地区明、清古建筑风格。其中，雷剧文化街以戏剧元素装饰，特别令人耳目一新。街中央摆上长桌宴，街头设立舞台，平时有醒狮表演和雷剧、雷州歌、姑娘歌、艇仔歌等的演唱。如果说，古建筑和各种民族文化装饰是给人们带来视觉上的冲击，歌唱则以动感与韵律为鼓城注入灵魂，给人们带来美好的视听享受。在海南，陵水县结合新村镇独特而深厚的疍家文化，建设了疍家文化旅游区。它把废弃的渔排进行升级改造，除了使其继续保持海水养殖、渔业功能以外，还在宽阔的海面上建起了陈列馆、民宿、餐厅等，开发海钓、赶海、游船、演艺、餐饮等项目，吸引游客前来度假、娱乐、休闲，体验疍家生产生活方式和习俗文化。在古色古香的陈列馆里，有生产工具、生活用具、传统服饰、传统习俗、民间文艺等的静态展示，馆外则有民众动态展演织网打鱼、叹唱渔歌的场景。在水上餐厅，游客们在体验疍家饮食之前，可以先观看以中老年女性为主体的演出团队展示疍家婚礼，听哭嫁歌和各种曲调的渔歌。在这样"文化+旅游"深度融合场景中，不时融入民间歌唱传统的展示，让我们看到了它在新时代发挥着新功能的可能性。

　　遗憾的是，尽管北部湾沿岸各地历史文化底蕴深厚，都能围绕重要非遗项目展开保护、传承、发展的工作并形成各自的特点，但像茂德公鼓城、陵水疍家新村那样能将民间歌唱传统融入民族文化旅游并形成规模的还比较少。广西钦州市重点打造坭兴陶产业，建设了钦州古街和坭兴陶一条街，但当地海歌、跳岭头仪式唱诵、坭兴鼓词等民间歌唱传统并未能有机融入。在防城港东兴市，停办了三年的沥尾京族哈节于2023年7月26日又得以举办。在上午的活动中，哈亭里外拥堵，前往金滩海边迎神的一路，当地民众、游客和研究者一路奔跑跟随，返程时鞭炮震天价响。但当天午后，游客们就陆续离开。第二天祭神仪式中，当上了年纪的哈妹们在鼓点引领下唱诵仪式歌谣时，围绕前后的，主要是一些从事研究的人员。哈节结束后，金滩还会继续迎接游客们，但他们主要是看海、游泳、出海、品尝海鲜，京族民歌、独弦琴等民间歌唱传统等未能作为地方旅游活动的有机组成部分。

结语

　　从北部湾沿岸一线的考察可知，在民间传统文化生存空间窄化的当下，创新发展民间歌唱传统，使其融入地方旅游文化产业，帮助其拓展生存空间，让其实现功能转化、发挥现实作用而继续"活"下去，是对其进行保护传承的必由之路。在这方面，雷州茂德公鼓城、陵水疍家新村等提供了成功经验。在民族文化旅游中,"歌"是灵魂。只有重视民间歌唱传统的创新、转化、融入,旅游文化产业才是有生命的、温暖的。与此同时,我们也看到,民间歌唱传统主要通过展示的方式介入当代社会,其歌者多为老年人,凸显了传承动力不足的现状。其间,各地文化精英主动介入,创作了许多以民歌元素为基础的作品,甚至在雷州还出现了"雷州人以唱雷歌雷剧为荣"的现象,让我们看到了民间歌唱传统创新发展的可能性。但其与传统的有效衔接还不够,与旅游活动的融合也还需加强。

初探广西壮族歌圩的发展与传承

秦思榕[*]

一、地理与人文环境影响因素概述

广西素有"歌海"之称,其民歌呈现多样化特征。广西境内长期居住有壮族、苗族、瑶族、京族等多个民族。[1]各民族的音乐文化,均受到了广西人文地理环境的影响。

首先,广西位于中国的云贵高原东南边缘。被连绵不断的山地与高原包围,素有"广西盆地"之称。因此,山地的地理面貌让广西人民傍山劳作,对大山有着浓郁的情感,于是便产生了"那山歌"文化。壮族人也在这种文化的影响下,形成了自己的山歌文化。壮族的文化大致分成三类,分别为高腔山歌、平调山歌以及评语山歌。每种山歌的旋律特征都有所不同。

其次,广西壮族自治区东连广东省,南临北部湾,是临海省份。独特的地理位置也让广西产生了海洋文化。因此,广西

---

[*] 秦思榕,星海音乐学院音乐学硕士。
[1] 李珊珊《广西民歌的地域性风格探析》,《音乐创作》2016年第6期。

的民歌受到海洋文化的影响，也具有开放性的特征。他们会吸收不同地域的民歌特点或方言，运用到自己的民歌当中。不仅如此，他们的民歌主题也会围绕着"海"的生活而创作。

最后，广西的地方方言也对民歌带来了影响。广西大约流传粤语、西南官话、平滑、客家话等6种汉语方言。此外，各个少数民族均有自己的方言土语。因此，方言的多样性也造就了广西民歌的多样性。不同的民族与不同地域的方言民歌使广西民歌呈现出多样化的特征。

二、广西壮族的歌圩的形成与发展

1. 歌圩的形成、发展及分类

不同少数民族的文化造就了不同的民歌风韵。而民歌中所蕴含的文化精神也需要一定的文化空间得以彰显。[1]广西壮族的山歌，则是在"歌圩"这一场所演唱。"歌圩，一般指壮族歌圩。它既可指民众聚会唱歌的场所，又可指民众在特定的时间与地点举行的，广西特有的群体性酬唱山歌活动"[2]。这种活动是壮族山歌得以发展、壮大的重要条件之一。歌圩起源于原始社会中的祭祀活动，当然，除开这一说法，还有其他起源的观点。目前，更多学者还是支持来源于祭祀活动的说法。其最大的论据便是目前仍旧保留的活态文化活动，例如广西红水河的"蚂𧊅节"或"蛙婆节"。

---

[1] 岑学贵《广西民歌图志》，华中师范大学出版社，2016年。
[2] 岑学贵《广西民歌图志》，华中师范大学出版社，2016年，第2页。

"随着社会的发展和原始公社的解体，原始社会的祭祀活动中的群体歌舞，在内容、性质及表现形式方面，也由娱神向娱人过渡，从舞化朝歌化发展。"[1]最初的祭祀活动目的是为了向上天祈福，保佑自己的村庄风调雨顺。例如广西南部的"岭头节"，该节日便是为了保护村落而举行的，其祭祀形式为一边唱歌、一边跳舞。随着时代的进步，现在，歌圩也开始以各种不同的形式存在，例如"网络歌圩"将传统的"对歌"变成了"写歌"；或举办网络山歌大赛等，推动了广西壮族山歌的发展。

　　歌圩的形式丰富多样，其分类也纷繁复杂。若从功能上进行分类，可分为纪念性以及祭祀性歌圩；从时间上，可分为节日性、临时性、白天以及夜晚；从地点上可分为野外和室内。更多时候是以地点划分，在野外演唱的歌圩称为"野歌圩"，通常是用于男女青年对唱情歌；在室内演唱的歌圩称为"家歌圩"，通常运用于结婚仪式或婴儿庆生、满月。

2. 歌圩背后的文化发展特征

　　不难看出，广西壮族歌圩经历着多种功能的变革，其承载的。最初，歌圩是作为祭祀仪式中的环节存在。因此，歌圩中的歌舞需要依附于祭祀功能而存在，并不具备独立审美性质。其功能更多是辅助祭祀仪式的程序。后来，歌圩开始逐渐转向"以歌为主"的形式，音乐在歌圩中的地位增加，歌圩的功能也日益复杂，其功能从单一的祭祀，转向了祭祀、庆祝、交友

---

[1]　岑学贵《广西民歌图志》，华中师范大学出版社，2016年，第5页。

等多种。功能的增加让歌圩中的音乐也开始变得多样化，虽然此时音乐仍然依附于某种功能形式存在，但已经逐渐开始有了审美娱乐意义。即，音乐从最初的"娱神"开始转向"娱人"功能。于壮族人民而言，歌圩是承载着他们民族文化的载体，同样也是传承壮族山歌的载体。正因为有这样的文化场域，才让山歌得以流传、发展。

　　因此，理解歌圩背后的文化内涵，对于其文化的传承、壮族山歌的传承，有着重要的意义。首先，歌圩的功能并不是一成不变的，它会随着社会的性质的转变、经济条件的发展而逐步发生变化。从最初的祭祀功能再到交友、庆祝等，直至目前的网络歌圩，其功能一是传承其文化发展，二是让出门在外的壮族人民能够通过互联网的方式寻到来自家乡的温暖。然而，即便功能有所变化，歌圩所寄托的背后的人民的信念是不变的。不论是祭祀、交友、庆祝仪式，均是寄托了对村落以及家庭风调雨顺的美好愿望。直至当下歌圩的传承，其目的也是为了让壮族的文化对外发展，让壮族人民不丢掉自身的文化根基。的确，歌圩的传承让壮族人民能够更好地找到自己的文化根脉。因此，在传承发展歌圩文化，要注重内里的价值观念。以传承发扬为目的，以保留民族特点为手段，跟随时代的脚步，挖掘其活态传承的方式。

三、广西壮族歌圩的传承价值及传承手段

1. 歌圩的传承价值

传承价值的第一点体现在：具有交际传情作用的活动步骤以及承载着美好情感愿望的民歌。歌圩仪式虽没有统一严格的程序规定，但大致上都有一定的惯例。[1]这些仪式的步骤引领着参与歌圩的村民们逐渐认识彼此，不论是男女之间的情感或是村民之间的集体情感，都能够通过歌圩的活动进一步加深。这便是歌圩的审美内涵及存在的意义。尽管其功能随着社会的发展已经不复存在，但它所联结的人与人之间的情感的桥梁功能是不可替代。在歌圩中，我们可以听到见面歌、探情歌、对问歌、初连歌、定情歌、盟誓歌、叮咛歌、离别歌等不同的内容的民歌。不同类型的民歌都承载着不同的交友功能，以上类型民歌依照其顺序，便是按照男女之间相互交往的顺序为步骤。以见面歌为例，这是在歌圩上初次遇见时演唱的歌曲。"他有礼貌地向对方打招呼，表示尊重以及想要与对方唱歌交往的愿望。"[2]带有程序意义的民歌提供了双方互动的方式以及仪式感，让两人的见面气氛更缓和，避免了双方的尴尬。可见，歌圩并非仅是纯粹的仪式，它让民歌的演唱以及情感的抒发得到了释放的空间。换言之，它为民歌提供了存在的场域。不论其形式转变至如今有了多少变化，其内在的意义——表达

---

[1] 王克永《广西民歌音乐文化遗产传承与保护研究》，中国书籍出版社，第118页。
[2] 王克永《广西民歌音乐文化遗产传承与保护研究》，中国书籍出版社，2018年，第118页。

人民美好情感愿望，是始终不变的。由于当代人民群众的艺术审美受到大量外来艺术文化的冲击，音乐在商业的参与下，呈现了日新月异的变化，民歌的发展受到了强大的冲击。因此，民歌的发展需要一定的场域，让其有机会展现出美丽与生机。歌圩便是属于壮族人民的民歌传承艺术，它不仅具有传承作用，其中所具有交际传情作用的活动步骤，让它能够承载着美好情感愿望的民歌，让壮族人民在仪式中，感受着村民彼此之间最纯洁的友谊与情感。

前文提及，"歌圩，一般指壮族歌圩。它既可指民众聚会唱歌的场所，又可指民众在特定的时间与地点举行的，广西特有的群体性酬唱山歌活动"。[1] "因此，歌圩是一个空间概念，是一个具象的物质空间，也是一个抽象的社会空间。"[2] 笔者在此强调歌圩的时空概念，是为了强调其传承价值的第二点：时空场域的凝聚力所带来的民族情感凝聚力。当今社会，大量年轻人离开家乡到城市工作，这样的现象导致民族文化的发展开始出现后继无力的情况，村落的凝聚力也每况愈下。而歌圩的传承，其时空场域的凝聚力，能够唤醒远在他乡的壮族人民对家乡的归属感，加强他对传承家乡文化的信念感，同时也加强了壮族人民的情感凝聚力。

2. 歌圩的传承手段

笔者认为，歌圩的传承，其一重在保留场域理念，同时转

---

[1] 岑学贵《广西民歌图志》，华中师范大学出版社，2016年，第2页。
[2] 王克永《广西民歌音乐文化遗产传承与保护研究》，中国书籍出版社，2018年，第115页。

变其功能与内容。歌圩本身便是一个空间概念，它规定了特定的时间与地点，除此之外，它也规定了大致的程式与惯例。上文提到，歌圩的仪式步骤、功能以及演唱内容，是会更随着时代的变化不断变化的。但其本身所强调的空间概念是不变的。而时空场域的凝聚力会为壮族人民带来民族情感的凝聚力。因此，其强调的这一特殊的"空间"，是传承歌圩的关键。但强调特殊这一特殊的场域，并非仅是简单的规定时间、地点那么简单。随着社会的发展，歌圩的原本部分功能，已经失去了延续的意义，例如祈福、祭祀等。因此，在传承歌圩时，还需要在尊重其核心价值的基础上转变其功能与内容。歌圩自诞生起始，至今依旧保留了人民对生活的美好愿望与憧憬，表达的是他们对美好生活的追寻与向往。另外，其本身的发展便具备着功能转化的特征，因此，我们在转变其功能与内容时，也要尊重这一核心价值。另外，转变的过程应该是循序渐进的，我们需要在延续歌圩原本的惯例与仪式步骤的基础上，遵循社会的发展规律，因地制宜地转变歌圩的功能与内容。

其次，我们还需要根据社会发展的规律，活态传承歌圩仪式步骤。在全球化与人类与生态问题和环境问题的广泛关注大背景下，我们此时能够看到的一个事实就是："现在有很多少数民族的文化正在日趋走向衰落与消亡，有很多少数民族文化与风俗习惯甚至被当作一种商业旅游文化加以展演，少数民族文化开始走向一个后继无人的状况。即便是存在一些改变少数民族风格的歌曲，但也只是将一些民族元素融入，但整体还是呈现出现代流行歌曲的面貌。"[1]因此，在理解歌圩背后的文化内涵前提下，活态传承其仪式步骤，是使其与时俱进的重要环节。在当代学者考虑其传承发展方式之前，歌圩已经经历过长时间的发展与变化。而当代的传承发展面临比较巨大的挑战，其原因一是：全球化语境下文化的交融与发展，使少数民族文化越来越边缘化；二是随着经济与社会的发展，少数民族文化被迫走上了统一、单一的文化样式变迁。因此，原本依靠着特定场域传承存在的民族文化，在城市化的发展下，逐渐失去了生存的空间。此时，需要空间存活的歌圩仪式，既面临挑战，同时也是壮族民歌传承的突破口。活态传承歌圩的仪式，有利于民歌、传统仪式、社交活动以及民族信仰的集体传承。民歌不会被割裂对待，民歌元素也不会被割裂出来，变成某一首流行歌曲的华彩部分。

三、结语

广西壮族的民族音乐传承道阻且长。文章选择了广西壮族歌圩仪式作为研究对象，对其地理人文环境影响的因素、形成与发展、背后发展的文化特征以及传承价值与传承手段进行了分析与联结。广西壮族本身就生活在一个多民族聚居的地区，其文化的丰富多样，让其民歌的发展也多姿多彩。歌圩原本是来源于祭祀仪式，然而，随着时代的发展，歌圩的功能也逐渐

---

[1] 王克永《广西民歌音乐文化遗产传承与保护研究》，中国书籍出版社，2018年，第2页。

从娱神转化为娱人。因此，歌圩本身的功能，便会随着社会的发展而变化。在此基础上，笔者总结出了歌圩传承的两点价值：第一点，具有交际传情作用的活动步骤以及承载着美好情感愿望的民歌。第二点，时空场域的凝聚力所带来的民族情感凝聚力。因此，歌圩的传承需要注意两点，其一，重在保留场域理念，同时转变其功能与内容。其二，我们还需要根据社会发展的规律，活态传承歌圩仪式步骤。

在全球化的进程下，不仅是壮族，大部分民族的文化正面临濒临灭绝的状况。在此进程下，我们需要呼吁人民尊重"差异化审美"。目前，我们见到的大多数"民族艺术"，多是被当代人改造得面目全非的"民族风"。它们基本上已经不再有民族歌曲的那种民族风情特点。它更多是应运当代人的流行音乐审美而生的，仅是用民族的元素作为歌曲的一些噱头。然而优秀的文化不应该只有一种样子，不同少数民族都有其文化魅力。不论是传播者或者是传承者，都应尽力去了解文化背后的魅力所在，而非割裂地将其作为一种噱头，与其他的文化进行融合发展。

钦南海歌发展调研报告

陈俍羽　黄绍林[*]

一、钦南海歌

钦南海歌主要分布在钦南区所有讲海察白话的乡镇,主要是犀牛脚镇、东场镇、那丽镇、大番坡镇、龙门港镇、三娘湾旅游管理区和钦州港开发区。这一方水土养育的人民以白话为主,因而海歌多以白话口头传唱。原先渔民用地方方言(犀牛脚镇海察话)改唱山歌,又叫渔歌,后来逐渐演变成了当地群众喜闻乐见的民间文艺——海歌。

钦南海歌一般包括情歌、仪式歌等民歌。情歌,是这一地区男女青年用于表达双方情爱选择婚姻配偶的民歌,也叫"山歌"。它继承了我国第一部诗歌总集《诗经》"赋比兴"的艺术传统,一般四句一首,每句多以七言为主,有鲜明的音乐性、节奏感,通常一、二、四句末字或二、四句末字押韵。

---

[*] 陈俍羽,钦州市钦南区文联主席;黄绍林,钦州市钦南区文联组联部主任。

情歌除了继承《诗经》的"赋、比、兴"外，还运用比喻、双关、关联、夸张、排比、重复、借代等文学手段进行创作，具有很高的文学价值。至于拈连、谐音相关、拟人手法的运用，情歌中也不乏其例。钦南海歌以"咸水歌"为代表。"咸水"顾名思义就是"海水"，咸水歌正是海上的或海边的歌，基本上是渔民们的歌，也可以总称为渔歌，在钦南沿海一带非常流行，用当地海嚓白话方言演唱，多方面广泛地表现了渔家的生活和情感。其曲调分唱、叹两种。歌唱形式有独唱、对唱和三人联唱等，按歌词内容分有催请歌、盘问歌、辩驳歌、庆贺歌、苦情歌、交情歌等，曲调均同。

钦南区沿海人民喜欢唱"咸水歌"，但有时唱歌不叫"唱"而叫"叹"。用叹歌的形式表达身世凄凉，歌词哀怨生动，曲调丰富多彩，有"姑娌妹""叹家姐""叹五更""叹古人""送人歌"等调式。这些曲调旋律悠扬流畅，娓娓动人，亮局押韵。唱者才思敏捷，你问我答，引人入胜。以前新娘出嫁时，爱唱"哭嫁歌"，有时唱三日三夜，有的连唱十个晚上，内容不外感叹父母恩深、姐妹情长、难舍难分等惜别之情。

钦南海歌是钦州湾人民在社会实践中，经过长期而广泛的口头传唱所形成和发展起来的集体创作，是钦州湾人表达自己的思想、感情、意志和愿望的一种民间艺术形式。它既是广大民众的心声，也是不可缺少的精神食粮。人们在生产劳动中唱起山歌振奋精神，大大激发了劳动热情；有时触景生情，便即兴抒怀，歌中或说今道古，或逗趣取乐，以此来调剂情绪，消除疲劳。钦南海歌的内容十分丰富，饱含着沿海人民祖祖辈辈积累的许多生活百科知识和伦理道德规范，通过将其不断传唱而得以代代相传，生动体现了海歌寓教于乐的教化功能。钦南海歌在反映民俗风情和民间爱情生活等方面尤为突出。一首首优美动听的情歌，唱出了沿海人真挚、淳朴的情怀，对爱情的热切呼唤和执着追求以及对甜蜜爱情、幸福生活的由衷赞美。这些采用地方方言演绎的民间文艺有的含蓄双关，寓意隽永；有的借物喻情、意趣盎然，艺术形式通俗易懂、清新活泼，情感真挚朴实、色彩艳丽，洋溢着浓郁的乡土气息，形象地反映了当地人民的生活，激发了人们的进取精神，沟通了人们的情感。它是我们的共同文化财富，亦是华夏文化宝库中的一部分，是民族文化遗产。

二、钦南海歌现状

近年来，"钦南海歌"取得连续两届在广西戏剧展演桂花金奖、全国少数民族曲艺展演最佳创作奖和节目银奖的好成绩。2018年，经广西壮族自治区人民政府批准，"钦州海歌"入选第七批自治区级非物质文化遗产代表性项目名录，2021年12月钦南区被自治区评定为"广西海歌之乡"。

在钦州市首届山（海）歌比赛中荣获"海歌王"称号的王正曙，是一名土生土长的钦南区犀牛脚镇人，与众多的民间歌者一样，他也肩负起挖掘、保护与传承海歌的责任，他自己所演绎的海歌当中，既保留有传统的韵味，还添加了时尚的元素，让海歌有了更多生机和活力，愈发受到了听众的喜爱。其所带领的知音曲艺团成立于2006年，现有团队大小成员共40人，迄今团队成立17年，在区文联和相关部门的大力支持下，出色地完成了许多大型的文艺会演，参加市级各类文艺演出比赛获奖无数。知音曲艺团在政府的号召下，在钦州市第五小学开展海歌培训，指导青少年学习海歌，让青少年成为新一代的海歌传承人。知音曲艺团在反腐廉政、扫黑除恶、脱贫攻坚、百年建党、宣传党的二十大精神的文艺演出深入群众，得到群众一致好评。

三、钦南海歌发展传播存在问题

1. 钦南海歌发展缓慢的原因之一就是缺乏创新

主要体现在两个方面，一是海歌本身创作内容缺少特色，作词风格墨守成规，陈旧如一，海歌注重歌词创作，这就要求创作人员具有一定的文学创作水平，但由于目前传承人固定化和老龄化，使得海歌创作止步不前，难以创新。二是作曲风格一成不变，难以突破，目前钦南海歌曲基本一成不变，就填词而已，但在21世纪音乐曲调多样化的今天，还继续这类曲调传唱的程度会越来越低。

2. 海歌艺术表现形式单一

海歌属于钦南沿海民族文化遗产，音乐艺术表现形式单一且古板，缺少适合新潮时代下的审美要求的艺术结合，节庆表演几乎是一以贯之的表演形式，使很多观众看不到新颖的地方，内地来的游客更是看不懂、听不懂。

3. 海歌传承出现断代

随着时代发展，现在的年轻人爱好更加年轻化和时尚化，对于具有本土特色的民族文化传承并不上心，导致年轻传承人缺失的现象，目前海歌传承人王正曙也已经超过60岁，老一辈海歌传唱人年纪也大，相继离世，这让海歌继续传承和发展遇到比较大的困难，海歌面临这着传和后继无人的境地。

4. 海歌受现代流行音乐冲击比较大

我们从互联网上某机构调查结果得知，喜欢听流行音乐的群众占比超过90%，现在人们听民俗音乐只占不到40%。通俗的流行音乐是大众的口味，大众都喜欢朗朗上口的旋律和与个人生活更加贴切的歌词，相比之下，钦南海歌受众范围更加小，在钦州乃至钦南区大众对钦南海歌关注度也不高，远远不如钦州采茶，钦南海歌很难受到钦南区当地年轻人群体的青睐，主要是流行音乐受众范围就是这群年轻群体，大众潮流致使海歌传唱程度低，欣赏者少，创新发展不起来。

四、加大钦南海歌的保护力度

任何一种民族文化都是在保护中才能够得到传承与发展，目前钦南海歌所面临的就是保护力度不够造成逐渐萎缩，从钦南海歌自身来说，要加大对钦南海歌重视力度，政府应该加大对钦南海歌保护、资金投入、培训、宣传力度。

1. 加大海歌保护和资金投入

我们应该对任何一种地方民族文化尊重和保护，任何一种民族文化都应该得到我们政府的重视和保护，只有政府重视当地民族特色文化，民族特色文化才能在现代社会碰撞出新的火花，政府应该加大海歌重视力度，把保护发展海歌列入政府议事日程，把促进海歌发展列入政府财政预算，每年拨出一定资金发展海歌，积极申报各级别的非物质文化遗产项目，争取上级党委、政府及有关部门的大力支持，形成合力，让"钦南海歌"这一独具特色的地方民族文化遗产得到保护和传承，大力扶持更多海歌传承人，培养更多海歌传唱人；明确一到两个部门具体负责海歌保护和发展，并给予海歌一个固定场所，让传承人和传唱人有地方创作和编排、演出。

2. 加大海歌培训力度

政府应该加大钦南海歌培训力度，加大资金投入，进一步培训海歌传唱人，海歌作曲、作词人，要把海歌与现代音乐相融合，促进海歌创新发展；同时在沿海和城区部分中小学校开设海歌培训课程，指导青少年学习传承海歌，使得钦南海歌能够得到进一步的传承发展。

3. 树立文化自信　加强钦南海歌传承

一种文化传承离不开自信心，钦南海歌作为钦南区的民族特色文化，我们钦南人要有文化自信心，我们调查发现，很多钦南区年轻人，对于钦南海歌并不了解不自信，他们并不认为这是一种优秀文化，甚至认为是落后的，一些年轻人甚至有鄙夷的态度，所以树立文化自信，加强钦南海歌传承具有非常重要意义，我们可以在中小学校开设海歌培训课程，使人们从小养成对海歌的一种自我认知程度。

4. 加大钦南海歌宣传力度

钦南海歌之所以面临今天的状况，一个非常重要的原因就是钦南海歌还是局限在钦南当地这样一个小圈子，使得钦南海歌逐渐萎缩，所以一定要加大钦南海歌宣传力度，有关部门可以在互联网上申请开设钦南海歌官方网站进行宣传推广，让更多人在互联网上了解钦南海歌、欣赏钦南海歌；每逢节日庆典，各个旅游景区、景点都要有表演钦南海歌节目，让更多市民和游客在不同地点和时间都可以欣赏到钦南海歌；有关部门要积极组织采编优秀海歌节目参加各级文艺汇演、文艺演出；宣传部门要加大对钦南海歌宣传力度，在各级新闻媒体上宣传钦南海歌，在官方网站上发布钦南海歌视频，总而言之，可以通过不同形式对钦南海歌宣传，让"钦南海歌"这一独具特色的地方民族文化得到保护和传承，并不断发扬光大，造福一方，为丰富华夏文化宝库添砖加瓦，为中华民族的伟大复兴做出贡献！

创新发展

坚定文化自信自强，推进海南民歌保护与创新

彭太华[*]

为深入贯彻习近平总书记在文化传承发展座谈会上的重要讲话精神，近期，海南省文联第三调研组到12个社会文艺组织以及6个市县的文联，开展以"坚定文化自信自强，推进以民歌为重点的传统文化保护与创新"为主题的专题调研，获得很多第一手材料，受益匪浅。

一、海南民歌活跃，群众基础广泛

在调研过程中，调研组到了乐东、东方、昌江、儋州、屯昌、定安等多个海南民歌传唱比较活跃的市县，听取了市县文联及相关协会的交流发言，特别是聆听了当地有影响力的民间歌手的现场即兴表演，他们优美的歌声和对民歌发展的自信令

---

[*] 彭太华，海南省文联、作协党组成员、专职副主席。

人感动。

　　民歌是海南本土文化的宝贵财富。海南民歌不是单纯意义上的音乐，而是多种精神文化活动的综合体，它和海南社会的历史、政治、宗教、文化、民俗等方面有着千丝万缕的联系，有着极大的文化价值和艺术内涵，承载着海南人民的移民史和家族史，是海南重要的文化标识，也是中华文化大家园不可忽略的人文版图之一角。海南民歌中，黎族民歌、苗族民歌、军话民歌、崖州民歌、儋州调声、哩哩美等，都是海南民间艺术最为耀眼的明珠，承载着海南厚重的人文历史，是一座丰富的文化金矿。

　　海南民歌有扎实和广泛的群众基础。由于文化渊源、语言和宗教信仰不同，海南歌谣民谣的流传有特定的地理界限。但随着时间的推移，各民族之间交流增多，习俗互相同化、语言互通，歌谣不断突破原来的地域，互相渗透、借鉴，流传范围不断扩大。但因民族、语言、居住地区的不同，海南民间歌谣的唱法、音调、韵律也有所不同，海南歌谣民谣因此分为汉族歌谣民谣、黎族歌谣民谣、苗族歌谣民谣和回族歌谣民谣。

　　6月25日，调研组在东方大剧院参加了海南省第二届军话民歌展演文艺晚会，现场座无虚席，秩序井然，气氛热烈，来自全省各地的民间艺术家共同擦亮了军话民歌这颗"活化石"，让人感受到军话民歌所蕴含的历史内涵和现实意蕴。军话民歌流行于三亚市、儋州市、昌江黎族自治县和东方市等军话方言区，其中东方市军话方言人口较多，群众基础好，历史文化底蕴深厚。千年前形成的"下南节"民俗节日，以军话民歌对歌为主要内容，铸就了"下南节"的文化灵魂，至今依然兴盛。文艺晚会上，省民间文艺家协会授牌东方市"海南军话民歌创作演示中心"，希望借此推动军话民歌在"三市一县"的繁荣与发展。近两年，海南省民间文艺家协会还在陵水疍家渔排等10处建设民歌创作演示中心。

　　海南民歌的流传，琼南比琼北更盛行。在耕耘劳作、酬神祭祀、走亲会友、谈情说爱、婚嫁丧葬、游戏娱乐等场合，时常都能听到歌谣咏唱。据介绍，歌谣咏唱的形式灵活多样，有集体咏唱、个人咏唱、对唱等。民间会定期和不定期举办歌会、歌谣创作比赛。调研发现，国家级非遗保护项目崖州歌谣传播的中心地区在古崖州沿海一带，即今天三亚崖城以西至乐东沿海一带农村，且在乐东地区比三亚地区的传播范围更广。崖州歌谣在乐东的九所、利国、黄流、英海、佛罗一带都比较流行，而崖州民歌在三亚地区主要集中在港门、保平，其次是梅山、凤岭。崖城、水南虽是中国历史文化之乡，但由于这里主要是军话和迈话方言区，因此，以崖州客话演唱的崖州歌谣在这里流传甚少。

　　琼北虽不如琼南盛行歌谣，但由于不少黎族同胞喜爱和传唱崖州歌谣，也创作了部分崖州歌谣，使其在琼北某些地区流传，归国华侨中也有人致力于创作传唱崖州歌谣。儋州调声山歌协会会长符赐钱介绍，随着崖州歌谣的发展，其影响区域不断扩大，东至陵水，西至东方八所，北至保亭、五指山。《中国歌谣集成海南卷》中也收录了琼北部分市县用崖州调创作演唱的歌谣。

二、海南民歌是北部湾文化的重要组成部分

建设西部陆海新通道是党中央、国务院做出的重大战略部署，是加快形成国内国际双循环新发展格局的重要举措。海南处于西部陆海新通道出海口对应的重要区位，可以文化为媒，向外寻求发展机遇，从而促进北部湾区域交通物流经济深度融合发展。因此，笔者认为，研究北部湾的文化建设对进一步推进海南自贸港建设具有重要意义。

国家层面重视北部湾区域文化研究。2023年3月底，中国民协组织广西、广东、海南三省（自治区）进行了"北部湾叙事——滨海民俗与海岛民歌调查"活动，笔者有幸参与这次调研，收获颇丰，以此调研为契机，了解到更多民歌所包含的历史人文信息。6天3省（自治区），调研组成员步履不停，从广西、广东行至海南，一路调研三娘湾民俗、跳岭头表演、独弦琴演奏、哈歌、花棍舞、雷剧、雷州歌、姑娘歌、醒狮、哩哩美渔歌、临高木偶戏、临高八音、陵水疍歌等民间文化，深入发掘滨海民俗与海岛民歌，探寻北部湾文化根脉，形成诸多共识。

北部湾民歌文化是相通的。广西、广东与海南三省（自治区）同属北部湾文化圈，每到一处都能真切感悟到文化同根同源带来的心灵共鸣，从乡野民歌到滨海民俗，各地在保持着自己相对独立地域文化特色的同时，又有着诸多内在的血脉联系。雷琼同属闽南语系，它们文化同源，语言相近，民歌、民俗近似。

海南民歌在北部湾占有非常重要的地位。海南岛是一个汇集众多族群、众多话种的方言大岛。岛上居住着汉、黎、苗、回四个民族，汉族又分为客话（海南话）、军话、迈话、儋话、村话、临高话、疍话、长流话八大汉族方言集群。黎族又分为杞、润、哈、赛、美孚五个方言区，各个方言区语言各异，相应产生了不同的歌谣与民俗。这些族群一起创造了中华文明版图中最南端的地域文化。不同语言和民俗的融合、发展，使海南岛呈现出丰富多彩的文化生态和竞相发展的蓬勃生机，也产生了不同的歌谣形式。

三、海南民歌保护与创新有了新的进展

外来文化与海南本土文化的碰撞、磨合，对海南民歌的保护传承带来了影响。比如有的民歌是家族内部传承，传承断层严重，后继乏人。乐东音协副主席刘美英和东方市苗族歌舞协会会长盘秀荣均表示，随着时间的推移和城镇化进程的加快，传统村落不断消失，那些代代相传的民间艺术将随着人才凋零而消失，原生态的海南民歌随着老歌手的离去，将永远流失。

积极推进海南民歌传承保护与创新发展有深刻意义。一是有利于延续海南优秀传统文化，增强对"海南文化"的整体认同；二是有利于传承和保护海南岛本土文化的多样性，由于独特的自然环境和历史沿革，海南文化具有独特的地域特色，加强对海南民歌的传承和保护，是保护海南岛本土文化多样性的重要途径；三是有利于提升海南自贸港的文化软实力，加强海

南民歌传承保护与开发利用，为海南自贸港建设提供了丰富的文化资源。

近年来，海南歌谣传承、保护与创新呈升温态势。2003年10月，联合国教科文组织第32届大会通过了《保护非物质文化遗产公约》，中国于2004年8月加入其中，海南先后有崖州民歌、黎族民歌、儋州调声、苗族民歌、哩哩美入选国家级非物质文化遗产保护名录，在此背景下，海南民歌的承传和保护呈现良好氛围。乐东民协副主席陈聪表示，随着新媒体时代的到来，海南民歌的演唱场所开始从房前屋后、田间树下、庭院楼台，走上舞台、移动端，海南歌谣的创作演唱空前火热，越来越多人投入海南民歌保护和传承工作中。

四、推进海南民歌保护与创新

历史是地域之根，文化是社会之魂。海南民歌承载着民族的心灵史、地方的文化史，是讲好中国故事、海南故事的出彩篇章，也是中华文化不可割断的文脉。我们要处理好民歌保护发展与历史、人文、自然环境的有机协调，使传统文化得以延续，融入新时代，把具有海南特色的民歌文化推向新的高度。

如何推动海南民歌保护与创新？笔者认为，一是围绕民歌建设重大理论和实践问题，扎实推进传统民歌的研究。二是创新传播方式手段，促进海南民歌的推广普及。借助移动互联网、大数据、人工智能、虚拟现实等新技术，通过各类教育基地建设等方式，引导公众提高对海南传统民歌文化保护意识，关注和热爱传统民歌，催生海南传统文化传播的新动力。三是充分重视人才队伍建设，一方面要加强民歌传承人的培养，另一方面要培养热爱海南民歌传统文化事业发展管理人才、文创人才和营销人才，搭建凝聚智慧、共谋传统民歌发展的优质交流平台，推动海南传统民歌高质量发展。

此外，要特别重视民歌抢救工程。要对海南民歌进行系统抢救和整理，让不同族群的民歌得以保存，并发扬光大。尤其在自贸港建设的当下，海南民歌承载着海南文化的厚重记忆，是海南文化不可或缺的重要内容，是海南文化艺术之魂。2022年，海南省民协联合中国民协、高校研究机构、媒体、文学艺术团体等社会各界力量，发起"海南民歌抢救工程"，通过口述实录、视频制作与传播，收到了良好的社会效果。下一步，要对海南民间歌谣进行系列的田野调查和口述实录，深入挖掘海南民歌文化和历史遗存，建立数据库，提升海南文艺原创力，推动海南文艺传承和创新，让海南在自贸港建设过程中"留住记忆""记住乡愁"，延续历史文脉，构筑起海南文化艺术的基因宝库，推动新时期海南民间文艺事业的繁荣发展，为自贸港的建设提供文化软实力支撑。

踏歌追潮北部湾

郑天雄[*]

一、北部湾歌谣民俗资源概况

北部湾海域总面积约12.8万平方千米，是南海西北部的一个美丽富饶海湾。北部湾位于我国南海的西北部，是中国西南最便捷的出海港湾，东临中国广东雷州半岛和海南岛，北临广西壮族自治区，西临越南，与琼州海峡和中国南海相连，被中越两国陆地与中国海南岛所环抱。海域总面积约12.8万平方千米，是南海西北部的一个美丽富饶的海湾。"北部湾叙事——滨海民俗与海岛民歌调查"活动从学术上可以更好地与东盟各国滨海民俗与民间信仰形态及其内涵作比较，了解彼此之间文化异同、文化交流渠道、文明互鉴作用。

北部湾滨海区的海歌、疍歌、渔歌、祭祀歌、恋爱歌、

---

[*] 郑天雄，广西山歌学会会长。

婚嫁歌、摇篮歌谣非常丰富，节庆民俗方面钦州市每年都举行"钦州开海节"，防城港东兴市有"京族哈节"。京族哈节是为了纪念海神公的诞生，京族人每年都要到海边把海神迎回哈亭敬奉，祈求人畜兴旺、五谷丰登。京族哈节的日期各地不同，沥尾岛为农历六月初九到十五，巫头岛为八月初一到初七，山心岛为八月初十到十五。京族哈节周期很长，渔民祭海神的虔诚之心可见一斑。哈节仪式主要有迎神、祭神、乡饮、送神等内容。哈亭是节庆的活动中心，哈节期间，全村男女老少穿着节日盛装，聚集在哈亭内外，依次举行迎神、祭神、入席、送神等仪式。而湛江市雷州半岛每年八月的"湛江开渔节"是北部湾滨海区开海的一道亮丽风景线。在经历三个月休渔期后的开海祭海仪式隆重而庄严。开海时，开海祭师们跳着古老的傩舞，祭海傩舞是广泛流传于雷州半岛的一种祭雷游神、驱鬼逐疫、祈求吉祥的民间舞蹈，通过对鬼神的模仿，表达着最朴素的"驱鬼、逐疫、尊神、守正"的文化信念。而在海南岛琼州市"潭门开海节"最为出名，开海节举办当天四面八方的市民游客蜂拥而至，盛况空前。

　　北部湾滨海区宗教信仰：从钦州三娘湾到防城港海岸，供奉着花婆庙、伏波庙、龙王庙、北帝庙；雷州半岛多供奉冼夫人庙、龙母庙、妈祖；徐闻白鹤寺供奉真武庙、吴川真武庙。而在海南岛供奉的龙王庙比比皆是，走在临高调楼镇抱才村的海岸边，每走几步都会有面朝大海的神龛，渔民在出海之前都会到神龛和庙宇拜祭海神。庙宇有峻灵王庙、陈杨庙、火光庙、关马庙等。在海南各个沿海市县，出海祭祀成为渔民的习惯。海南民间所信仰的"海神"纷繁众多,流传较广、代表性的分别为南海观音、西边峻灵王、东北部水尾圣娘、琼海潭门兄弟公以及全岛沿海分布较广的妈祖,除此之外,拜伏波将军、龙王、冼夫人等神祇渔民亦有依例祭祀。

二、北部湾歌谣、民俗文化传承保护体会

考察调研中,京族三岛的歌谣、喃字、民俗传承保护生态围绕一年一度京族"哈节"进行,得到较好的传承保护。雷州半岛博物馆的众多的石狗神灵给考察者留下深刻印象,雷州石狗雕刻艺术是雷州半岛上的一朵艺术奇葩,雷州石狗从"图腾"到"呈祥灵物",到"守护神""司仪神"雷州石狗造型千姿百态,神采飞扬、栩栩如生,无疑是雷州半岛珍贵的文化艺术遗产。海南岛陵水新村渔港疍家渔排也让人印象深刻,专家们在疍家渔排上体验了海南首家海上共享渔庄的疍家海上生活。以民间文艺家吴桂兰为团长的新村渔港疍家艺术团,坚持以疍家话谱写民歌,用民歌记录生活,用实景舞台剧《哭嫁》唱哭了观摩的专家和游客,让游客在特色疍家民俗文化氛围中消费、在消费中沉浸式体验海南陵水疍家民俗风情。

调研活动中也发现了一些不足问题:民俗礼仪的仪式感退化,商业化、娱乐化严重。正如韦苏文指出的:有些地方的民俗事项被割裂,甚至存在"伪民俗"的现象,民歌表演的表现有余,内涵挖掘不足,民间文化空间狭小;不同的人对不同文化事项各取所需,没有形成民间文化的整体性;多数传承人

的年龄较高，缺乏年轻力量，民俗民歌的传承仍然存在困难；传承人的传承方式常常以舞台和表演形式呈现，成为半职业演员，失去了该文化事项原有的传承环境，缺少对文化的尊重感、敬畏感。

三、北部湾歌谣民俗文化传承保护的思考

1. 北部湾歌谣民俗文化传承保护在乡村振兴中发展

文化认同感、民族归属感是北部湾歌谣民俗生态在未来得以良好传承保护的精神内核。乡村青年一代是实施乡村振兴战略主力军，但是，当下的"80后""90后""00后""10后"与老一辈群体的生活态度、生活方式、人生三观、精神追求存在巨大差异。滨海地区的渔民子弟生活比较富裕，容易在灯红酒绿间迷失，部分人成了不养老、不养小、没有敬畏心的问题群体，渔民渔村的社会矛盾问题时有报道。凡此种种，打破了传统渔村的和谐生态，而年青一代缺乏集体感、事业感、荣誉感、归属感。因此，将散了的人心和魂魄找回来，让北部湾的青年一代从歌谣民俗的文化认同中找到归属感是关键。政府搭平台引导，多举办活动让本埠歌谣民俗与外埠歌谣民俗交流；让专家学者为北部湾歌谣民俗传承保护献言献策；让民间歌手传承人在多媒体勤曝光多亮相；让流行音乐大咖和本地歌手、歌谣传承人交流结缘；潜心耕耘，围绕乡村振兴中心工作歌唱；培育涵养一批批北部湾地区的新民谣创作群体，创作出北部湾特色和时代气息的优秀音乐作品，让北部湾歌谣民俗伴

随乡村振兴而得到传承、弘扬、发展。同时，北部湾歌谣民俗文化为培育一代代爱国、爱家、爱民、爱社会，有理想、有担当、有情怀的红色接班人发挥新作用、做出新贡献。

2. 北部湾歌谣民俗文化传承保护生态在中国式现代化进程中推进

习近平总书记在党的二十大报告中指出："必须坚持在发展中保障和改善民生，鼓励共同奋斗创造美好生活，不断实现人民对美好生活的向往。""发展海洋经济，保护海洋生态环境，加快建设海洋强国。"为推进北部湾地区向海经济高质量发展指明了方向、提供了根本遵循。以广西为例，广西构建了以"南北钦防"为核心的"一核引领、两区联动、四带支撑"的向海经济发展空间布局，打造向海经济北部湾先行区。依托西部陆海新通道，以沿海经济带服务内陆发展，以内陆腹地支撑海洋开发，促进陆海产业链供应链对接，逐步形成陆海统筹、江海联动、山海协作的向海经济发展新格局。国家深入实施西部大开发战略和推进兴边富民行动，鼓励东部产业和外资向中西部地区转移，重大项目布局将充分考虑支持中西部发展，加大力度扶持民族地区、边疆地区发展，支持西南地区经济协作、泛珠三角区域合作以及国内其他区域合作，为北部湾经济区加快发展注入了新的活力和动力，更为北部湾歌谣民俗文化传承保护提供了空前的发展机遇。北部湾滨海节庆民俗文化需要由组织者策划者的准确定位设计，执行者需要精心实施，去赢得传承者、弘扬者、经营者、体验者、参与者的好口碑，以吸引市民和外地游客前来打卡，不断满足市民游客精神生活追求，满足人民群众对美好生活的向往，把社会效益和经济效益两手抓两手硬。北部湾滨海节庆民俗文化围绕铸牢中华民族共同体意识、扎实推动共同富裕的伟大实践为中心，发挥歌谣民俗凝心聚力作用，彰显北部湾地区人民群众好日子天天放在歌里过得满满幸福感、自豪感。把北部湾歌谣民俗文化传承保护生态放在中国式现代化进程中推进，必将获得更大的生存发展空间。

3. 北部湾歌谣民俗文化传承保护在"一带一路"倡议和建设"中国—东盟命运共同体"实践中立新功

中共中央总书记习近平近年来在关于宣传弘扬中华优秀传统文化的重要讲话中强调："要更好推动中华文化走出去，以文载道、以文传声、以文化人，向世界阐释推介更多具有中国特色、体现中国精神、蕴藏中国智慧的优秀文化。""要深入开展各种形式的人文交流活动，通过多种途径推动我国同各国的人文交流和民心相通。"广西、云南陆地上毗邻越南、缅甸、老挝，北部湾三省（自治区）滨海地区连接越南、泰国、马来西亚、文莱、印尼等东盟沿海国家。中南半岛古老的西瓯、骆越族群是壮侗语族、壮傣语支的祖先，壮侗、壮傣族群仍流传着"内滷眉巴，内那眉考"。意即"水中有鱼，田中有米"的越人歌谣。百越族群创造了与日月同辉的稻作文明，稻作文化圈也称"那"文化圈。"那"（壮傣语汉译为水田）文化圈涵盖广西、海南、云南的大部，广东、湖南、贵州的一部分，辐射至东南亚中南半岛五国，涉及人口一亿多的稻作民族。中国壮侗语系的壮族、傣族、侗族、布依族、水族、仫佬族、毛南族、黎族，越南的岱族、泰族、侬族、布依族、热依族、高栏族，老挝的佬族、普族、泰族、泐族、润族、央族，泰国的泰族、佬族，缅甸的掸族，印度阿萨姆邦的阿洪人，他们早期是有共同母语的群体，在这个历史久远的"那"文化圈中具有"习俗相近，语言相通"的文化渊源。而"那"文化圈中东盟各国城市是"一带一路"必经的节点城市，也是建设"中国—东盟命运共同体"示范节点城市。

英国历史学家彼得·弗兰科潘（Peter Frankopan）在《丝绸之路：一部全新的世界史》中关于丝绸之路有一个预言式论断——"世界旋转的轴心正在转移——移回到那个让它旋转千年的初始之地，丝绸之路"。早在2000多年前，广西北部湾沿海就已经是海上丝绸之路的始发港，为亚欧交流与合作做出了贡献。海上丝绸之路始端的中国大陆的南端，当时的港口有徐闻、合浦、番禺等，其中合浦港曾是最为繁荣的港口。改革开放以来，中国人民经过四十多年的艰苦奋斗，经济建设取得了举世瞩目的成就，在经济全球化贸易往来中创造了求同存异、合作共赢的中国模式。截至2023年1月6日，中国已经同151个国家和32个国际组织签署200余份共建"一带一路"合作文件。它表明不同种族、不同政治体制的世界各国人民高度认同习近平主席提出的"一带一路"倡议和建设"中国—东盟命运共同体""人类命运共同体"发展理念才是当今世界各国走出困境的解决方案。中国和平崛起已是历史必然，中国人民需要走出国门去向世界表达爱好和平、携手发展、合作共赢的愿望，主动向世界传递"一带一路"美好的愿景。这些为北部湾经济区营造了和平稳定发展的周边国际环境。考察中得知，越南"喃字"学者每年都有跟多人想到找东兴市京族苏维芳老师拜师学艺，而崇左市的壮族"侬峒节"中越两国边民互相跨过国境线过节把酒叙友情，中越青年每年相邀来往心仪的地方"赶歌圩"以歌会友、以歌传情、以歌言欢、以歌恋爱。这种民间活动为东盟国家民间"走亲"工程搭建了平台。

四、北部湾歌谣民俗文化传承保护生态建设的建议

打造"我们的节日（广西'京族哈节'）·北部湾民俗盛典""我们的节日（广东'湛江开渔节'）·北部湾民俗盛典""我们的节日（海南'潭门赶海节'）·北部湾民俗盛典"系列民俗品牌。

（一）打造民俗品牌的必要性

随着中国南海局势发展走向的关注，与之相关骆越文化研究受到高层的重视。壮族祖先古骆越人创造了璀璨的稻作文明，稻作文化对人类文明有着深远影响。广义的骆越文化主要特征：善种水稻；制造和使用铜鼓；善造舟楫驾驭江河湖海；建住干栏式楼房；善唱歌，语言与古越语一脉相承；文身染齿；崇信巫鬼、尚鸡卜等。本次考察中专家们发现广西壮族、贵州布依族、海南黎族，甚至泰国泰族、越南岱族、老挝佬族等相同发音的"达"都是指眼睛、"罢"都是指嘴巴、"比"都是指鸭子，究其原因是因为同属"那"文化圈，因此尚传承

部分相同的古骆越文化基因。

北部湾歌谣、民俗文化资源是我国南方海洋文化资源库的瑰宝。它口口相传中国南方海耕族群在北部湾战风斗浪向海而生的繁衍历史。北部湾地区有着丰富的物质文化包括村屯、房屋、古树、渔船、码头等，还有龙文化、蛙文化、雷文化、铜鼓文化、海歌、疍歌、童谣、神话、记忆、仪式、信仰等非物质文化资源也很丰富。北部湾丰富的文化生活不是被人为设计的，它总是存于代代相传的北部湾渔民的生产、生活、精神、感情里。北部湾歌谣民俗反映了滨海族群的生活方式、系统知识、思维方式、情感表达方式。然而，随着人类文明进程的迅猛发展，人类自身生存发展的需要，北部湾歌谣民俗也将快速进入'用进废退'消失阶段。放任自流，那么北部湾地区海耕渔业独特的文化习俗也会消失，复杂的宗教仪式、口耳相传的历史也会随之消亡，耕海渔民世代积累对海洋的认知、渔业渔民的生产生活方式的知识也将停止传递，耕海民族独特的创造力也将失去。北部湾地区歌谣民俗应对新的生存环境进行传承保护刻不容缓。北部湾三省（自治区）的民间文艺家协会应当积极担当，通过联合互动为北部湾歌谣民俗传承保护探寻新路、创新机制、整合资源有所动作，为北部湾歌谣民俗文化传承保护生态建设积极行动。

（二）打造系列民俗品牌的迫切性

北部湾歌谣、民俗文化有一个只属北部湾滨海地区的独特文化时空。北部湾文化传承保护生态，先要尊重古老的传统习俗，留住"活着的文化"传统，保护好北部湾地区复杂文化生态个性具有迫切性。同样是北部湾滨海耕海族群，广西防城港市东兴京族三岛歌谣民俗、钦州钦南区三娘湾汉族歌谣民俗和北海市涠洲岛上客家渔民的歌谣民俗有着天差地别。同处于湛江市雷州半岛的雷州和徐闻渔民的生产方式、歌谣民俗存在极大差异，海南岛临高渔民和陵水海耆人家的生活习惯和民俗礼仪有着鲜明区别，说明了北部湾地区海耕文化体系的复杂性和个性化的客观现实。因此，必须旗帜鲜明地反对民俗文化事象的造假行为。近年来，在广西乃至全国都有民俗文化活动中存在的造假行为，炮制了没有严谨学术支撑、不被民众所接受的伪民俗。随心所欲地进行民俗庆典造假、族谱造假、人物造假、文物造假、考古造假、考察造假等行为。一些专家学者们所作的研究领域、学术成果被地方政府打造文化名片或文化旅游策划所绑架利用。所以，北部湾歌谣、民俗文化传承保护生态显得尤为迫切。传承保护好生于斯长于斯的人们传承岁时节令礼仪民俗，一代代传唱祖辈留下的海歌童谣，让人们有感而发地编写吟唱对这湾大海一片深情的新海歌、新民谣，北部湾歌谣、民俗文化生态，就如同北部湾的日出月落，在新时代焕发其勃勃生机。

（三）打造系列民俗品牌的可行性

1. 可在推进"一带一路"文化带建设和营造建设"中国—东盟命运共同体"人文环境中铺设新通道、发挥新作用

系列民俗品牌目的是发挥北部湾地缘文化优势，服务"中

国—东盟命运共同体"建设。所谓地缘文化，就是地缘相接、人缘相亲、地域一体、文化一脉。北部湾三省（自治区）滨海区毗邻；北部湾滨海地区渔村、渔业、渔民的生活环境和生活习俗大同小异；北部湾三省（自治区）滨海区的文化习俗、文化事象与其他地区滨海区的有所区别。区别来自文化心理，同属北部湾地区的耕海群体具有强烈的文化认同感，发挥北部湾滨海区"我们的节日·北部湾民俗盛典"民俗品牌规模效应，提振北部湾三省（自治区）民间文艺交往、交流、交融人气，做大做强北部湾民俗文化品牌规模，拉动北部湾滨海民俗人文旅游业态振兴发展。广西京族三岛的歌谣和生活习俗与海那边越南氵万柱岛上的耕海人没什么不同，不同的是京族人均财富是中国最富裕的少数民族，体现了走中国特色社会主义道路的制度优越。而海南岛临高渔民语言有30%左右的词汇与壮族相通，海南岛和雷州半岛的妈祖庙和金滩京族哈亭、海歌、海舞、海祭形态各有特色，但是功能诉求一样。利用北部湾与"一带一路"东盟沿线国家的地缘文化优势，推动中国与东盟双方的彼此理解、平等共赢，促进文化交流、文明互鉴，传递中国情感。国家贯彻与邻为善、以邻为伴的周边外交方针，我国与东盟等周边国家的睦邻友好和务实合作将得到进一步加强。因此，东盟"一带一路"沿线国家是必须争取的战略支点。利用系列民俗品牌在北部湾地区开展民间文艺与东盟互相"走亲"活动平台，加强中国与东盟国家进行睦邻友好来往，可持续地开展"走出去，请进来"的民间文艺与东盟"走亲"工程，及时修补对外项目进行中文化输出不配套、不到位、影响力不足的问题，逐步探索建立可持续民间文艺交流生态体系，弥补目前存在的"短板"。北部湾地区民间文艺活动首当其冲作为与东盟民间文化交往的突破方向，铺设一条与东盟国家间生态良好的民间民俗交流文化带，为我国在东盟建立互信友好的"命运共同体"关系夯实基础，利用好北部湾地区民间力量助力"一带一路"顺畅走向深蓝，新举措无疑具有破局的现实意义。

2. 可以为振兴北部湾地区文旅产业、助力民间民俗业态建设中探索新路子、缔结新成果

根据2017年印发的《北部湾城市群发展规划》，北部湾城市群的规划范围包括广西壮族自治区的南宁市、北海市、钦州市、防城港市、玉林市、崇左市，广东省的湛江市、茂名市、阳江市，海南省的海口市、儋州市、东方市、澄迈县、临高县、昌江黎族自治县，陆域面积11.66万平方千米，海岸线4234千米，还包括相应海域。全球化文化休闲旅游产业以彰显差异化、特色化吸引游客是大势所趋，北部湾三省（自治区）的歌谣、民俗文化既有着耕海文化的共性，更彰显了各自的独特性、唯一性、差异性。"一带一路""那"文化圈有着"语言相通、习俗相近"的文化近邻关系，北部湾地区民间供奉的众多神灵，同样在"那"文化圈东盟国家民间有所供奉。让人们重蹈古骆越族群创造的稻作文明之路，沿着海岸线一路走进"那"文化圈，走进东盟国家进行深度体验。让北部湾歌谣民俗传承保护文化生态在游客的旅游体验消费中推动，通过自身的价值吸引获得众人喜爱、关注、支持，带来资金、技术等保

障，也是一条活态的、可持续发展的新路子。向市民游客多侧面展示北部湾歌谣、民俗文化的多姿多彩，彰显海耕民族历史之美、人文之美、节庆之美、服饰之美、音乐之美、戏剧之美、建筑之美、食品之美，北部湾三省（自治区）的歌谣民俗文化生态就会焕发出其迷人魅力及其无穷生命力。

3. 可以在对外彰显中华优秀文化、对内增强北部湾地区文化软实力中展现新作为、做出新贡献

北部湾是西部陆海新通道枢纽，是面向东盟的金融开放门户。利用系列民俗品牌，率先开展面向东盟的民间文艺相互"走亲"活动，建设"一带一路"东盟命运共同体文化生态示范带，与"一带一路"沿线国家的社会各界和民间建立良好交流生态，建立亲善互信的关系，消除误会、化解矛盾成为破解这个难题的核心诉求，注重弘扬中华和谐文化，同步抓好文化软实力建设，充分发挥文化影响力的能动作用。率先在北部湾地区"一带一路"东盟沿线国家建立常态化的民间文艺交流驿站进行交流互动，紧密北部湾三省（自治区）民间文艺组织和东盟国家民间文艺家之间的联系，传播中华与邻友善的文化，讲好中国故事，发挥北部湾地区民间文艺服务东盟的作用，彰显中华优秀文化软实力。北部湾歌谣民俗文化生态效益必将得到进一步加强，北部湾地区民间文艺与东盟国家民间文艺一旦建立起良好的互动生态，将极大地促进北部湾三省（自治区）的民间文艺传承保护生态建设。北部湾歌谣民俗传承保护生态也将步入全新的、具有良好保护、传承、修复、再创造、再发展的新时代。

粤西姑娘歌的艺术类属的学理辨析及其实践意义

甘咏梅[*]

"一种事物的本质特征,是指该事物区别于其他事物的最为基本的和独有的客观属性"[1]。作为一个单独存在的粤西曲种姑娘歌,它以鲜明的特色区别于其他曲种,具有自身艺术门类的本质属性。由于现实中姑娘歌的节目形态有三种演出样式,并拥有着各自独特的审美及文化功能,但最具有曲艺"说唱"叙述表演特征的核心样态是"劝世歌"类的节目。而"劝世歌"节目样态与内容呈现的是"说书"型曲艺中的"小书"类曲种特征。因而,姑娘歌是"一种采用流行当地的闽南语系次方言'雷州话'演出,说唱相间,以唱为主"的"曲艺说书形式。"[2]但据我们在调研中发现,当下一些相关论者在文论中仍然存在着对曲艺姑娘歌艺术类属的认知模糊,以及混淆指

---

[*] 甘咏梅,岭南师范学院音乐与舞蹈学院教授。
[1] 吴文科《曲艺综论》,北京时代华文书局,2015年,第3页。
[2] 甘咏梅《姑娘歌:独特的粤西曲艺》,《光明日报》2016年5月6日第5版。

认的问题，导致姑娘歌的学术理论研究与非遗保护创演都出现了不尽如人意、南辕北辙的现象。而对一个曲种本质属性的科学认知与准确把握，是我们探索这个曲种艺术上内部规律的学术起点与科学传承的实践支点，决定着我们保护非遗的美好初衷能否如愿实现。因而，对姑娘歌艺术类属的相关辨析与专题探讨便显得尤为迫切和必要。

一、姑娘歌类属的不同认识及表述

关于姑娘歌的相关介绍，大多存于雷州歌研究的相关文献资料中。笔者在梳理姑娘歌研究的这些文献时发现，许多论者从不同角度做过不同程度的表述。一是，依据姑娘歌三种节目样态中比较受群众熟悉与喜爱的"对斗歌"节目样态，并以其舞台表演形式特征，认为"姑娘歌是雷州民间演唱艺术的一绝，有如东北民间演艺'二人转'，一男一女，男的艺名叫'相角'，女的艺名叫'姑娘'，因以女角为主，故定名为'姑娘'歌"[1]；二是，从群众民间活动文艺视野角度，认为"姑娘歌是一些能歌善舞的出口成歌的雷州歌手，组织起来以歌谋生，有男有女，女的叫'歌姑娘'，男的叫'相角'（配角的意思），以歌姑娘为主，以相角为辅，因而群众把这种雷歌活动形式称为'姑娘歌'。"[2]三是，通过对姑娘歌"对斗歌"艺术的历史源流考察，认为"姑娘歌是在雷州口头文学雷

---

[1] 何希春《雷州歌大典》，中国文联出版社，2006年，第525页。
[2] 林涛《雷州歌大全》，中国戏剧出版社，2006年，第4页。

州民歌、民谣及其'自讴''对唱'艺术的基础上经过长期发展演变而形成的曲艺形式。……歌手女的称'姑娘',男的称'相角'。表演活动以'姑娘'为主,'相角'为辅,故称姑娘歌。"[1]四是,从艺术门类角度,解释了姑娘歌的名称由来,"姑娘歌是由雷州半岛的民歌——雷州歌发展形成的一种说唱艺术。女演员称'姑娘',男演员称'相角'。以姑娘为主,以相角为辅,所以称姑娘歌。"[2]

以上观点分别从不同角度表述了姑娘歌的表演特点,对于初步认识和辅助理解姑娘歌艺术特点都有一定的帮助。但比较明显的缺陷是,对姑娘歌定义仅对姑娘歌中比较受群众欢迎的以"对唱"为特征的"对斗歌"节目样态的表演特征进行了描述,并未揭示姑娘歌的艺术全貌及本质属性包括类属。如在《雷州歌大典》中提到姑娘歌是一种"雷州民间演唱艺术",对姑娘歌所属艺术门类没有给予比较清晰的阐释,仍存在着姑娘歌到底是曲艺还是民歌或是戏曲等问题。同样,在《雷州歌大全》中对姑娘歌的描述是"一些能歌善舞的出口成歌的雷州歌手,组织起来以歌谋生"的"雷歌活动形式"。这种较为片面地依据姑娘歌的一种节目类型及其演出样态来解释姑娘歌艺术本质属性的做法,由于没有兼顾姑娘歌的主体节目形态以及全部类型,显得较为宽泛与含混。《雷州非物质文化遗产》与《中国曲艺志·广东卷》著述中,对姑娘歌的内涵解释就较明

---

[1] 政协雷州市委员会《雷州市非物质文化遗产》,内部刊物,2013年,第55页。
[2] 中国曲艺志全国编辑委员会《中国曲艺志·广东卷》,中国ISBN中心,2008年,第70页。

晰一些。如在《雷州非物质文化遗产》中指出姑娘歌是一种"曲艺"艺术，而在《中国曲艺志·广东卷》中则进一步阐释了姑娘歌是一种说唱相间表演的"说唱"艺术。由此，我们可以看出这两本著述已经明确了姑娘歌所属的艺术门类是曲艺，但仍缺乏对于其所属曲艺艺术的具体种类的厘定。关于姑娘歌到底属于曲艺"唱曲类"曲种，还是属于曲艺"说书类"曲种，或是属于曲艺"谐趣类"曲种的艺术类属问题，仍未十分明确。

二、姑娘歌与相关艺术形式的比较

对姑娘歌本质属性及其类属特性的认知，我们还可以通过与姑娘歌关系比较密切的艺术形式之间的对比来获得更深刻的理解。

（一）姑娘歌与雷州歌

雷州歌作为姑娘歌的形成渊源即前身，是姑娘歌据以发展形成的母体和基础。他们之间拥有的共同艺术构成要素是都采用"雷州话"，都是以"雷州歌基本腔调"为基础进行口头创作和表演的艺术。但是它们之间的区别，正如民歌（音乐）与曲艺是两个不同的艺术门类一样，有着明显不同的艺术特征。众所周知，"民歌是劳动人民的集体创作，是劳动人民表达自己的思想、感情、意志和愿望的一种艺术形式，它反映了人民的生活,是人民生活中最亲密的伴侣。"[1]而曲艺则是"演员以本色身份采用口头语言'说唱'叙述的表演艺术。"[2]可以看出,作为一种歌种的雷州歌,它也是雷州人民集体创作,自由表达个人思想情感、意志愿望的声乐艺术形式,而曲艺则为一种"说唱"叙述的表演艺术。换言之,姑娘歌是一种以语言性的说唱叙述表演为主的"说书"表演形式,而雷州歌则为一种抒情性为主的歌曲演唱形式。具体区别表现在以下四个方面:

1. 审美功能不同

雷州歌属于自娱自乐非功利性质的群众业余娱乐活动;而姑娘歌则是由一群专职姑娘歌演出的艺人专门从事粤西民俗年例演出活动,收取一定的演出酬金的职业活动,既体现了团队的专业性,又凸显了社会的功利性,同时还改变了表演的功能性质既娱神又娱人,而并非雷州歌的主要是自娱自乐即娱乐功能。

2. 唱腔特点不同

雷州歌的节目,一首仅仅是七言四句式的唱腔,只能用来抒发情感;而姑娘歌唱腔由于运用了单曲反复体与板式变化体结构,篇幅既有短篇,也有中篇与长篇,不仅可以用来抒情感怀,还可以用来叙述故事,启发思想并劝世教化。

3. 演唱者身份不同

雷州歌的演唱者是会说雷州话的雷州半岛人民群众,只要

---

[1] 中国艺术研究院音乐研究所编《民族音乐概论》,人民音乐出版社,2001年,第9页。

[2] 中国艺术研究院音乐研究所编《民族音乐概论》,人民音乐出版社,2001年,第9页。

他们熟悉雷州歌韵与雷州歌基本骨干腔调，几乎人人都能随时随地即兴编唱雷州歌，自由抒怀。而姑娘歌的演唱是由专门从事姑娘歌职业的艺人才能演唱的，他们一般要经过三至五年的师傅带徒弟式的口传心授，潜心学习，背诵歌母与曲本，经过实践磨炼，最后通过姑娘歌赛歌的检验获得金奖后，最终成为大家所认可的姑娘歌专业从艺艺人。因而，姑娘歌的表演者是职业性的演员，而非普通民众。

4. 演出场所不同

雷州歌的演唱是不分演唱场所的，田野巷头，家里庭外都可以，想唱就唱；姑娘歌由于主要社会功能是服务于粤西的年例民俗活动。除了每年端午节，会在雷州麻扶歌台举办的姑娘歌赛歌外，还会在雷州半岛的各处村落进行演出。这种有固定舞台表演的特点，也是姑娘歌区别于雷州歌的一个显性因素。

通过以上对比，我们可以比较清晰地得知，姑娘歌的本质属性是一种曲艺说书的表演形式，因其特殊的唱腔、演员、场所以及审美功能而区别于雷州歌。

（二）姑娘歌与雷剧

说起姑娘歌与雷剧之间的关联，也同样既有文化渊源上的承续关系又是分属不同的艺术门类。具体地说，雷剧是由姑娘歌的"劝世歌"节目类型发展到大班歌（雷剧的雏形），而后又发展为雷剧的。它们之间有着一些相同之处，如，它们都采用"雷州话"演出，并且雷剧唱腔是在"劝世歌"唱腔的基础上发展起来的，连同所演出的剧目，与姑娘歌的节目大都同名同内容。同时，"劝世歌"与雷剧都是一种通过故事演绎启迪教化民众的舞台表演艺术。但从艺术门类特征上看，姑娘歌与雷剧还是存在着艺术属性上的本质不同。概言之，姑娘歌是演员以本色身份进行第三人称叙述故事的曲艺说书表演，而雷剧则是演员进行角色化装后以第一人称扮演故事中人物的戏曲表演。具体区别表现在以下三个方面：

1. 舞台表演方式不同

总体来说，"劝世歌"是"说法中现身"，而雷剧则是"现身中说法"。也就是说，"劝世歌"是用第三人称口吻"一人多角"式进行说唱相间的叙述表演；而雷剧则是演员装扮成戏里设定的故事中人物，以第一人称的口吻"一人一角"式进入角色代言表演。

2. 所采用的表现手段不同

"劝世歌"是姑娘歌艺人以本色身份，运用口头语言的"说唱"方式叙述故事；而雷剧则是演员扮演成角色以"舞台活动"方式再现故事。

3. 观众的审美接受方式不同

"劝世歌"表演由于姑娘歌艺人以本色身份，采用第三人称口头语言"说唱"叙述故事，因而观众在欣赏时需要把语言进行思想的"联想"转化，即通过想象才能理解姑娘歌艺人"说唱"所表达的内涵。而雷剧由于演员采用角色化扮演，以舞台的"动作"语言来直观表现故事并展示主题，是一种故事场景以及人物的"再现"式表演，因而，观众在欣赏时会感觉在"观察"并"经历"这个故事，不用通过想象进行思想内容的转化,直接可以"看"到故事的内容情境及人物呈现。

因此,我们可以看出,姑娘歌的"劝世歌"节目类型与雷剧的主要区别体现在艺术门类的属性上,其中"说法"的主要方法与"现身"的根本程度是我们进行判断的主要标志。

三、姑娘歌艺术属性及其类属辨析

曲艺学家吴文科先生把曲艺的本质内涵界定为:"演员以本色身份采用口头语言'说唱'叙述的表演艺术。"吴先生认为:这种口头语言的"说唱"表演,因其第三人称主导的叙述表达方式,就很明显地与以第一人称代言表演的戏剧艺术有着质的区别,又与以抒情性群众自娱自乐的民歌艺术更加不同。

我们在分析一个曲种的本质属性及其类属时,通常较倾向于从一门艺术的构成要素与审美功能角度去把握。因为这是一种艺术区别于其他艺术而独立存在的最本质的内在规定性。中国曲艺品种"按照审美创造的功能特点可分为以叙事为主要审美旨归的'说书'、以抒情为主要审美旨归的'唱曲'和以逗乐方式来明理即以说理为主要审美旨归的'谐趣'三大类。其中,'说书'类又可分为'徒口讲说'的'大书''又说又唱'的'小书'和以'似说似唱'的'韵诵'方式表演的'快书'三小类。"[1]因此,根据姑娘歌审美创造方式的特点,界定姑娘歌的概念内涵为一种"流传在粤西雷州半岛上,以闽南

---

[1] 吴文科《中国曲艺通论》,山西教育出版社,2002年,第114页。

语系次方言'雷州话'徒口表演、说唱相间、以唱为主的曲艺'说书'形式"[1]是比较符合实际情形的。而姑娘歌概念的外延则是广泛流行于广东湛江市郊和雷州、遂溪、徐闻、廉江县的西南部，以及香港、澳门和东南亚等地区，由雷州半岛的民歌——雷州歌发展形成的一种曲艺说书（小书）形式。

换言之，构成姑娘歌本质特征不可或缺的四个基本要素，是"雷州话""徒口表演""说唱相间，以唱为主"和"曲艺'说书'型'小书'类形式"。离开其中的任何一种要素，对姑娘歌本质属性的表述，在逻辑上都会不太严谨与全面。这四个基本要素的具体功能如下：

第一个基本要素是粤西特色的闽南语系次方言"雷州话"。由于姑娘歌的音乐唱腔曲调是在依据雷州话方言语音语调基础上生发形成的，根据情感与思想的表达而拖腔拉调衍生并最终固化形成的。因而"雷州话"方言就成了构成姑娘歌"说唱"表演的基本材质，也是标识自身曲种独立存在而有别于其他曲种的核心内容。

第二个基本要素是"徒口表演"。这主要是指姑娘歌的表演方式是没有乐器伴奏的徒口表演形式。也就是说，姑娘歌的表演不像其他曲艺曲种，诸如京韵大鼓、苏州弹词、四川清音等，大多为演员自演自奏或手持一样乐器配合小型民乐队组合进行舞台表演，而主要体现为无伴奏形式的徒口说唱表演。虽然曾在20世纪中叶出现过小民乐队伴奏的形式，但最终未能形

---

[1] 甘咏梅《乡土艺术的传承与地方高校的责任》，《艺术评论》2019年第5期。

成定式。

第三个基本要素是"说唱相间，以唱为主"。这主要是以姑娘歌曲艺唱腔特征发展最成熟与稳定的"劝世歌"节目样态艺术表现的手段与主要审美建构方式为主要考察标本提炼出的。也就是说，姑娘歌唱腔中既有"语言性"的说白，也有"音乐性"的唱腔，说唱相间，以唱为主，综合灵活运用说唱手段来表达故事内容，表现艺术主题思想。

第四个基本要素是"说书"型曲艺的"小书"类。这主要是由于姑娘歌"劝世歌"类似"弹词、鼓书、渔鼓道情、琴书"类曲艺，以说唱相间即"又说又唱"的表演形式，表现"家长里短，社会伦理，恩怨情仇、儿女情缘"等题材内容，而非像"评书、评话"类曲艺，以"徒口讲说"形式表现"王侯将相、金戈铁马、历史神话、英雄史诗"内容，也非"快书"类曲艺，以"似说似唱"的表演方式"韵诵"故事。这种"说书"型"小书"类的属性特性，标志着姑娘歌已经发展成熟为一种典型的曲艺类舞台表演艺术，从而区别于一般民间文学、民间歌曲、戏曲以及演讲等其他艺术门类。

四、准确把握姑娘歌艺术类属的现实意义

姑娘歌作为一个独立的曲种，有着曲艺独有的"说书"型"小书"类属本质。对于易于混淆的艺术形式，我们既要知道它们之间一脉相承的血缘关系，也要清醒认知它们之间各自不同的社会功能与审美属性。因而，准确认知并把握姑娘歌的艺

术类属，对于其科学保护与传承，有着重要的现实意义。

（一）有利于科学认知与建立姑娘歌作为独立曲种的研究意识

一个曲种理论研究的水平，往往与对本曲种艺术类属的认知深度相关，因为，这是该曲种内部规律的核心，也是架构该曲种理论体系的方向，更是该曲种区别于其他曲种最具特色的客观属性。因此，及时纠正当下对于姑娘歌艺术类属的模糊认知，有利于促进姑娘歌曲种理论形成独立完整的研究体系。目前姑娘歌的艺术发展不够良好，未能很好地彰显自身独有说书特质的原因，就是在姑娘歌艺术类属的认知问题上没有形成相对科学的理论共识。可见，正确认识并准确把握姑娘歌艺术类属，不但可以科学完善姑娘歌理论体系，而且还可以有效激活其服务当代社会文化发展的独特价值。

（二）有利于正确指导非遗姑娘歌的传承创演实践

姑娘歌的"说书"特质是其艺术本质的核心，所有姑娘歌的创演都必须符合曲艺规范性的口头语言雷州话"说书"特质，而其他诸如音乐、表情、动作、舞蹈、技艺等都是辅助"说书"的表演手段，不能喧宾夺主。更不能盲目追潮跟风，或没有原则地胡乱指称。传承实践中出现的问题无不在提醒我们：只有准确认知姑娘歌的本质属性及其类属，才能避免在革新创演时错把姑娘歌曲艺弄成一般的民歌、歌舞或小戏。而保有"雷州话"方言特色，突出"说书"特质，加强对传统节目内容的更新与新编节目的编创，优化表演技巧，应成为姑娘歌创演实践时应该着重关注的核心，从而使姑娘歌这朵粤西曲艺之花绽放出新时代的光彩，更好地满足当代雷州半岛民众的精神需求。

（三）有利于坚定姑娘歌曲种健康持续发展的信心

随着现代化与全球化的飞速发展，新的艺术样式不断催生，人民的审美水平与需求日益提高和增长，作为粤西非遗曲艺姑娘歌的生存与发展，正在遭受严重的挑战。加上姑娘歌创演未能跟上时代的步伐，现代审美内涵不够凸显，再加上姑娘歌当下的种种传承偏误与实践错位，使我们更加迫切地感到，姑娘歌传承不仅存在认知上的现实困惑，也影响着姑娘歌的未来发展信心。而当我们清晰明白了姑娘歌的本质属性及艺术类属，是以口头语言雷州话，徒口表演、说唱相间、以唱为主的曲艺"说书"类"小书"形式这样一个基本概念时，我们就会对姑娘歌的未来发展由于有了准星而更有目标和信心。也就是说，只要有会说雷州话的人，只要他们不否定这种"说书"方式展示的独特艺术魅力，以及姑娘歌所依托的雷州半岛的民俗活动不被取缔，姑娘歌这种曲艺形式就有无可替代的独特价值，就不会消失。

非遗新乡贤与乡村文化空间重塑[*]

李萍[**]

一、引言

"空间"自20世纪中叶被引入社会研究领域后,这一纯物理概念被赋予了政治、思想、信仰、组织、经济等内涵,使其不仅指向自然的上下四方,更囊括了古往今来的历史。前者指向共时性,后者指向历时性,由此构成人类文化的基本载体。中国作为传统的农业大国,村落是农耕文明史留下的最具代表性的文化遗产之一。作为人们生产和居住的场所,其不仅拥有良好的自然生态环境,如背山面水、土地肥沃、物产丰富等;还承载了个人成长和乡土社会发展的全过程,凝聚着人们的价值理念、文化取向和审美追求等。因此,乡村文化空间的构建,无论是在推崇"天人合一""耕读传家"习尚的传统社

---

[*] 2023年度广西社会科学院新型智库创新团队重大项目《广西边疆文化资源挖掘利用与研究》阶段性成果。
[**] 李萍,广西社会科学院文化研究所副所长。

会，抑或是在经历"非遗保护""乡村振兴"热潮的当下时局，都极具实践价值和探讨意义。

回观中国百年发展历程，在经济社会发生巨变和思想观念不断更迭的背景下，首当其冲受到影响的便是乡村。正如诸多事实所呈现的，传统的乡村秩序被打破，而与此相应，人们也开始探究乡村文化空间的重构与走向问题。当下的社会生态给乡村传统文化空间带来了哪些影响？形成了哪些崭新特质？乡村文化空间该如何优化布局？关于这些问题，众多乡村研究学者已有较多关注并取得了颇多成果，如胡静与谢鸿璟[1]对旅游驱动下乡村文化空间的演变进行了研究；秦红增与曹晗[2]分析了村落新文化空间的形成与结构，及其给中国乡村社会和人类文明带来的效应；刘璐[3]对现代视阈中乡村文化空间的危机与再生产问题进行了探讨；傅瑶[4]、李慧慧[5]、路璐和朱志平[6]、闫冬冬和夏安桃[7]则分别结合国家乡村振兴战略和城镇化发展

---

[1] 胡静、谢鸿璟《旅游驱动下乡村文化空间演变研究》，《湖北民族大学学报（哲学社会科学版）》2022年第2期。
[2] 秦红增、曹晗《新文化空间的建构与前瞻：从耕读传家到乡村新习》，《广西民族大学学报（哲学社会科学版）》2016年第6期。
[3] 刘璐《现代视阈中乡村文化空间的危机与再生产》，《民族艺术研究》2020年第2期。
[4] 傅瑶《乡村振兴战略下乡村文化空间建设路径研究》，《农业经济》2021年第4期。
[5] 李慧慧《乡村振兴战略下乡村文化空间的困境及发展路径》，《厦门特区党校学报》2019年第4期。
[6] 路璐、朱志平《历史、景观与主体：乡村振兴视域下的乡村文化空间建构》，《南京社会科学》2018年第11期。
[7] 闫冬冬、夏安桃《城镇化进程中乡村文化空间优化研究》，《山东农业大学学报（社会科学版）》2021年第1期。

背景提出了乡村文化空间的建设路径；等等。现有的成果中，人们普遍聚焦于当下社会生态与乡村文化空间的互动关系，从特定社会个体或群体探讨乡村文化空间构建的研究并不多见。然而，从个人与社会的关系看，人是社会实践的主体，所有带有普遍性、全局性的社会实践，最终都得落脚于实实在在的社会个体或特定群体的实施与推进。基于此，本文将以"非遗新乡贤"这一特定社会群体为切入点，以国家级非遗项目——"壮族嘹歌"的传承现状为考察对象，对当下乡村文化空间的构建进行探讨。

需要说明的是，"新乡贤"是人们在中国第十三届农村发展论坛上提出的概念，指心系乡土、有公益心的社会贤达，一般包括乡籍的经济能人、社会名流和文化名人。而本文提出的"非遗新乡贤"则特指推动非遗保护与乡村建设深度融合、具有文化感召力的新乡贤群体。该群体的产生与我国非遗环境的好转和乡村振兴战略的推进密不可分。在我国，"非遗保护"成为国家层面关注对象可追溯至21世纪初。2001年5月，中国昆曲入选联合国教科文组织第一批"人类口头和非物质遗产代表作"。自此，中国的非遗保护工作日渐被提到议事日程上来。2005年3月，国务院确立了"保护为主、抢救第一、合理利用、传承发展"非遗保护工作指导方针，标志着非遗保护工作被纳入国家文化建设的顶层设计。与此相应，社会各领域涌现出了诸多热心非遗保护的有识之士。在我国非遗保护渐入佳境的同时，2005年党的十六届五中全会提出"社会主义新农村建设"，"生产发展、生活富裕、乡风文明、村容整洁、管理民主"的新农村建设要求被明确。紧接着，中共中央办公厅和国务院办公厅联合出台《关于进一步加强农村文化建设的意见》。农村文化建设由此引起人们的重视。党的十八大以来，党中央大力开展美丽乡村建设，明确提出了"乡风文明"的具体要求。党的十九大则提出了乡村振兴战略，除了将"乡风文明"列为乡村振兴战略总要求之一，还明确了"乡风文明是保障"的重要定位，将文化振兴作为整个乡村振兴的灵魂所在。党的二十大提出要全面推进乡村振兴，加快建设农业强国，扎实推动乡村产业、人才、文化、生态、组织振兴。随着人们对农村文化认识的不断深化、文化作为乡村振兴的"灵魂"这一认识逐渐成为当前的主流，诸多热心非遗保护的乡籍人士将推动非遗生存与发展的关注焦点，由"非遗与现代都市的衔接"转向"非遗与乡村社区的融合"。"非遗新乡贤"由此产生。以嘹歌文化新乡贤为例，该群体主要包括：一是熟悉嘹歌文化传统及其所流布的乡村环境，拥有一定社会地位、社会资源和管理协调能力，并热衷嘹歌文化传承和乡风文明建设事业的乡籍社会贤达；另一类是德高望重、歌技突出且富有文化情怀和乡土情结的乡籍嘹歌歌手。

二、嘹歌的社区传承：非遗新乡贤的乡村文化实践

嘹歌是壮族最具代表性的歌谣之一，于2008年入选国家第二批非物质文化遗产代表性项目名录，主要流布于右江中游广

西平果市[1]及其周边壮族地区，起源时间下限为明代。在漫漫历史长河中，嘹歌与当地民众的生活水乳交融，形成了独具特色的文化传统，对流传地乡村秩序的维持和民众生活的协调发挥着至关重要的作用。"文革"期间，嘹歌歌书被毁、歌圩被禁、歌手被打压，其文化传统一度中断。"文革"结束后，嘹歌文化有所复苏，但其在当地民众生活中的重要性和影响力已大不如前。随着我国非遗环境的好转和农村文化建设意识的深化，2003年4月22日，中共平果县委举办解放思想大讨论，提出打造嘹歌文化品牌的思路和相关措施。嘹歌文化保护工作在平果县正式拉开帷幕。在政界的感召下，诸多新乡贤人士陆续加入嘹歌文化传承队伍中，深入乡间村落开展相关活动。

（一）搜集整理歌本

2003年下半年，时任广西壮族自治区平果县人大常委会主任、党组书记，"平果县打造嘹歌文化品牌工作领导小组"组长农敏坚[2]在当地的有关乡镇村落发起搜集采录传统嘹歌歌书的号召，得到了新乡贤人士的大力支持。黄国观是平果市马头镇龙来村人，平果嘹歌协会首任会长。大专学历，小学高级教师职称。曾任平果市城关乡中心小学副校长、城关乡教委办副

---

[1] 2019年12月26日，经国务院批准，民政部印发《关于同意广西壮族自治区撤销平果县设立县级平果市的批复》，同意撤销平果县，设立县级平果市。平果市由自治区直辖、百色市代管，其管辖行政区域以及人民政府驻地维持不变。本文在有具体时间指向的行文中，对平果的行政区划称谓采用的是实时称谓；在没有具体时间指向的行文中，对平果的行政区划称谓采用的是现时称谓——"平果市"。
[2] 农敏坚，广西平果市果化镇永定村人，2007年被文化部（今文化和旅游部）评为"全国非物质文化遗产保护先进个人"。

主任、城关乡教育工会主席。自幼喜欢听伯伯、叔叔唱嘹歌，并得到叔叔传授。2003年起，配合政府部门下乡搜集到嘹歌歌书30余本，翻译成汉文1000多首；马富勤是平果市太平镇龙竹村人，中师文化，18岁加入武警部队，28岁从事文教工作，曾任平果市太平模圩小学教导主任，1998年退休。自幼喜爱嘹歌，并热衷社会公益活动。2003年起共协助当地政府部门下乡搜集整理嘹歌歌本数十册，1万多首，4万余句；李兴林是平果市旧城乡龙贤村人，小学文化，煤矿工人，1969年8月参加工作，2003年11月退休。自幼喜爱嘹歌，并跟随兄长学唱，18岁后能够自编自唱，开口成歌，是当地较有名气的歌师。2003年起配合政府部门下乡搜集嘹歌歌书30多本，6000多首；陈德春是平果市榜圩镇长安村人。初中文化，农民。自幼喜爱嘹歌，是当地有名的歌师。2003年起配合政府部门下乡搜集嘹歌歌书20多册，1.5万多首，6万多句；等等。上述乡贤人士搜集到的嘹歌歌书歌作经过筛选整理，汇编入农敏坚等人担任主编的《壮族民歌文化丛书·平果嘹歌》丛书（五册），于2004年10月至2006年12月，由广西民族出版社先后出版发行。

（二）推出音乐组合

为了在社会上营建起"尊重嘹歌歌手"的良好氛围，提高广大乡村民众的嘹歌文化自觉和文化自信，在非遗新乡贤的组织和推动下，当地还成立了不少嘹歌音乐组合并取得了令人瞩目的成绩。例如2017年5月成立的"六娅组合"。"娅"是平果壮语译音，汉语是母亲、女人的意思。因为登台表演时都是六人上场，因此称之为"六娅"。"六娅组合"成立之后，农敏坚先生和当地的资深嘹歌歌手余丽英女士[1]等人，便积极指导和带领歌手们参加各类演出和比赛。值得一提的是，2017年11月4日，在"2017年炫彩大地飞歌选拔赛"南宁站决赛中，"六娅组合"旗开得胜，夺得了冠军；2018年1月26日，在"2017年炫彩大地飞歌选拔赛"广西总决赛中，她们又过关斩将，再次夺冠。凭借着出色的成绩，"六娅组合"在2018年9月成功地登上南宁国际民歌艺术节开幕式的舞台。与"六娅组合"同期产生的，还有"六爷组合"。"六爷组合"由平果嘹歌歌坛中的优秀男歌手组成，均为憨厚朴实、歌艺突出的农民歌手，登台表演时都是六人上场，所以叫"六爷"。在"2017年炫彩大地飞歌选拔赛"广西总决赛中，"六爷组合"取得了第四名的好成绩，还荣获了"全区十佳选手"称号。再如2018年成立的"思恩合唱团"。该合唱团主要由平果本地的农民女歌手组成，共19人，平均年龄30岁。2018年在吉隆坡举行的马来西亚国际华人合唱大赛上，思恩合唱团演唱了嘹歌《月亮》，用天籁般的出彩和声征服了全场观众，以优异的成绩在来自中国、印度尼西亚和马来西亚等国家和地区的32支代表团中脱颖而出，夺得了比赛的最高奖——金奖第一名。

（三）建设文化场所

最具代表性的是永定村壮族嘹歌博物馆的落成。永定村是

---

[1] 余丽英，广西平果市太平镇巴乐村人，平果市壮乡嘹歌培训中心负责人。自幼喜爱嘹歌并跟随爷爷奶奶学习嘹歌技艺。

广西百色市平果市果化镇下辖的行政村,是农敏坚先生的出生地。2011年9月,农敏坚先生从广西平果县人大常委会主任、党组书记的岗位上退下,任平果县委调研员。退居二线后的农敏坚带领永定村党员干部和广大村民,通过走程序解决馆址建设用地问题后,在该村2014年文化服务设施项目——"永定村级文化站"的基础上建起了"壮族嘹歌博物馆"。博物馆的主体建设经费由农敏坚以个人名义进行捐赠。永定村嘹歌博物馆就坐落在永定村口,是一座以征集、典藏、陈列和研究壮族嘹歌文化为主体兼容平果其他级别非遗项目的公共文化机构,包括"嘹歌之家""百姓大舞台""嘹歌文化围栏""文化长廊"等建筑,与永定村党群服务中心一起组成永定村文明实践站。2017年,农敏坚先生还与平果嘹歌协会黄国观先生、余丽英女士等人一起,将嘹歌博物馆附近的都督庙文化园,建设成平果壮族歌圩传习基地。除此之外,平果市其他相关乡镇和村屯也在非遗新乡贤的指导和帮助下,积极推动嘹歌文化场所的建设与优化。例如2018年在原平果县政府副县长农存贵和广西平果新思翔文化发展有限公司赵雄两位先生的支持与推动下,在平果市果化镇山营村山心屯山心歌圩点附近打造了一个"山心历史文化长廊",和同期建成的"望江台"相互辉映,构成而今山心歌圩的一道亮丽风景线。再如在非遗新乡贤的建议与支持下,当地政府在平果市太平镇耶圩乡壮烈村建立的"红色嘹歌讲习所"。讲习所采取嘹歌传唱的方式向人们传递习总书记讲话的内容和精神。在理论宣讲过程中,关注百姓诉求,回应社会关切,解答民众困惑,不断彰显党的理论的生命力、亲和力、感召力。

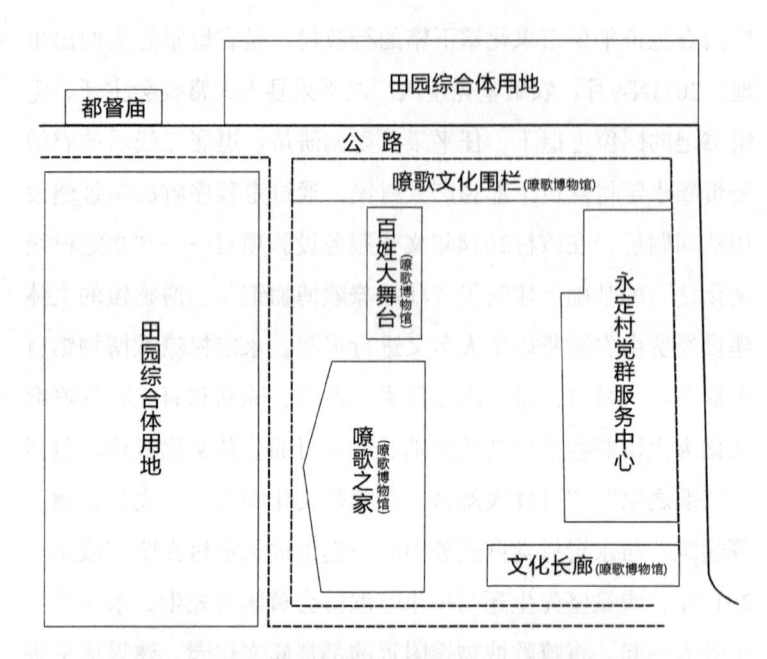

图1 平果果化镇永定村文明实践站结构示意图
图片来源：笔者根据田野资料绘制（时间：2021年5月）

（四）丰富歌圩活动

嘹歌歌圩是当地民众约定俗成所开展的聚会对唱嘹歌活动，被当地文人喻为"嘹歌文化的土壤"。平果市历史上曾有过18个规模较大歌圩，由于历史原因多数歌圩已经消失。对此，平果市人民政府颁布了关于保护歌圩的文件，恢复了太平、莫圩、新圩、耶圩等8个传统歌圩。[1]在政府政策倡导的背

---

[1] 数据来源：2011年4月时任平果县委宣传部部长李宁在百色市"红城讲坛"上的讲话。

后，是广大非遗新乡贤积极主动、卓有成效的行动支持，使歌圩活动不仅得以复苏，其内容还日益丰富多样。新乡贤的支持具体体现如下：其一是主持和参与活动策划。例如广西平果新思翔文化发展有限公司的赵雄先生作为平果本地的商人、文人和嘹歌文化爱好者，不仅参与策划还全程主持了近年来平果市果化镇山营村山心歌圩节活动，使山心歌圩节除了延续传统的庙宇祭祀、野外对歌活动外，还增添了文艺汇演、舞狮表演、广场舞、政策宣传等内容。其二是资金支持。例如2021年平果市耶圩传统歌圩文化节的举办，除了当地政府的经费支持和耶圩乡壮烈村村民的集资外，非遗新乡贤们亦踊跃捐款。正是因为有了充足的经费支持，耶圩传统歌圩文化节的嘹歌大赛、文艺汇演、"百家宴"等活动得以顺利开展。其三是提供相关服务保障。例如平果嘹歌协会黄国观先生、马富勤先生、余丽英女士等热心公益活动的资深嘹歌歌手，广西第五批非物质文化遗产项目"壮族嘹歌"代表性传承人——陆顺红先生，以及广西第五批非物质文化遗产项目"平果壮族歌圩"代表性传承人——黄付加先生等人，多年来均主动承担起了平果各乡镇和村屯嘹歌歌圩节嘹歌比赛的评委工作；2016年和2018年分别荣获平果县"优秀歌师"和"歌王"称号的优秀嘹歌歌手——潘桂林女士，近年来指导了多批次学生歌手参加当地各乡镇和村屯的嘹歌歌圩节嘹歌大赛，既拓宽了歌圩的受众群体也丰富了歌圩的内容形式；广西平果哈嘹文化有限责任公司负责人陆红江先生，近年来亦利用其公司资源优势，在音响设备、广告宣传等方面给予了平果相关乡镇和村屯嘹歌歌圩节大力支持，使歌圩节的相关活动得以有效开展；等等。

三、嘹歌的价值重拾：重塑的乡村文化新空间

非遗新乡贤的合力推动，重塑了嘹歌的社会价值。嘹歌文化除了延续传统社会中的择偶交友、竞技娱乐等作用外，其丰富民众生活、优化社区环境、扩大乡村影响等功能亦得以确立并不断深化。与此相应，孕育与滋生嘹歌文化的母体环境——当地的广大乡村社区，亦依托嘹歌价值的重拾构建起了一个崭新的乡村文化空间。

（一）传统复苏：重塑的乡村休闲空间

在政府的主导和非遗新乡贤的努力下，平果相关乡镇和村落的歌圩又开始热闹起来。根据官方2006年的统计数据，平果县有对歌活动且规模人数在1000人以上的歌圩点共有14个，其中最高规模人数达到万人以上的歌圩点就有8个。[1]而亲临歌圩现场后，笔者更是被歌圩中的欢闹气氛所感染。2021年农历三月十四日笔者考察耶圩歌圩时，发现村民们一大早就在自家门口生火烹饪，为开门设宴迎客而忙碌。按照当地的歌圩风俗，今天来赶圩的人，不管认识与否，只要进门都是客。歌圩当天，人们还举行了"庆祝中国共产党成立一百周年"的文艺汇演和嘹歌大赛。观众席上密密麻麻地站满了人，各年龄段的

---

[1] 数据来源：广西平果县打造嘹歌文化品牌工作领导小组2006年统计。

都有。掌声、笑声、欢呼声此起彼伏。几位50多岁的大姐告诉笔者,她们是平果太平镇人,今天主要是来会歌友、唱嘹歌、看表演的,现在的歌圩气氛很好,就像过年一样让人开心。跟舞台上的文艺汇演相比,午饭过后狮子山上的传统自由对歌活动更是人山人海,热闹非凡。狮子山位于耶圩亭场的西南部。从亭场出发,走10分钟左右的路程便可到达。那天笔者刚到山底,就被山上传来的阵阵歌声所吸引。抬头一看,发现山上视线能触及的地方都是人。笔者沿着绕山小道往山上走,路的左右两侧都挤满了对歌的人,多数都是两男两女组合的对唱,男歌手手中都拿着巴掌大的歌书。在半山腰的路两侧,一群40多岁的男歌手和女歌手在拉开阵势对歌,连音响设备都用上了。那阵势引来了不少围观的路人,几乎把上山的路都给堵了。山顶的灌木丛下也很热闹,坐满了对歌和听歌的群众。可以说,从山底、山腰到山顶,漫山遍野都是欢歌和笑语。歌圩的规模和氛围令人叹为观止,处处呈现出自然烘托下的喜庆节日画面。

  除了耶圩歌圩,笔者还考察了当地的多个传统歌圩,如山心歌圩、太平歌圩、莫圩歌圩等。不难看出,在非遗新乡贤的大力推动下,而今的嘹歌歌圩除了延续传统"男女对歌""开门迎客"等习俗外,还举行了文艺汇演、嘹歌大赛、舞龙舞狮、篮球比赛、杂技表演等活动。在丰富乡村休闲娱乐活动的同时,有效提升了村民生活的幸福感。

图2 歌圩中专注对歌的人们

图片来源：笔者2021年4月考察平果市耶圩歌圩、2019年2月考察山心歌圩期间拍摄

（二）融入时局：重塑的乡村秩序空间

依托歌圩活动的开展和文化场所的建设，非遗新乡贤们创作了诸多新时代嘹歌作品交由村民们传唱，大量嘹歌新作的产

生赋予了嘹歌文化新的社会价值与功能，对当地的乡风文明建设起到了积极的推动作用。如《十八大精神嘹歌》《十九大精神嘹歌》《平果嘹歌唱普法》《禁毒歌》《高举特色旗，走上小康路》《嘹歌唱和谐》《主客对唱致富歌》《带妹去学习》《美丽广西清洁乡村》《儿童卫生与安全》等，将党中央的精神送到田间地头和集市街巷，让群众更深入地了解国家的政策制度与发展变化。再如《敬老歌》《报母恩》《嘱咐那些结婚人》《老来福》等传统嘹歌歌作的加工、完善与推广，对乡村社区和谐人际关系的建立极具意义。

平果市果化镇永定村就是依托非遗新乡贤嘹歌文化实践改善乡村社会风气的典型个案。近年来，永定村文明村创建工作取得了良好成效。先后荣获"2016年度平果县五星级基层党组织""2017年度平果县先进基层党组织""2017年广西壮族自治区五星级党组织"等荣誉称号，是广西百色市2017年农村社区建设试点和百色市基层"村两委"换届试点。而这些成绩的取得与非遗新乡贤支持下嘹歌博物馆社会功能的发挥密不可分。这些年，永定村坚持文化立村、文化强村，充分发挥非遗新乡贤作用，加快推进村级文化设施的建设完善与合理利用，在增强广大村民文化自觉和文化自信的同时，不断满足村民对美好文化生活的向往和追求。依托村文明实践站建成嘹歌博物馆后，村支部委员会、村民委员会借助嘹歌等壮族优秀传统文化，传承和宣扬良好家风家训，积极举办广大村民喜闻乐见的文体活动，有效促进了邻里和谐、弘扬了文明新风。据统计，2017年至2018年间，在非遗新乡贤的支持下，村支部委员会、村民委员会依托嘹歌博物馆举办各种文体活动9次，受益村民达2000余人。[1]对于永定村而言，可以说，新乡贤助力建成了嘹歌博物馆，而嘹歌博物馆的发展又催生了文明村。笔者认为，嘹歌博物馆的创建及其社会功能的发挥，在体现出退居领导二线的农敏坚先生热度不减的文化情怀的同时，也在很大程度上反映了平果乡村社区强劲的嘹歌文化续存力和不断优化的村落秩序环境。

（三）跨界传播：重塑的乡村信息空间

嘹歌文化传统在乡间村落的复苏，既打造了当地村落的文化特色，亦提升了当地村落的社会影响。除了"广西千村万户文化惠民工程——嘹歌村""广西文化制作中心""国家级非物质文化遗产——壮族嘹歌传承基地"落户平果市壮烈村，集"嘹歌文化展示窗口""村民文化活动中心""乡贤议事点"于一体的壮族嘹歌博物馆在平果市永定村建成，平果嘹歌协会"新圩""古念""耶圩""模圩""太平""玻利"等分会基地在平果相关乡村先后设立，"中国音乐学院——广西壮族自治区平果县民族音乐研究教学实践基地"、《广播歌选》杂志社"民歌采风基地"基地等先后落户平果相关乡镇外，当地还吸引了国内外的众多学者、官员、游客、师生前来参观、考察、游览。例如2017年7月27日到访的西南大学师生、2017年8月13日到访的百色市右江区文学艺术界联合会考察团、2018年4

---

[1] 数据来源：广西平果市果化镇永定村支部委员会、村民委员会2018年统计。

月14日到访的中国音乐学院教师、2018年4月16日到访的华蓝设计（集团）有限公司领导，等等。[1]广西大学陈兵教授、广西社会科学院李萍研究员、广西民族大学阳亚妮老师等人，就是近年来多次踏入平果乡间村落调研的学者。陈兵教授是为了完成壮族嘹歌的英译工作，李萍研究员和阳亚妮老师则将"平果壮族嘹歌文化"作为其博士学位论文的研究对象。长期的调研接触，使三位学者与当地的非遗新乡贤、村干部以及广大村民建立起了良好的人际关系。外界人员的到访，不仅扩大了乡村的社会影响力、提升了广大村民的文化自觉与文化自信，还在很大程度上活跃了乡间村落的人流、物流、信息流，拓宽了广大村民与外界交流互动的内容、形式和渠道，对乡村社区的发展意义重大。

（四）市场催化：重塑的乡村生计空间

随着人们对嘹歌社会价值认识的深化，在市场经济背景下，自2003年起，当地的不少村民自发组成了多个嘹歌影碟录制销售团队。如2003年成立的平果太平镇太平村"流芳数码工作室"、太平镇太平街"嘹歌影碟制作组"、耶圩乡雁山村"山歌影碟制作组"等。他们组织本村的嘹歌歌手演唱嘹歌，并从县城中请有摄像设备的人前来摄像，再由摄像者制作出光碟母本。然后以零售和批发为形式出售嘹歌光碟。一时间，嘹歌光碟出售成了当地村民谋生的手段之一。时隔十六年，2021

---

[1] 数据来源：广西平果市壮族嘹歌博物馆2021年4月提供。

年4月笔者在平果调研时发现，嘹歌影碟录制与销售摊点的数量锐减，像太平镇太平村"流芳数码工作室"、太平镇太平街"嘹歌影碟制作组"等都已散伙。近年来，人们把目光投向了更具市场潜力和发展前景的行业——嘹歌培训展演服务。如今平果本地承接嘹歌培训商演服务的团体主要有"陆红江[1]团队""梁洲利[2]团队"和"余丽英[3]团队"。这三个团队没有挂靠任何政府职能部门，均为乡籍人士发起的民间商业团体，都通过"培训+商演"的模式发展运作。因为三个团队的人员组成、演唱风格和硬件实力有所不同，所以在商演业务范围上也有明显区分。"陆红江团队"主要协办或承办平果各乡镇和村屯的嘹歌文艺汇演活动，"梁洲利团队"主要承接平果市区和平果周边县市的嘹歌比赛和商演，"余丽英团队"主要承接平果市区和各乡镇的民间红白喜事嘹歌演唱服务。业务范畴的不同，使三个团队在平果民间形成了"三足鼎立"的嘹歌文化市场格局。嘹歌文化市场的出现，在一定程度上丰富了当地乡村"以市场导向为主"的多元产业结构的生计模式。

四、非遗新乡贤推动下乡村文化新空间的特点及启示

如前所述，在非遗新乡贤嘹歌文化实践的层层推动下，以嘹歌文化为依托，乡村休闲空间、乡村秩序空间、乡村信息空

---

[1] 陆红江，广西平果市太平镇人，嘹歌歌手。为便于区分，笔者以团队负责人姓名对团队进行命名，下同。

[2] 梁洲利，广西平果市耶圩乡人，嘹歌歌手。

[3] 余丽英，广西平果市太平镇巴乐村人，平果市壮乡嘹歌培训中心负责人。

间、乡村生计空间得以重塑，既从共时性的角度强调乡村整体布局的优化，也从历时性角度推动了乡村社会与历史人文的进一步衔接。伴随嘹歌传统歌俗的回归、嘹歌社会功能的丰富优化与创新发展，乡村文化新空间呈现出了承续性、整体性、开放性等鲜明特点。具体如下：

一是承续性。非遗新乡贤的乡村嘹歌文化实践，并不是脱离传统的文化创造行为，而是充分遵循乡村文化发展规律，是立足嘹歌文化土壤、乡土根脉的文化实践。从"传承干预"入手，搜集整理嘹歌文本，激发歌手文化自觉，扶持嘹歌歌圩活动，建设嘹歌文化场所。由里及表，在嘹歌文化传统流布的乡村社区，对嘹歌文化的观念深层、体制中层、形式浅层和物质表层进行多重保护和整体传承。非遗新乡贤衔接历史、承续文脉的乡村嘹歌文化实践，使嘹歌文化传统在特定语境下得以有效复苏，并重新融入当地的乡村生活，在经济文化一体化的现代背景下，留住了"古韵乡愁"，提升了广大村民的归属感。二是整体性。传统文化是特定历史语境下的产物，其在当下时空既有无可取代的社会价值，也有无法回避的"不适应性"。乡村嘹歌文化实践推进过程中，非遗新乡贤将嘹歌文化传承融入当下社会背景，致力于以嘹歌文化为依托，构建起人与人之间、人与自然、社会之间的和谐关系。不仅延续了传统还对接了时代，在突出精神层面"软实力"发展的同时，也强调物质层面实体建筑、硬件设施等的建设与完善。具体而言，在服务面向上，既有对非遗本身抢救保护与传承发展的考量，也有对地方乡村建设和村民诉求的观照，更有对国家"产业兴旺、生态宜居、乡风文明、治理有效"乡村振兴发展总要求的回应。三是开放性。与传统社会相对封闭的乡村文化空间有所不同的是，非遗新乡贤推动下形成的乡村文化新空间，呈现出了鲜明的"开放性"特点。一方面，农民歌手借助现代舞台和网络技术等，把嘹歌文化带到村落以外的世界；另一方面，当地乡村社区嘹歌文化的有效传承与发展，又持续性地吸引了大量的学者、师生、游客、商人、官员等前来考察采风。这个以嘹歌文化为媒介"走出去+引进来"的过程，在很大程度上活跃了乡村社会与都市社会互动发展的形式渠道，提升了广大村民和村落以外人群交流对话的广度深度。可以说，嘹歌文化的"跨界共享"为当地乡村树立起了一个文化品牌，于无形中拓展了乡村文化空间，为乡村发展带来了机遇、盘活了资源。

显然，上述所论及的乡村文化新空间充分展现出了团结和谐、自觉自信、积极进取的当代乡村新习尚。从实践主体与实践结果的关系看，在同一社会实践上，不同的实践主体会带来不同的实践成效。而当下平果市乡村文化新空间的特点及其所展现出的良好乡村新习，就与其背后的推动主体——"非遗新乡贤"有着直接而密切的关系。如前所述，"非遗新乡贤"这一社会群体是伴随我国"非遗保护"与"乡村振兴"深入推进和互嵌发展而产生的一个社会新群体。通过对嘹歌文化乡村传承实践及其结果的考察，我们不难得出，"非遗新乡贤"除了具备一般"新乡贤"以财富、权力、声望为外在表现形式、以公益性为其内在精神的特点之外，在思想认知方面还拥有如下明显的双向性特质：其一是通晓并重视历史传统。根据《中华人民共和国非物质文化遗产法》的界定——"非物质文化遗产是指各族人民世代相传并视为其文化遗产组成部分的各种传统文化表现形式,以及与传统文化表现形式相关的实物和场所",非遗是在时间纵向上具有较强延续性的历史遗存和文化传统。而"非遗新乡贤"或受环境熏陶或被阅历影响,他们精通地方非遗知识体系,熟悉非遗的发展历程、文化内涵和特色价值,在"非遗保护"被列入国家层面关注对象的21世纪初,他们内心深处的历史情怀与文化担当被深化与激发。其二,了解并关心当下局势。相对于一般的乡村民众,"非遗新乡贤"不仅具有深厚的乡土情结,还拥有更为开阔的眼界和更为丰富的信息源,更了解当下的发展时局,也更能精准掌握国家的相关方针政策:一方面,他们出生或成长于孕育滋养非遗的母体环境即广大乡村社区,了解乡村文化发展的困境、优势、规律与走向;另一方面,也深刻地认识到新时代背景下实现乡村文化振兴的必要性与可行性。当下的我国在全面建成小康社会之后,正昂首阔步迈入"汇聚更强大的力量全面推进乡村振兴"的发展新阶段,文化振兴作为整个乡村振兴的灵魂所在,其价值与意义更为凸显。

"非遗新乡贤"群体的上述认知特质,前者指向的是"历时性",后者指向的是"共时性"。正是基于该群体的如上特质,其所推动构建的乡村文化新空间不仅注重村落整体布局,还突出人文的重要性,呈现出了"传统"与"现代"合理衔接,"乡村"与"都市"充分对话的特点。在这个过程中,乡村的文化生活、社会治理、生态环境、文化产业均得到了不同程度的发展与优化，村民的精神面貌、政治素养以及文化自觉、文化自信等亦得到明显改善与提高。而这些与党的十九大报告所提出的乡村振兴战略总要求是相契合的。因此，笔者认为，以非遗新乡贤为实践主体、以乡村社区为实践平台、以非遗传承为实践形式的文化空间建构模式，可以成为我国乡村文化振兴的有效路径。

结语

乡贤文化在我国历时久远。在古代，"乡贤"一词释义为品德、才学为乡人推崇敬重的人，是封建王朝在那些有作为的官员或有崇高威望和突出贡献的社会贤达去世之后，所给予他们的荣誉称号。作为我国封建社会的基石，乡贤曾承担了"皇权不下县"时代基层的管理职能。而在当下社会，新乡贤作为新时代乡村振兴中的重要参与主体之一，亦日益受到国家的重视与关注。2018年中共中央、国务院《关于实施乡村振兴战略的意见》中就明确提出要"积极发挥新乡贤作用"。笔者认为，当前随着我国乡村振兴战略的全面推进，新乡贤群体的人数规模和社会影响力在日益发展壮大。为更有针对性地推动其释放乡村精英在乡村社会可持续发展中的作用，有效促进乡村治理重心下移，我们需要深化对该群体特质的认识，进而对其进行分类引导与差异化赋权。这是当前乡村发展研究中尚需要加强和深化的领域。

附 录

"一带一路"渔歌声声逐浪高

——"北部湾叙事·滨海民俗与海岛民歌调查"活动侧记

程溪[*]

在古代,我国南方沿海聚居着东越、闽越、西瓯、骆越、南越等靠海而生、依海而居、向海而兴的渔猎、海耕族群。位于中国南海西北部的北部湾,其中的合浦、徐闻、广州、番禺等海港自古以来就是中国南方海上丝绸之路的重要港口。今天的北部湾仍然延续着敬畏大海、感恩先祖、祈福平安的滨海渔民信俗,传唱着婉转动听而丰富多彩的海岛民歌,凝聚了北部湾渔民祈求与海洋和谐共处的生存智慧和精神追求。

"一带一路"民间文化探源工程是国家财政扶持的文化艺术发展一级项目,是配合经济社会发展并服务"一带一路"倡议的重要文化建设工程,自2016年起由中国民协策划实施。

---

[*] 程溪,中国民间文艺家协会干部。

中共中央办公厅印发的《关于在全党大兴调查研究的工作方案》，要求各地区各部门结合实际认真贯彻落实。此次"北部湾叙事"主题调研活动积极响应中央文件要求，旨在以中国式现代化全面推进中华民族伟大复兴的战略大局之下，以任务导向、目标导向、问题导向、效果导向为核心，通过开展跨地区、跨民族、跨文化的深入考察调研，运用观察记录渔歌展演、走访民间文艺家和传承人、查寻挖掘史料、召开座谈研讨会等多种形式，为民间文艺助力海洋民族乡村振兴、推动当地文旅融合发展提供助力，为北部湾民间信俗和海岛民歌的传承发展建言献策。

"北部湾叙事——滨海民俗与海岛民歌调查"活动于2023年3月19日至25日在北部湾沿海地区开展。从广西钦州、防城港到广东湛江雷州、徐闻，跨越琼州海峡至美丽的海南岛，专家学者们的步履一路向南，逐渐厘清北部湾海岛民歌脉络，串联区域民间文化事项，领略渔民信俗与海岛民歌的独特魅力。

一、广西站：南海初探，民歌拾遗

在钦州三娘湾海畔的露天舞台上，来自钦南区黄新欢岭头队的表演者们头戴面具、手持刀斧，伴着声声锣鼓点而起舞，吸引了考察团队的目光。跳岭头是汉、壮文化融合共生的民间节庆习俗活动，是群众为了庆丰收、祈丰年、避邪趋吉而举行的民俗表演，多在中秋节前后举行，因其活动多在村边岭上举行而得名。今天的跳岭头已经融节俗、信仰、宗教、娱乐等为一体。

图1 跳岭头表演

京族是中国唯一的海洋民族，主要分布在广西防城港东兴市江平镇的巫头、山心、𬇖尾三个海岛上，俗称"京族三岛"。京族人民向海而生、以海为伴，孕育出了独特的民族文化。位于𬇖尾的京族博物馆详细陈列了京族的历史变迁、生活习俗、民间信仰、饮食服饰、节庆活动等诸多方面内容，调研团队进行了深入的参观考察。

哈节是京族最隆重的传统民族节日，具有浓郁的海洋文化气息，是以唱歌贯穿始终的祀神、祭祖的祈福禳灾活动。哈亭是哈节的活动中心，在𬇖尾岛，每逢农历六月初九，全村男女老少身着节日盛装聚集在哈亭内外，依次举行迎神、祭神、入席、送神等仪式，祈求人畜兴旺，五谷丰登。所谓"哈"或"唱哈"即唱歌之意，哈节的传承发展离不开京族人民的海岛渔歌。调研组一行来到京族哈歌传承人吴桂兰的家中，她用悠扬的渔歌表达了京族人民对神公和祖先的感恩怀念和对美好生活的向往和追求。

图2 在京族哈歌传承人吴桂兰家中考察

图3 在哈亭前合影

字喃是京族人民曾经广泛使用的文字体系,因其文字结构的复杂和京族语言使用群体的缩减而逐渐面临失传。在京族字喃文化传承研究中心,81岁的老人苏维芳为大家唱起了京族传统的字喃歌。苏维芳是土生土长的沥尾人,他从小听着哈歌长大,退休后致力于京族字喃的收集整理和抢救工作,先后成立了京族字喃文化传承研究中心和"字喃京语"培训班,这些年来始终奔走在抢救京族字喃文化的一线,可谓是字喃文化的"守望者"。

图4 在京族字喃文化传承研究中心考察并座谈

在"桂文艺"京族民谣分享会上,来自京族学校的两位14岁少女身着京族服饰,献上了一场优美的独弦琴演奏。独弦琴是京族特有的弹弦乐器,因其独特的外形和柔美的音色而引人瞩目。现如今,独弦琴已作为京族文化代表性艺术走进了校园课堂,传承发展后继有人。

图5　弹奏独弦琴的京族少女

二、广东站：雷州半岛，逐浪闻歌

雷州歌早在宋代时期就已经盛行，它以雷州话演唱，是广东雷州半岛地区劳动人民的精神食粮。调研组一行从雷州茂德公鼓城行至徐闻南极村，其间考察了姑娘歌、喱歌、白话歌、山歌、水歌（咸水歌淡水歌）、渔歌、艇仔歌、东海嫁等湛江民歌，雷州歌形式多样、传承有序。在茂德公鼓城，"雄狮少年"带来的醒狮表演也让大家为之振奋。

图6　雷州歌表演

图7 醒狮表演

在雷州市博物馆，调研组一行先后考察了"历史沿革""石狗奇观""民俗风情"等陈列展示。在石狗展示厅，一座座造型各异、笑容可掬、栩栩如生的石狗雕像让专家学者们尤为关注。石狗是雷州民俗中的守护神、吉祥物，具有风雨之神、丰收之神、生育之神、正义之神等多元信仰内涵。雷州的石狗信俗历史悠久、信仰广泛、区域性强，彰显了雷州地区的图腾崇拜、自然崇拜以及生殖崇拜，是古代环北部湾地区"石狗文化圈"的活化石。

图8 在雷州市博物馆石狗园考察参观

在雷州开放大学举办的座谈会上,王锦强提出,开展民歌调查是落实党的二十大精神的具体举措,是传承发展中华优秀传统文化的现实需要,要注重动态开放、议题牵制、问题导向,为民歌传承发展提供专家智慧和思辨精神。李丽娜表示,雷州半岛歌谣种类繁多,思想内容、艺术手法、方言俗语、格律曲调及表演程式丰富多彩,为研究滨海民俗与海岛民歌提供了很好的现实素材。雷州开放大学校长郑保书讲道,雷州半岛的人从过去不敢唱雷歌,到现在以唱雷歌为傲为荣,体现了当地人民不断树立起来的文化自觉与文化自信。近年来推动雷州歌进校园、进社区的相关举措也为雷州半岛歌谣的传承发展提供了助力。

图9 座谈会上,传承人为专家学者带来雷州古歌谣表演

三、海南站：纵贯南北，共叙发展

海南岛的西北海岸，临高县调楼镇抱才村依海而建，长久以来，这里的村民以打鱼为生，传唱着优美动听的哩哩美渔歌。"哩啊哩哩美，哩啊哩哩美雷爱……"走进抱才村，身着盛装的老人们为大家唱起了哩哩美。这群平均年龄近75岁的演唱者来自抱才村哩哩美艺术团，口中的渔歌一唱就是几十年。

图10 抱才村哩哩美艺术团的老人

值得欣慰的是，在抱才村，不仅老人会唱哩哩美，年轻的姑娘和可爱的孩子也在老人的熏陶感染下学会了传统渔歌，她们为调研团队展示了《哩哩美唱吉》《南海处处是渔歌》《渔家生活比蜜甜》《天上月儿弯弯弯》等原生态渔歌，展现了哩哩美渔歌活态传承的面貌，引得专家学者掌声阵阵。同台演出的还有临高木偶戏、临高八音等精彩节目。调研组专家学者和村民们齐聚一堂,在海风吹拂下共唱渔歌、分享心得,在哩哩美渔歌的代代传承中感受海洋渔歌的智慧结晶和渔村渔民丰富的精神世界。

图11 在抱才村考察当地渔歌

图12 临高木偶戏表演

图13　唱哩哩美渔歌的孩子们

图14　专家学者对当地民歌传承人进行访谈

在抱才村长大的渔家女方萍骨子里流淌着大海的基因和文化，在文旅融合的背景下，她牵头重建了承载着渔民精神信仰的天后宫，传承博大精深的妈祖文化。调研组一行考察了妈祖庙及陈列展示馆，共叙妈祖文化凝聚两岸同胞文化共识的精神引领作用。

图15 与抱才村村民合影留念

图16 在抱才村天后宫前合影

调研最后一站，专家组一行从北至南，一路欢歌，来到海南陵水黎族自治县。渔船驶出新村港，疍家人的渔排在海面上依次排开，这里是他们日常起居生活的地方。疍家，又称艇户，是福建、广东、广西、海南一带一种以船为家的渔民。他们形成了有别于陆上社会的独特民俗文化。调研组先后考察了建在渔排上的海上民宿、疍家文化交流空间（4号艺栈），疍家民歌手们为专家团队带来了实景舞台剧《哭嫁》和经典疍歌《水仙花》《我们疍家人》等精彩展演。

图17　疍家渔排上的渔家姑娘为调研组带来实景表演

图18　疍家渔歌表演

图19 "哭嫁"表演

图20 在疍家渔排上合影

此次考察调研活动中,专家学者们常常提到"同根共源"一词。北部湾将广西、广东、海南三地的文化基因联结起来,三省(自治区)地缘相邻、血缘相亲、文脉相承、民俗相因,延续着不可隔断的文脉。为期七天的考察调研活动中,专家学者们将北部湾沿途的滨海民俗与海洋民歌逐渐串联起来,倾听沿海地区人民内心深处的声音和充满情感的表达,感受北部湾民间文化生态的博大精深。同时我们看到,从守护京族字喃的老者到兴建茂德公古城的企业家,再到筹资重建天后宫的渔家女和弘扬渔家文化的疍家人,文化精英的力量对推动当地民间文艺发展起着至关重要的作用。

考察调研活动结束后,专家学者们一致认为,此次活动对梳理北部湾地区民间文化根脉、探寻当代背景下传承保护海岛民歌的有效途径、跨省联动激发民间文艺家的凝聚力和向心力、发展文化生态区域性保护新理念、促进民间文化表达与交融互鉴有着重要意义。

(图/廖立刚、陆政凡)